中共四川省委省直机关党校校级重点课题"医疗消费支出对我国居民消费的影响研究"（SCJD2021ZD03）成果

医疗消费支出对居民消费的影响研究

吉媛 著

西南财经大学出版社
Southwestern University of Finance & Economics Press

中国·成都

图书在版编目(CIP)数据

医疗消费支出对居民消费的影响研究/吉媛著.—成都:西南财经大学出版社,2022.12
ISBN 978-7-5504-5078-3

Ⅰ.①医… Ⅱ.①吉… Ⅲ.①医疗卫生服务—消费支出—影响—居民消费—研究—中国 Ⅳ.①F126.1

中国版本图书馆 CIP 数据核字(2021)第 192418 号

医疗消费支出对居民消费的影响研究

吉媛 著

责任编辑:王琳 廖韧
责任校对:植苗
封面设计:张姗姗
责任印制:朱曼丽

出版发行	西南财经大学出版社(四川省成都市光华村街 55 号)
网　　址	http://cbs.swufe.edu.cn
电子邮件	bookcj@ swufe.edu.cn
邮政编码	610074
电　　话	028-87353785
照　　排	四川胜翔数码印务设计有限公司
印　　刷	郫县犀浦印刷厂
成品尺寸	170mm×240mm
印　　张	13.75
字　　数	333 千字
版　　次	2022 年 12 月第 1 版
印　　次	2022 年 12 月第 1 次印刷
书　　号	ISBN 978-7-5504-5078-3
定　　价	88.00 元

前　言

　　目前我国经济正处于增速换挡期和结构调整的阶段，要实现经济发展平稳过渡到"新常态"并保持中高速的经济增长，就要将经济增长的动力引擎由过去的主要依靠投资和出口驱动切换到主要依靠国内的消费需求驱动上来。因此，如何扩大居民消费就成为现阶段我国经济发展中必须解决的战略性问题。虽然扩大内需、提升居民消费空间是我国学界和管理层的共识，近年来国家也出台了一些政策来鼓励消费，但我国的消费发展情况并不乐观。我国居民消费率从2000年开始进入下降通道，并从2000年的47.4%下降至2010年的34.6%，之后企稳回升，但回升缓慢，直到2016年才增长到38.7%，此后便一直徘徊在38.7%左右，2019年达到38.8%，整体变化曲线趋近平直。这显然与我国发展内需的客观要求背道而驰。我国消费率偏低的成因较为复杂，居民未来预期不确定性所导致的较高储蓄倾向被公认为我国居民消费疲软的重要原因之一。医疗消费自身的特点导致其在消费时间、消费金额等方面均存在很大的不确定性。加之我国经济体制改革过程中农村和城市原有的医疗保障体系均被打破，而新的医疗保障体系尚不健全，这进一步提高了居民对医疗消费支出未来预期的不确定性。目前我国"看病难、看病贵、因病致贫"等社会现象仍然存在，引起了社会对居民医疗消费的广泛关注，这从侧面反映出全社会对医疗消费支出不确定性的焦虑。对中国居民医疗消费支出和居民整体消费二者的关系进行研究，不仅可以探寻现阶段居民较高的医疗消费支出负担究竟在多大程度上制约了我国居民消费的提升，为政府制定引导居民消费的经济政策提供重要依据，还能为研究我国居民生活中的其他支出不确定性因素如教育、住房和养老等提供参考。此外，居民医疗消费必然受到医疗卫生领域政府行为的影响。因此，研究居民医疗消费必须将医疗卫生领域的政府决策和政策选择等因素纳入考量范围，通过对政府医疗卫生支出、医疗保障水平以及医疗卫生资源供给等因素的实证分析，可以对政府当前在医疗卫生领域发挥的作用进行评估，也可以为当前中国正在进行的医疗体制改革提供一些启示。我国城乡二元体制导致城乡环境在经济、文化以及社会保障制度等方面存在发展程度上的差异，因此本书在讨论医疗消费支出对我国居民消费的影响时选择对城镇和农村分别进行考察。在此基础上，为了有针对性地提出缓解我国城乡居民医疗消费支出压力的对策和建议，本书也对我国城乡居民医疗消费支出的影响因素进行了讨论。

本书共分为八章，内容安排如下：

第1章为绪论，主要论述本书的研究背景、研究意义、研究内容、研究方法以及文献综述。

第2章为医疗消费支出对居民消费影响分析的相关理论。首先，本章对本书的核心概念进行界定。其次，本章对本书所运用的消费理论进行了梳理，并结合消费理论中预防性储蓄假说和流动性约束假说对医疗消费进行了一般性分析。再次，本章对城乡二元结构理论进行了回顾，并结合我国的实际情况对我国的二元经济结构在居民医疗消费上的体现进行了归纳。最后，本章对本书可能用到的其他理论进行了归纳，包括公共服务均等化理论、公共产品理论以及社会保障制度与消费关系理论。

第3章为医疗消费支出对居民消费的影响的分析框架。本章基于不确定性风险和预防性储蓄的视角讨论了医疗消费支出对居民储蓄的影响以及政府医疗卫生支出对居民消费的影响，随后基于理性人假说对医疗消费支出不确定性影响下的居民跨期消费行为进行了理论推导，并在此基础上形成本书的分析框架。

第4章为医疗消费支出与居民消费的状况分析。本章回顾了我国消费率的变化情况，分析了我国居民消费率的走势特征并就我国居民消费率进行了国际比较，通过纵向和横向的比较得出了我国居民消费仍有较大提升空间的结论。之后，本章对我国居民医疗消费支出的状况进行了分析，通过对医疗消费的概述、我国医疗体制与医疗保障制度变迁的梳理以及居民医疗消费支出的分析得出我国居民医疗消费支出负担较重的结论。

第5章为医疗消费支出对居民消费的影响的实证分析。本章运用我国1999—2014年的省际面板数据，分别对医疗消费对我国城镇居民消费的影响以及医疗消费对我国农村居民消费的影响进行了实证分析。实证结果表明，无论是城镇居民还是农村居民，医疗消费支出占比数据均与居民消费需求在GDP（国内生产总值）中的占比数据负相关。这说明，虽然由于城乡二元体制的存在，我国城乡居民在收入水平、消费习惯以及宏观环境等方面存在差异，但居民医疗消费支出负担的增加对居民消费需求具有抑制作用，居民基于医疗消费支出不确定性所产生的储蓄动机是存在的。

第6章为居民医疗消费支出的影响因素分析。本章进一步分城乡对我国居民医疗消费支出的影响因素进行了实证分析。研究发现，在我国城镇地区，政府医疗卫生投入、医疗保险参保率、GDP增长率以及医疗机构数量与城镇居民医疗消费支出占比变量显著负相关；在我国农村地区，政府医疗卫生投入、"新农合"参合率、抚养比、医疗消费价格指数以及医疗机构数量与农村居民医疗消费支出正相关，而医疗机构人员数、GDP增长率和农村居民人均纯收入变量与农村居民医疗消费支出负相关。上述研究结果表明，现阶段我国城乡居民在医疗消费环境上存在较大差异。

第7章为居民医疗消费支出的城乡差异分析。本章在第5章和第6章实证分析的基础上对医疗消费支出对我国居民消费的影响的城乡异同以及我国居民医疗消费支出影响因素的城乡异同进行了对比分析。本章通过对比发现，医疗消费支出的增加对城乡居民消费都有一定的抑制作用，这说明医疗消费支出的上涨强化了我国城乡居民的预防性储蓄动机；而政府在医疗领域的投入对城乡居民的医疗消费都具有显著的影响。同时，医疗消费的其他影响因素在城乡之间也存在具体差异。本章还在城乡统筹和公共卫生服务均等化的大背景下对我国城乡居民医疗消费支出未来的走势进行了预测，并指出在城市示范效应的作用下，农村居民的医疗消费需求将呈现增加的趋势。

第8章为研究结论及对策建议。本章在前文分析的基础上对本书的研究内容和结论进行梳理并阐述本书的主要研究发现，并得出以下结论：第一，医疗消费支出的快速上涨对城乡居民的整体消费需求具有抑制作用；第二，我国城乡居民消费均受到流动性约束的制约；第三，政府决策和政策选择是影响医疗消费支出的关键因素；第四，人口年龄结构对医疗消费支出的影响存在城乡差异；第五，我国医疗保障水平和医疗资源供给存在城乡差异。结合以上研究结论，本章从降低我国城乡居民医疗消费支出不确定性、提升居民消费需求的角度提出了一些具有一定可行性的对策建议。此外，本章还重点对居民医疗消费影响因素中的政府作用进行了详细讨论。本章最后对本书研究的不足之处进行了分析。

与现有研究相比，本书可能的创新之处表现在以下几个方面：

首先，选题创新。本书选择居民医疗消费支出作为切入点，聚焦于居民基于医疗消费支出不确定性所产生的储蓄动机，从居民未来支出预期不确定性的角度来分析医疗消费支出对居民消费需求的影响，弥补了现有研究对具体影响因素关注较少的缺陷。

其次，本书研究发现，医疗消费支出与居民消费需求负相关，这表明医疗消费支出的增加除了会降低居民其他消费预算，还会强化居民的预防性储蓄动机，进而导致居民整体消费需求下降。既有研究重点关注的则是医疗消费支出对居民预算约束的影响，但缺乏有关医疗消费支出对居民整体消费需求影响的定量分析。本书弥补了对该问题定量分析的不足。

再次，本书研究发现，政府医疗卫生投入对我国居民医疗消费支出的影响在城乡间存在较大差异。在城镇，政府医疗卫生投入的增加能有效缓解居民医疗消费支出压力；相反，在农村地区，政府医疗卫生投入增加会导致居民增加医疗消费支出。既有文献往往忽略了对这一差异的讨论。

最后，根据本书的实证分析结论，笔者认为，当前我国居民基于医疗消费支出不确定性所产生的预防性储蓄动机要强于居民基于教育消费支出不确定性所产生的预防性储蓄动机。既有的对居民支出不确定性的研究，往往将关注的重点放在教育、养老以及住房等方面，而对医疗消费支出的不确定性关注不足，本书的研究正好弥补了这一不足。

本书是笔者承担的中共四川省委省直机关党校校级重点课题"医疗消费支出对我国居民消费的影响研究"（SCJD2021ZD03）的最终成果。

吉嫒

目　录

1 绪论

1.1 研究背景

投资需求、消费需求以及出口需求被称为拉动经济增长的"三驾马车"。虽然这三种需求都是经济增长的动力，但在经济发展过程中这三种需求并不是独立发挥作用的，三者间具有内在逻辑联系。简单来说，投资需求可以直接增加社会供给，使资源转化为资本，消费需求则是投资需求的目的和动力，而出口则可以看作国外对本国产品的消费需求。投资、消费以及出口这三大需求之间的逻辑联系也就构成了"三大需求"之间的结构关系。投资不足，会导致社会财富增加缓慢，抑制经济的增长。消费和出口不足则可能会导致产能过剩、经济萧条，进而抑制投资需求的增加。

新中国成立初期，为加快工业化进程，实行了重工业优先发展的"赶超战略"，这形成了"高积累、低消费"的发展模式。改革开放后，中国推行了以渐进式改革为核心的转型战略，各地按照比较优势发展经济，中国经济迎来了持续 30 多年的高速增长期，但"高积累、低消费"的需求结构特征并未产生大的转变。地方政府在发展经济的冲动和地区竞争的推动下，以扩大投资为加快经济建设的主要抓手，采取包括财政、税收等在内的多方面扶持政策鼓励企业扩大生产。这段时期，投资对经济增长的拉动作用得到了充分发挥，有力地支撑了中国经济的快速起飞。2008 年国际金融危机爆发后，全球经济进入大变革、大调整的新时期，加快经济发展方式转变成为新的时代主题。从国内形势看，支撑中国经济 30 多年快速增长的"人口红利"开始逐渐消退，劳动力从无限供给到相对短缺的"刘易斯转折点"已经出现。同时，人民币升值压力持续积累，资源环境保护要求进一步提高，要素价格全面上涨。在此种宏观经济现实的制约下，传统经济增长方式面临终结，构建消费主导、创新驱动型的新型发展模式日趋迫切。因此，党的十八大报告指出要加快建立扩大消费需求长效机制，释放居民消费潜力。

从需求结构来看，20世纪90年代以来，我国经济开始由供给短缺向产能过剩转变，而国家鼓励出口和招商引资的政策对我国产能过剩起到了推波助澜的作用。靠投资和出口虽然促进了我国国内的经济增长，但过分依靠投资和出口拉动经济增长造成了我国经济结构失衡，其主要表现就是投资需求占社会总需求的比重逐年增加，2013年全社会投资率高达46%，此后虽然有所下降，但2019年我国投资率仍然为43.1%。相反，消费需求尤其是居民消费需求自20世纪90年代中期就开始呈总体下降趋势，2013年我国最终消费率已下降至49.8%，到2019年也才上升至54.5%。根据世界银行的统计，我国居民消费需求在GDP（国内生产总值）中的占比从1990年的47.8%下降到2013年的36%，而经过多年缓慢增长，到2019年也仅仅达到38%左右。横向来看，我国的居民消费率不仅不能向欧美发达国家看齐，比起印度、巴西等发展中国家也明显偏低。

中国这种主要依靠高投入、外向型的经济增长方式虽然造就了中国经济腾飞的奇迹，但易受世界经济波动的冲击，自身抗风险能力差。一旦外贸环境发生不利变化，国内将很难消化既有的产能，进而可能迫使经济硬着陆，甚至爆发危机。因此，走以消费为主的发展之路，尤其是增强居民消费，让消费规模扩大和消费结构升级成为我国经济增长的原动力已成我国理论界和管理层的共识。《中华人民共和国国民经济和社会发展第十二个五年规划纲要》提出，要坚持扩大内需战略，建立扩大消费需求的长效机制。中共中央在《关于制定国民经济和社会发展第十三个五年规划的建议》中进一步强调"发挥消费对增长的基础作用，着力扩大居民消费"。

总体来看，截至2021年年底，我国人口总数约为14.13亿人，接近世界人口的五分之一。人口数量是决定一国消费需求的基础因素。另外，根据国家统计局发布的《中华人民共和国2021年国民经济和社会发展统计公报》，2021年中国人均GDP已上升至80 976美元，在世界银行划定的标准中处于中等偏上位置。因此，我国不仅拥有巨大的消费市场，还拥有巨大的消费潜力。目前我国经济正经历增速换挡和结构调整的过程，要实现经济高质量发展，就必须要将经济增长的动力引擎由过去的主要依靠投资和出口驱动切换到主要依靠国内的消费需求驱动上来。因此，如何扩大居民消费必然成为现阶段我国经济发展中必须解决的战略性问题。

然而，虽然扩大内需、提升居民消费空间是我国学界和管理层的共识，近年来国家也出台了一些政策来鼓励消费，但我国的消费发展情况并不乐观。我国居民消费率从 2000 年开始进入下降通道，并从 2000 年的 47.4% 下降为 2013 年的 36% 左右，此后虽缓慢上升，但 2019 年仅上升至 38% 左右。这一时期中国的人均国民总收入（GNI）则由 2000 年的 1 750 美元上升为 2019 年的 8 223 美元①，显然经济的增长并未带来居民消费的提升。针对居民消费低迷这一现象，学术界进行了旷日持久的讨论，更有学者将这一问题命名为"中国消费之谜"。虽然这一讨论至今尚无定论，但这丝毫没有影响学者们的研究热情。虽然不同学者的切入点不尽相同但基本上形成了两点共识：第一，扩大内需的重点在于提高居民的消费能力；第二，提升居民的消费能力需进一步优化居民消费环境。虽然中国经济高速增长普遍提高了居民的收入水平和财富水平，但我国居民消费的整体环境并不乐观。主要原因在于，随着现代化和城市化的推进，居民消费观念开始发生改变，在基本温饱问题解决后，我国居民更加注重人的全面发展，尤其是对教育、健康等消费品的关注大幅提高。然而由于我国经济体制改革过程中，无论是城市还是农村，传统的社会保障体系都已经瓦解，而新的保障体系尚不健全。这就必然扩大居民对未来预期不确定性的担忧，即杨继瑞所说的"后顾之忧"。随着预防性储蓄理论的发展，学界对"中国消费之谜"这一问题的研究重点也开始转移到居民未来预期的不确定性上来。最先受到关注的是居民收入的不确定性，如：宋铮②运用 1985—1997 年的时间序列数据进行分析，认为中国居民对未来收入不确定性具有正向的储蓄动机。孙凤用 1991—1998 年 35 个大城市居民货币收入的月度数据标准差作为收入不确定性指标，也证实了城镇居民存在预防性储蓄动机。随后，支出的不确定性也被纳入研究范围。我国权威机构早年的调查结果显示，居民的储蓄主要是为了教育、养老以及购房等用途，如：中国社会科学院发布的《2005 年社会蓝皮书》中的调查显示，子女教育费用、养老、住房排在居民总消费的前三位。2006 年中国人民银行的城镇储户问卷调查也显示：居民的储蓄动机中，教育费用一直独占鳌头，其次是养老、购房和预防意外。受权威调查机构调查结论的影响，既有文献对中国居民支出不确定性的研究多集中于教育、住房、养老等方面。虽然居民教育、住房、养老等消费的确是造成我国居民支出不确定的原因，但随着我国经济社会的不断发展，人民生活水平的不断提高，人们对健康的重视程度也逐步提高。近年来，社会各界对我国居民"看病难、

---

① 以 2010 年不变价美元计算，数据来源于世界银行 WDI（世界发展指标）数据库。

② 宋铮. 中国居民储蓄行为研究［J］. 金融研究，1999（6）：48-49.

看病贵"的关注持续升温，由医疗消费支出不断上涨所引发的居民未来支出不确定性越来越受到学界关注，如朱波、杭斌①指出，医疗费用的上涨必然导致居民预防性储蓄动机的增强，进而抑制居民消费需求。笔者认为，从支出不确定性对居民消费行为影响的角度来看，在某一阶段教育支出和购房支出的不确定性的确对我国居民消费的整体情况有较强的影响力，但现阶段来看，医疗消费支出对我国居民消费整体情况的影响越来越大。理由如下：

首先，随着国家对教育的投入的不断增加、义务教育国策的不断普及和落实以及大学升学率的提高，居民对教育支出的预期趋于稳定，也就是说教育支出给整个社会带来的不确定性正在降低。其次，购房支出的不确定性也在变化，随着我国"80后""90后"人口买房需求得到满足，以及整个社会消费观念的转变，从全社会来看，刚性购房需求正在减弱，未来商品房在全国范围内出现供大于求的社会预期已经开始出现。就目前的情况来看，虽然一线城市的房价依然坚挺，但一些二、三线城市的商品房已经出现滞销的苗头。反观医疗消费支出，从消费者的角度来看，医疗消费的不确定性在现有社会生产力水平和科技发展程度下不可能被有效地消除，同时由于医疗消费在很大程度上具有紧迫性的特点，这就使得居民在进行医疗消费时往往处于被动的局面。从医疗消费产品、服务提供方的角度来看，医疗行业具有专业性强、技术门槛高的特点，在提供医疗消费服务时往往处于强势地位。最后，由于我国计划经济时代的医疗体制已经瓦解，而新的医疗体制尚不健全，这必然进一步强化全社会对医疗消费的不确定性的认识。基于上述原因，笔者认为，医疗消费在支出不确定性的各因素当中应当受到格外的关注。换言之，医疗消费对中国居民的整体消费的影响很可能越来越大。

2008年国际金融危机以来，全世界掀起了一股医疗制度改革的热潮，既有2009年美国奥巴马政府2 000亿美元的全民医保新政，也有对英国自1948年以来经历了4次较大改革的NHS（国民卫生服务体系）改革的呼吁。中国在2009年4月份推出的新医改方案无疑也是备受世人瞩目的一次医疗体系革新。可见，医疗消费在全世界范围内都能引起极大的关注，这也从侧面反映出医疗消费是一个对全社会居民影响甚大的关键因素。中国新医改的目标，从微观上分析，是为了有效减轻居民就医费用负担，切实缓解人们"看病贵""看病难"的问题，建立起覆盖全民的基本医疗卫生制度；从宏观上分析，是为

---

① 朱波，杭斌. 流动性约束、医疗支出与预防性储蓄：基于我国省级面板数据的实证研究 [J]. 宏观经济研究，2015（3）：112-116.

了明确政府在医疗卫生领域的责任，在政府资金乘数效应的作用下，引导卫生资源的合理分配，并将其转化为国民健康投入，提高国民健康福利，促进中国经济的可持续增长。可见，我国政府已经意识到医疗问题是关系人民群众切身利益、影响全社会居民消费行为乃至关系国民经济快速健康发展的重大问题。本书在这一背景下，选择医疗消费的影响问题作为研究对象，就是为了回答医疗消费究竟如何以及在多大程度上影响我国居民的整体消费情况。

1.2 研究意义

美国次贷危机之后，世界经济虽然开始复苏，但仍然存在较多的不确定因素。对于中国这样一个外贸依存度较高的国家而言，要想保持经济的增长势头，必须把经济增长的动力转变为更多地依靠内需，而内需中消费的增长是关键。中国人口基数大，且在经历 30 多年的经济高速增长后，居民收入也有了大幅的提高，居民消费具备了发挥新时期中国经济增长引擎作用的潜力。这就为中国经济转型以及增速换挡提供了条件。此外，原有的高投入、高能耗、外向型的经济发展模式受国际主要市场经济复苏乏力、国内环境保护标准提高以及产能过剩等因素的影响，存在抗风险能力弱以及可持续性差等缺陷。而消费需求在三大需求中处于中心地位，它是投资需求的目的和动力，以国内消费需求来引导投资需求不仅能降低外贸依存度、增加中国经济的抗风险能力，还能优化国内产能、激发国内经济活力。因此，居民消费增长的广阔潜力又为中国经济转型提供了可行的路径。无论从经济增长的数量来看，还是从经济增长的质量来看，国内消费的启动都是整个中国经济达成可持续健康发展目标所不可回避的关键性问题。

然而，我国的消费尤其是居民消费需求自 20 世纪 90 年代中期就开始呈总体下降趋势。这显然与我国发展内需的客观要求背道而驰。我国消费率偏低的成因较为复杂，居民未来预期不确定性所导致的较高储蓄倾向被公认为是造成我国居民消费疲软的重要原因之一。医疗消费由于自身的特点，在消费时间、消费金额等方面均存在很大的不确定性。此外，由于中国经济体制改革过程中，农村和城市原有的医疗保障体系均被打破，而新的医疗保障体系尚不健全，这进一步提高了居民对医疗消费未来预期的不确定性。因此，对中国居民医疗消费和居民整体消费二者关系的研究，不仅可以探寻医疗消费究竟在多大程度上制约了我国居民消费的提升，还能为政府制定启动居民消费的经济政策提供重要依据。

通常来说，居民医疗消费支出在居民总消费支出中虽然绝对占比不高，但其对我国居民福利程度和总体消费情况的影响较大。目前我国"看病难、看病贵、因病致贫"等社会现象仍然存在，引起了社会对居民医疗消费的广泛关注，这从侧面反映出全社会对医疗消费支出不确定性的焦虑。就笔者对既有文献的检索结果来看，关于居民支出的不确定性的研究主要集中于教育、住房、养老以及医疗这四个方面。通过对医疗消费与居民整体消费二者的关系进行研究，还可以对产生不确定性的其余几个方面提供方法和结果上的借鉴。

此外，在现代国家中居民的医疗消费涉及整个社会的医疗成本在政府、社会以及个人之间的分配问题，政府在医疗卫生方面的支出必然影响上述分配结果。因此，研究居民医疗消费必须将政府医疗卫生支出这一关键因素纳入考量范围，通过对政府医疗卫生支出的定量分析可以对政府当前在医疗卫生领域发挥的作用进行评估，也可以为当前中国正在进行的医疗体制改革提供一些启示。

中国城乡二元体制导致城乡环境在经济、文化以及社会福利制度等方面存在发展程度上的差异，这就要求在研究居民医疗消费对居民整体消费影响时应该将城镇和农村分开来进行讨论。医疗消费对居民消费的影响在城镇居民和农村居民之间的差异可以让我们对我国城乡二元体制产生更具体的判断，进而为政府制定城乡差异化政策以及统筹城乡工作提供有价值的参考。

1.3 研究内容及研究方法

1.3.1 研究内容

基于上述选题背景与研究目的，本书将研究内容确定如下：

内容一：医疗消费与居民整体消费之间的相关关系。医疗消费在消费时间和消费金额等方面存在的不确定性会导致居民对预期不确定性的担忧，进而通过增加储蓄的方式来应对未来可能出现的大额支付风险。如果医疗消费金额普遍较高，必然会导致整个社会的谨慎性动机增强，这将不利于我国居民消费的提升以及内需的扩大。本书采用中国 31 个省、自治区、直辖市（不含港澳台地区，全书同）1999—2014 年的省际面板数据，实证分析居民医疗消费支出对整个居民消费需求的影响。我国城乡二元体制导致城乡环境在经济、文化以及社会福利制度等方面存在发展程度上的差异，因此本书将对城镇居民和农村居民分开进行考察。

内容二：城乡居民医疗消费的影响因素分析。本书利用省级面板数据从宏观层面分析城乡居民医疗消费支出的影响因素，主要关注政府卫生投入、抚养比、医疗消费价格指数对居民医疗消费支出的影响。据我们所知，国内对居民医疗消费支出的研究，尤其是经济学的实证分析，一般都采用微观数据。然而如果将视角上升到宏观层面，那么政府卫生投入、抚养比、医疗消费价格指数等因素的影响是否仍然显著？其结论与微观视角下的研究有何不同？本书试图回答上述问题。

内容三：医疗消费对居民消费影响的城乡差异分析以及城乡居民医疗消费影响因素的差异分析。城乡二元体制所导致的城乡环境差异必然使得医疗消费的影响在城乡之间存在差异，同样，城乡居民医疗消费的影响因素也受城乡环境差异的影响而有所不同。通过对上述两种差异的分析和比较，找出医疗消费对居民整体消费的影响程度和作用机理上的共性和个性以及城乡居民医疗消费支出影响因素的异同，可以为我国正在进行的医疗体制改革提供借鉴，同时也能为政府制定我国城乡居民消费差异化政策提供参考。

1.3.2 研究方法

本书以经济理论分析为研究基础，研究范围包括消费的一般理论、医疗消费对整个消费的影响、影响我国医疗消费的因素以及相关的政策建议，属于应用理论研究，采用的研究方法主要有：

1. 辩证分析法

这是贯穿全文的基本方法，即马克思主义的唯物辩证法，按客观事物自身的运动和发展规律来认识事物的思维和分析方法，用运动发展的观点、联系的观点、全面综合的观点、具体问题具体分析的观点、对立统一的观点和实事求是的观点，通过对中国消费状况的整体分析，以医疗消费为切入点，来寻找提升我国消费空间的思路。

2. 文献资料分析法

充分利用学校图书馆资源以及互联网资源，查询国内外学术期刊数据库以及 IMF（国际货币基金组织）等重要国际组织的官方网站，研读相关论文、专著、学术报告、工作报告，掌握该领域的研究现状和学术前沿理论，仔细分析既有研究成果对居民医疗消费问题研究的视角和方法，从而为本书研究提供科学的参考。本书的文献综述以及理论基础部分采用了这种方法。

3. 比较分析法

比较分析法是将多个同类或相近的事物，按相同的规则进行比对比分析，找出事物的共性和个性。通过比较分析，可以找出相同事物发展的一般规律，和各自的特点。我国城乡二元体制必然造成医疗消费对居民消费的影响呈现出城乡差异。通过比较分析造成这种差异的原因，可以进一步了解医疗消费对居民消费影响的作用机理，以及不同社会发展程度对居民消费影响效用的差异。

4. 统计描述法

本书在对我国居民的消费情况、居民医疗消费情况以及对居民医疗消费产生较大影响的因素进行分析时运用了统计描述方法。

5. 规范与实证相结合的分析法

规范分析法主要研究经济现象的发展趋势等问题，本书运用规范分析法来分析我国居民的消费状况以及医疗消费状况，而在对医疗消费对居民消费的影响的分析中采用实证的分析方法。

1.4　文献综述

1.4.1　关于消费的理论

收入与消费之间的关系是经济学中的永恒话题，现有的相关研究主要分为两类：一是基于凯恩斯的边际消费递减理论展开的以总量为基础的研究。凯恩斯从动态角度研究了收入与消费之间的关系，认为当收入增加时，消费也会增加，但是边际消费水平会逐渐降低[①]。不过凯恩斯只是从收入和消费的总量概念出发，并没有关注收入和消费的结构性特征。二是基于弗里德曼的持久性收入理论展开的以结构为基础的研究。弗里德曼[②]界定了收入与消费的结构，将收入分为持久性收入和暂时性收入，并相应地将消费分为持久性消费和暂时性消费。弗里德曼认为决定消费者持久性消费支出行为的不是现期收入，而是持久性收入。弗里德曼的持久性收入理论为研究消费与收入的关系提供了重要的理论拓展：不同特征的收入与不同特征的消费存在的相关关系是不一致的。以

---

① 凯恩斯. 就业、利息和货币通论［M］. 高鸿业，译. 北京：商务印书馆，1999.

② 弗里德曼. 弗里德曼文萃［M］. 胡雪峰，武玉宁，译. 北京：首都经济贸易大学出版社，2001.

弗里德曼持久性收入理论为基础，Mayer T.[①] 对比分析了不同收入水平下的平均消费倾向，使用修正的持久性收入模型进行计量检验，得出低水平的持久性收入具有相对较高的边际消费倾向，而高收入水平的持久性收入边际消费倾向较低。按照上述研究，收入与消费之间的关系在不同的收入水平和收入结构下可能呈现不同的特征。在我国，根据对收入分类方法的不同，相关研究可以归为两类：一类是直接根据国家统计局的划分标准，将收入按来源划分为工资性收入、经营性收入、转移性收入和财产性收入四类，检验不同来源的收入与消费之间的关系，具有代表性的研究有李春琦、张杰平，温涛、田纪华、王小华等的研究，其实证研究结果表明不同来源收入对于消费的影响程度存在较大差异[②]。另一类是按照特征将收入进行分类，如张秋惠、刘金星将家庭收入分为基本收入和非基本收入，其中基本收入是指工资性收入和经营性收入，非基本收入是指转移性收入和财产性收入。其实证研究发现，非基本收入对消费的促进作用较为强烈，而基本收入对消费的促进作用较不明显[③]。韩海燕、何炼成将收入划分为非稳定性收入和稳定性收入，其中非稳定性收入是指经营性收入和财产性收入，稳定性收入是指工资性收入和转移性收入。其实证研究发现非稳定性收入对于消费的促进作用相对较大，而稳定性收入对于消费的促进作用相对较小[④]。张邦科、邓胜梁、陶建平将收入分为持久性收入和暂时性收入，实证研究发现中国城镇居民持久性收入和暂时性收入均与消费之间存在较为显著的关系，在一定程度上表明，现阶段中国居民收入与消费之间的关系与持久性收入假说并不十分相符[⑤]。

1.4.2 关于消费结构的研究

在消费研究中，进一步对一个经济实体的消费结构进行研究是近年来消费研究的一个主流方向。通过对消费结构的分析，人们可以进一步加深对一个经

---

① MAYER T. Propensity to consume permanent income [J]. American economic review, 1996, 56 (5)：1158-1177.

② 李春琦，张杰平. 农村居民消费需求与收入构成的关系研究：基于面板数据的分析 [J]. 上海经济研究，2011 (12)：36-44；温涛，田纪华，王小华. 农民收入结构对消费结构的总体影响与区域差距研究 [J]. 中国软科学，2013 (3)：42-52.

③ 张秋惠，刘金星. 中国农村居民收入结构对其消费支出行为的影响：基于 1997—2007 年的面板数据分析 [J]. 中国农村经济，2010 (4)：48-54.

④ 韩海燕，何炼成. 中国城镇居民收入结构与消费问题实证研究 [J]. 消费经济，2010 (3)：8-12.

⑤ 张邦科，邓胜梁，陶建平. 持久收入假说与我国城镇居民消费：基于升级面板数据的实证分析 [J]. 财经科学，2011 (5)：56-62.

济实体消费情况的具体认识，而通过对消费结构的研究从而实现对消费结构的刻画，也更能够反映出经济体的消费特征。19 世纪末 20 世纪初，Edward 首次提出了家庭消费结构支出分类法。现代消费理论起源于 Keynes 的相对收入假说①、Duesenberry 的相对收入假说②、Modigliani 和 Brumberg 的生命周期假说③以及 Friedman 的持久收入假说④。后来 Hall⑤、Dornbusch 和 Fischer⑥、Carroll 等⑦对上述理论进行了扩展，并分别提出了随机游走假说、流动性约束假说、预防性储蓄假说以及缓冲存货储蓄模型，使相关理论对实际消费数据的解释能力变得更强了。Hall 认为消费的变化不具有可预测性，个人收入的预期增长与消费的预期增长无关，即未来收入的不确定性对消费没有影响。然而，Flavin⑧认为人们的消费与其未来预期收入有很强的相关性，他得出消费与滞后的收入为正相关关系的结论，并将其描述为消费对收入具有"过度敏感性"。Campell 和 Deaton⑨从另一个角度对随机游走假说进行了检验，他们认为消费者的消费需求与消费者未来的收入水平是相关的。Zeldes⑩通过研究随机波动的收入对消费最优化行为的影响而肯定了其对消费决策的影响能力。Carroll 提出的缓冲存货储蓄模型是经典模型之一，并且他指出在确定性条件下最优化行为取决于消费者一生的总收入，而在不确定性条件下最优化行为往往随收入曲线同步波动。此后，不少学者针对消费以及消费结构问题的其他方面

① KEYNES J M. General theory of employment, interest and money [J]. The American economics review, 1936, 26 (3).

② DUESENBERRY S. Income, saving and the theory of consumer behavior [M]. Cambridge: Harvard University Press, 1949.

③ MODIGLIANI F, BRUMBERG R. Utility analysis and the consumption function: an interpretation of the cross-section data [M] //KENNETH K K. Post-Keynesian economics. New Brunswick, NJ: Rutgers University Press, 1954.

④ FRIEDMAN M. A theory of the consumption function [M]. Princeton: Princeton University Press, 1957.

⑤ HALL R E. Stochastic implications of the life cycle-permanent income hypothesis [J]. Theory and evidence journal of political economy, 1978, 86 (6).

⑥ DORNBUSCH R, FISCHER S. Macroeconomics [M]. New York: McGraw-Hill, 1993.

⑦ CARROLL C D. Consumption and saving [R] //Theory and evidence. New York: NBER, 2006.

⑧ FLAVIN M A. The adjustment of consumption to changing expectation about future income [J]. Journal of political economiy, 1981, 89 (5).

⑨ CAMPELL J Y, DEATON A. Why is consumption so smooth? [J]. Review of economic study, 1989, 56 (3).

⑩ ZELDES S P. Optimal consumption with stochastic income: deviations from certainly equivalence [J]. Quarterly journal economics, 1989, 104 (2).

做了一些研究。比如，Chiappori[①] 首先提出了一个有别于单一决策模型的集体化决策模型，区分了家庭成员的不同偏好，并假设家庭成员通过博弈达到一个帕累托最优的内部资源配置。Matyas[②] 在以往模型研究的基础上提出了 Pannal Data 模型，从而使消费结构的研究进入了一个新的阶段。Cherchye 等[③]建立了一个非参数化的家庭集体消费模型，得出了家庭内部实现帕累托最优资源配置的充分条件和必要条件，并得出了拒绝家庭集体理性所需要的最小商品和观测值数量。Barnett 和 Brooks[④] 的研究则表明，政府的财政支出在很大程度上促进了居民的消费及其结构演化。Li 等[⑤]运用截面数据，对中国甘肃省 2007 年和 2008 年的农村居民消费结构，采用扩展模型进行实证分析，发现食品支出仍然是农民最基本、最重要的消费。Chun 等运用河南省 2006—2009 年城乡居民收入和消费数据实证分析后指出，对于农村居民来说，其食品支出仍占消费支出很大一部分比例，其消费结构仍然不够合理。

国内学者对居民消费以及消费结构问题的研究起步较晚，但近年来逐步丰富。在消费结构界定方面：李姗姗[⑥]指出，消费结构即居民的各类分项消费支出占总消费支出的比重，依据各分项消费比重的变化，能够清楚地分析出居民消费结构的升级状态和变动趋势。同时李姗姗还根据统计数据（由 1994—2013 年《中国统计年鉴》相关数据计算整理）比较了城乡居民在医疗保健方面的消费结构变动情况，发现城镇居民的医疗消费支出比重在 2005 年之前呈明显上升趋势，2006 年比重出现大幅下降，之后一直保持在 6.76%（2006—2012 年的平均值）的较平稳水平。农村居民在医疗保健方面的消费支出比重呈现平稳上升趋势，尤其是在 2009 年之后，其比重数值超过城镇居民，说明农村居民在医疗保健方面的消费需求在逐步提高。梁向东、贺正楚[⑦]指出，消费结构是指一定范围内的消费群体，在某一时期所消费的不同内容、不同形式

① CHIAPPORI P A. Rational household labor supply [J]. Econometrica, 1988, 56 (1).

② MATYAS B R. Panel data analysis: an introductory overview [J]. Structural change and economic dynamics. 1992, 3 (2).

③ CHERCHYE L, ROCK B, VERMEULEN F. The collective model of household consumption: a nonparametric characterization [J]. Econometrica, 2007, 75 (2).

④ BARNETT S, BROOKS R. China: does government health and education spending boost consumption [R]. Washington: IMF, 2010.

⑤ LI T T, SHI C L, ZHANG A L. Research on consumption of rural residents in Gansu Province based on ELES model [J]. Asian agricultural research, 2011, 3 (9).

⑥ 李姗姗. 城乡居民消费结构升级的差异性研究 [J]. 消费经济, 2014 (2): 27-31.

⑦ 梁向东, 贺正楚. 城乡居民消费结构与现代服务业发展的关系研究 [J]. 财经理论与实践, 2013 (11): 97-101.

的产品和服务在消费总量中所占的比重以及它们之间的关系。消费结构反映了当前消费者消费的具体内容、水平及质量。国家统计局把中国居民消费分为食品、衣着、家庭设备用品及服务、医疗保健、交通和通信、娱乐教育文化服务、居住、杂项商品用品服务八个项目，本书把消费结构定义为在消费中各子项在消费中所占的比重。曾晓玲[①]指出，社会最终消费由居民消费与公共消费二者构成。居民消费可以狭义地理解为个人消费。公共消费则包括非生产性投资、行政性消费以及社会性消费（教育、医疗、社保等支出）。根据公共经济学理论，社会产品分为公共产品和私人产品。公共产品又可分为纯公共产品和准公共产品。纯公共产品具有两个特征：消费的非竞争性和收益的非排他性。准公共产品也被称为"混合产品"，其通常只具备上述两个特征中的一个，而另一个特征表现不充分。比如具有非排他性和不充分竞争性的公共产品——教育产品，以及具有非竞争性但非排他性不充分的公路、桥梁等。曾晓玲同时指出，消费结构是人们在消费过程中所消费的各种消费资料和劳务的构成比例关系。肖立指出，由于农村居民基本医疗保险、新型农村合作医疗和城乡医疗救助共同组成的基本医疗保障体系的实施，我国农村居民医疗健康支出比重呈持续上升趋势，由 1990 年的 3.25% 上升至 2010 年的 7.44。但由于观念的影响，多数农村居民对健康的认识停留在疾病治疗上，非医疗性健康服务消费支出较低，这一定程度地抑制了医疗保健消费支出的上涨。肖立同时指出，我国农村社会保障体系的覆盖面较窄，保障水平较低，造成农村居民对未来生活缺乏安全感，因此储蓄倾向强，不敢轻易去消费。沈素素[②]采用层次分析的数学模型从动态视角对城镇居民消费结构进行描述，并得出了城镇居民消费结构各项内容应有比重的理论值，其中应占比重较大的前 4 项分别是——文教娱乐（0.25）、交通通信（0.19）、食品（0.18）、医疗保健（0.17），而其余 4 项合计值为 0.21。孙连铮、韩淑梅[③]指出，公共物品与私人物品的最大区别在于，伴随购买行为的发生，私人物品或劳务的所有权或使用权发生转移，具有排他性；而公共物品或劳务的所有权或使用权并不会发生转移，具有非排他性特点。随着消费结构的升级，消费者对公共产品或劳务的需求将会逐渐增加，公共成本在居民消费成本中的比重也将上升，特别是生存性消费中的某些成本如医疗、养老成本，能够部分或全部由公共成本所替代，从而降低私人生存型消

---

① 曾晓玲. 当代中国消费结构变迁的动力机制 [J]. 科学经济社会，2013（2）：71-75.

② 沈素素. 基于层次分析法的城镇居民消费结构优化研究 [J]. 求索，2011（4）：39-41.

③ 孙连铮，韩淑梅. 论农村消费成本对农村居民消费结构升级的影响 [J]. 经济纵横，2011（7）：38-41.

费成本支出，进一步推动享受型和发展型消费的增长，成为影响消费结构升级的重要因素。农村医疗救助和农村社会保障对于农村生存性消费成本在总消费成本中占比的变化具有举足轻重的作用。统计数据表明（1990—2008年《中国农村统计年鉴》），农民居民个人医疗保健费用支出处于递增的状态，公共产品投入的不足，增加了农民生存性消费支出，势必影响到对享受型和发展型消费的支出，延缓了农村消费结构的升级。生存性消费成本中的医疗消费支出上升过快，对农村的其他消费产生了挤出效应。农村居民人均医疗保健支出从1990年的19.2元上涨到了2008年的246元，上涨了近13倍，而同期农村居民人均纯收入从1990年的686.3元上涨到2008年的4 761元，仅上涨了6倍多。医疗费用支出的增长速度快于收入的增长速度，必然增加农村居民的生存压力，挤压农村居民对其他商品和服务的消费，延缓农村消费市场升级的步伐。杨辉、李翠霞[①]指出，农村养老保险、农村新型合作医疗和农村社会救济等还不健全，在一定程度上导致农民消费水平普遍偏低。他们还通过调查问卷的方式对农村社会保障与农民消费的关系进行了调查，结果显示：农民生活消费与农民的社会保障程度具有密切联系，这是因为农民大部分是收入较低的群体。王健宇和徐会奇[②]通过实证研究证实了在收入值既定的情况下，收入性质的差异会使农民表现出显著不同的消费行为特征。祁毓[③]实证研究了不同来源的收入对城乡居民消费的影响，其结果表明，对于农民而言，虽然家庭经营收入的消费效应最强，但与家庭经营收入相比，工资收入增加对消费增长的贡献率更高；转移性收入增加能够更加显著地影响农民的消费，财产性收入对消费增长的影响并不显著。葛晓鳞和郭海昕[④]以2000—2006年我国31个省份农民收入与消费的面板数据为研究对象，其回归结果表明工资性收入对农民住房支出和文教娱乐用品及服务支出影响显著；家庭经营性收入对农民食品、衣着、交通、通信和医疗保健支出作用明显；转移性收入主要影响农民家庭设备用品及服务的消费支出。张秋惠和刘金星[⑤]基于1997—2007年面板数据的分析，发

① 杨辉，李翠霞.通过提高农村社会保障水平促进农民消费结构升级 [J].经济纵横，2014 (2)：73-77.

② 王健宇，徐会奇.收入性质对农民消费的影响分析 [J].中国农村经济，2010 (4)：38-47.

③ 祁毓.不同来源收入对城乡居民消费的影响：以我国省级面板数据为例 [J].农业技术经济，2010 (9)：45-56.

④ 葛晓鳞，郭海昕.影响农村消费的收入结构效应分析 [J].湖南大学学报（自然科学版），2010 (6)：88-92.

⑤ 张秋惠，刘金星.中国农村居民收入结构对其消费支出行为的影响：基于1997—2007年面板数据分析 [J].中国农村经济，2010 (4)：48-54.

现农村居民的消费结构和消费水平正处于升级变动之中，但尚未发生根本性的改变，基本收入对农村居民消费需求的拉动作用不明显，而非基本收入对农村居民消费需求却具有较强的拉动作用。林文芳[1]对我国县域居民消费结构与收入的关系进行实证分析，结果表明可支配收入对居民的各类消费具有显著的影响，而且对八类消费的作用强度不同。

在研究消费结构的实证方法中，ELES（扩展线性支出系统）是近年来较为流行的一种方法。ELES 模型假定某一时期人们对各种商品和服务的需求量是由人们的收入和各种商品的价格决定的，而且将人们对于各种商品的需求入基本需求和超过基本需求之外的非基本需求两部分[2]。该模型理论认为人们的基本需求与其收入水平是无关的，而人们的基本需求得到满足之后才将剩余收入按照某种消费偏好即边际消费倾向安排到基本需求之外的非基本需求上。因此 ELES 的基本形式为

$$C_j = P_j Q_j + \beta_j (Y - \sum_{j=1}^{n} P_j Q_j) \tag{1-1}$$

式（1-1）中 P 和 Q 分别代表商品或服务的价格和消费量，C_j 表示对第 j 种商品或劳务的总消费量，$P_j Q_j$ 表示对第 j 种商品的基本消费量，β_j 表示第 j 种商品或劳务的边际消费倾向，Y 代表居民可支配收入。该式所表示的经济含义是：人们对某种商品或劳务的需求分为基本需求和非基本需求两个部分；在收入和价格水平既定的情况下，人们优先满足的是基本需求，然后才会按照某种边际消费倾向将剩余的收入部分分配到非基本需求的商品和劳务消费上。由于居民收入由不同来源的收入构成，因此式（1-1）可进一步细化为

$$C_j = P_j Q_j + \beta_j (\alpha_i \sum_{i=1}^{n} Y_i - \sum_{j=1}^{n} P_j Q_j) \tag{1-2}$$

式（1-2）可变形为

$$C_j = \alpha_i \beta_j \sum_{i=1}^{n} Y_i + P_j Q_j - \beta_j \sum_{j=1}^{n} P_j Q_j \tag{1-3}$$

式（1-3）化简得到式（1-4）：

$$C_j = \alpha_0 + \beta_i \sum_{i=1}^{n} Y_i \tag{1-4}$$

---

① 林文芳. 县域城乡居民消费结构与收入关系分析［J］. 统计研究，2011（4）：49-56.

② 该模型理论把消费结构中的衣食住行划入基本需求消费，把家庭设备、服务、文教娱乐、医疗保健划入非基本需求消费。一般而言，生存资料的消费是为了维持劳动力简单再生产所支出的生活费用，是劳动者为了恢复体力和智力的支出，也即基本需求支出。享受资料的消费是满足人们舒适、快乐和安逸的需求的支出（享受型支出）。发展资料的消费是指人们为了发展体力和智力的支出（发展型支出）。享受型支出和发展型支出可以统称为非基本需求支出。

其中令：

$$\alpha_0 = P_j Q_j - \beta_j \sum_{j=1}^{n} P_j Q_j \ , \ \beta_i = \alpha_i \beta_j \qquad (1\text{-}5)$$

将式（1-4）转化为计量经济模型，即得到式（1-6）：

$$C_j = \alpha_0 + \beta_i \sum_{i=1}^{n} Y_i + \mu_i \qquad (1\text{-}6)$$

式（1-6）是最终对消费和收入的数据做模型进行估计时所参考的模型。

陈琳、杨林泉[①]对消费结构提出了两种分析模型，模型一考虑消费支出仅与收入有关，模型二则增加了物价指数的影响。他们将模型一具体设定为：$LnY_i = \alpha + \beta \times LnX$。其中 Y_i 表示人均年生活费支出或人均年食品、衣着、日用品等各项支出，X 表示人均年收入，β 是消费收入弹性。他们利用 1985—1992 年的统计数据，用最小二乘法对模型的参数进行估计，结果表明城镇居民的食品、衣着、住房消费收入弹性大于农村居民，而日用品消费收入弹性则小于农村，且城镇住房收入弹性和农村日用品收入弹性最大。这表明城镇居民消费结构中变化最大的是住房，而农村居民消费结构中变化最大的是日用品。他们将模型二设定为：$LnY_i = \alpha_1 + \beta_1 \times LnX + \beta_2 \times Ln(P_i/P_0)$。其中 P_i 表示食品、衣着、日用品等各项分类物价指数，P_0 表示零售物价总指数，β_2 为价格弹性，其他符号意义与模型一相同。估计结果表明，增加价格指数作为新的解释变量是有效的。物价指数对居民消费结构的影响明显表现在：①城市居民的衣着需求已不再是单纯的御寒蔽体，而带有美化、打扮的成分。此外，随着房改、集资建房和购买商品房的人越来越多，城镇出现了房屋装饰热，致使住房支出增长率远远高于收入增长率。②从价格弹性来看，城镇居民日用品及农村居民食品的价格弹性绝对值大于 1，说明食品价格变化对农村居民食品支出影响较大，而日用品价格变化对城镇居民日用品支出影响较大。③通过对模型一和模型二的比较发现，模型二的结果是城镇居民衣着、日用品、住房的消费收入弹性都升高了，只有食品的消费收入弹性降低；农村居民食品和日用品的消费收入弹性降低，衣着和住房的消费收入弹性升高。他们进而得出在物价指数变化较大时，采用模型二分析城乡居民消费结构比较适宜的结论。

吴栋等[②]运用因子分析和聚类分析对居民消费结构统计分析的研究进行了综述。他们指出，从数据选取来看，农村居民的消费结构问题在《中国统计

① 陈琳，杨林泉. 城乡居民消费结构差异的聚类分析和物价指数的影响分析［J］. 数量经济技术经济研究，1996（5）：73-80.

② 吴栋，李乐夫，李阳子. 近年居民消费结构统计分析的研究综述：基于因子分析和聚类分析的应用［J］. 数理统计与管理，2007（5）：776-781.

年鉴》中，其指标体系共有 9 项，在"各地区农村居民家庭平均每人生活消费现金支出"（或者"消费总支出"）表中，消费被细分为"总量"以及"食品""衣着""家庭设备及服务""医疗保健""交通和通信""文教娱乐用品及服务""其他商品即服务"等 8 项指标。消费结构的实证分析主要以这些数据为准。多数研究者采取了某一年份 31 个省份的截面数据，也有个别研究者以 9 年时间序列为准，不用分区数据，仅用全国的总和分析 8 项指标在 9 年间的变动情况。从方法上看，针对 31 个省份，8 项指标在 9 年来所形成的大量数据，无论是仅做消费的单独实证分析，还是进一步做回归分析，讨论消费与收入、GDP 等指标的关系，都离不开因子分析和聚类分析的方法。这两种分析方法可以把多维变量根据数据自身的变动规律，通过矩阵运算等方式有效地降维和归类。其中因子分析比聚类分析应用更广。学者们对因子分析过程的描述较聚类分析更为详细，大概包括以下几个过程：第一，确定该数据是否适合进行因子分析。因子分析的前提是该数据具有多维性和强相关关系。对此，一般软件都会有专门的统计量加以刻画，经常应用的是"取样适当性数"即"KMO"（Kaiser-Meyer-Olkin）检验，而现有文献中更为普遍的方法是直接列出相关系数矩阵或协方差阵，通过粗略观测数值的大小来分析该数据是否适合进行因子分析。第二，从相关系数矩阵中捉取特征向量，通过转轴方式确定各个变量在各个因子中的方差贡献率，以确定因子数目和归为同一因子的变量。一般学者都采用"最大变异数法"（VERMAX）进行转轴。第三，给各个地区在不同因子上打分，然后进行排序以及相关解释或者后续分析。例如：柯健[①]利用 2002 年的城镇居民消费数据，对于消费和地区互相锁了聚类。这种分析在研究农村消费结构上应用较少，很少有学者把农村分消费进行分区域对比；而这种分析在研究城市消费结构时则较多被使用，具体原因是农村地区的消费结构差异没有城市体现得显著。殷玲[②]分别就发达地区城市和农村的消费结构和不发达地区城市和农村的消费结构做了因子分析，并且进行了对比。因子分析的结果是城市的发达程度在消费结构上体现明显，发达城市的医疗与教育在因子一中，而不发达地区的食品、交通和其他商品消费在因子一中，两地区毫不重合，明显可以看出其生活质量的差别；而发达地区的农村和不发达地区的农村在消费结构上的差异很小，仅有交通消费在发达地区属于因子一，而在不

① 柯健. 中国各地区城镇居民消费结构比较研究 [J]. 经济问题探索，2004（10）：36-39.
② 殷玲. 我国居民消费行为的实证分析 [J]. 中国统计，2004（20）：10-12.

发达地区进入了因子二。葛虹、逢守艳[1]应用了类似方法。孙艳玲[2]则真正综合了因子分析与聚类分析，不同的是她先进行了因子分析，再用因子分析的结果进行聚类分析。其较多运用了 31 个省份的因子得分。在 2002 年农村居民消费结构的数据基础上，她不但计算出单因子情况下 31 个省份的得分，而且计算出了 31 个省份在 8 项消费生产的 3 个因子上的得分，再把该得分作为 31 个省份的属性，采用离差平方和（ward）方法进行聚类，最后将城市分为 4 层。其次她对单因子得分的地区排名和聚类后 4 类地区的排名进行对比，发现北京等发达城市不仅在单因子排名中名列前茅，而且在占总信息88%的第一因子中仍然位居前列，这很充分地说明了排名前列的城市代表了数据结果的总趋势。从经济学原理出发，消费是社会经济活动中的关键环节，所以和消费相关的经济活动与消费结构本身联系变化的内在机理是非常值得探索的。庄燕君[3]利用聚类分析以及线性回归研究了农村地区消费结构变动与区域产业结构的关系。其研究首先进行了聚类分析，将全国城市分成 4 个层次；其次对比 4 个层次城市的农村地区居民消费结果（八项消费的比例）和三次产业比例；最后用线性回归实证出各个产业与各项消费的相关性。孙冰、王其元[4]对 1997 年和 1999 年的城镇居民缴费结果数据分别进行了因子分析，对两年都提取了三个因子，虽然三个因子对于八项消费的具体归类没有得到详细归纳，但是他们对比了三因子中各项消费的变动情况，得出了我国居民生活水平已有很大提高、生活质量有了明显改善、居民消费观念正迅速转变等结论。上述研究的一大特点是都采用截面数据，很少用序列数据。宁自军[5]在分析浙江省城镇居民人均生活消费结果时就采用了 1992—2000 年的数据对八项消费进行了因子分析。但是和一般分析不同，其研究仅选取了两个因子，并且以两个因子为纵轴，以年份为横轴，直观地反映了浙江省消费结构的变动情况。同样的研究还包括苏桔芳、胡日东[6]，田萍、廖靖宇[7]的研究。

① 葛虹，逢守艳. 我国城镇居民消费实证分析 [J]. 中国统计，2003 (3)：18-19.

② 孙艳玲. 我国农村居民生活消费实证研究 [J]. 农村经济，2003 (12)：39-41.

③ 庄燕君. 区域产业结构与消费结构关联分析 [J]. 统计与决策，2004 (1)：77-79.

④ 孙冰，王其元. 我国居民家庭消费支出结构的对比分析 [J]. 哈尔滨工业大学学报，2002 (8)：545-550.

⑤ 宁自军. 因子分析在居民消费结构的变动分析中的应用 [J]. 数理统计与管理，2004 (11)：11-14.

⑥ 苏桔芳，胡日东. 福建省城镇居民消费结构变动的实证分析 [J]. 商场现代化，2005 (9)：181-182.

⑦ 田萍，廖靖宇. 河南省城市居民消费结构比较研究 [J]. 数理统计与管理，2003 (5)：18-21.

周建军、王韬[1]运用 ELES 模型对我国城镇居民消费结构进行了研究。ELES 的基本形式如下[2]：$I_i = p_i q_i + \omega_i (Y - \sum_{i=1}^{n} p_i q_i)$。其中 I_i 为家庭对产品 i 的消费支出；p_i、q_i 分别为产品的价格和需求量；$p_i q_i$ 为家庭对产品 i 的基本需求（最低消费量）；ω_i 为剩余收入对第 i 种商品的分配比例，也就是第 i 种商品的边际消费倾向；Y 为家庭的总收入；$\omega_i (Y - \sum_{i=1}^{n} p_i q_i)$ 为对剩余收入 $(Y - \sum_{i=1}^{n} p_i q_i)$ 的分配；$1 - \sum \omega_i$ 为比奥斯边际储蓄及投资倾向。模型可解释为：给定居民的收入水平 Y，他们首先购买各种疾病消费品 $p_i q_i$，剩下的收入 $(Y - \sum_{i=1}^{n} p_i q_i)$ 再按一定的比例 $\omega_1 \omega_2 \cdots \omega_i$，在各类消费品之间进行分配。由于第一部分收入将用于储蓄等其他支出，所以 $\sum \omega_i < 1$。将上式整理、变形，令 $b_i = p_i q_i - \omega_i \sum_{i=1}^{n} p_i q_i$，则：$I_i = b_i + \omega_i Y$。该式是一元线性方程，可以使用最小二乘法估计参数 b_i 和 ω_i 的值。利用收入弹性的计算公式，可求得对产品 i 需求的收入弹性近似值为：$\omega_i (Y / I_i)$。周建军等的研究根据历年《中国统计年鉴》提供的我国城镇居民家庭消费的实际资料，用普通最小二乘法估计各年度各项商品基本消费支出和边际消费倾向，并通过进一步计算得到了我国城镇居民的边际消费倾向和边际储蓄倾向。他们指出，考察期历年的城镇居民生活消费支出的边际消费倾向均在 0.62 以上，且有减弱趋势；而储蓄倾向逐年增强，历年都在 30% 以上。同时，该研究计算了考察期的恩格尔系数，其呈逐年下降的趋势。这说明我国城镇居民的生活水平已经逐步从温饱阶段接近或达到小康水平。此外，该研究还进行了弹性分析。由上文的弹性公式：$\omega_i (Y / I_i)$ 可以计算得到各类商品的收入弹性系数，按收入弹性大小排列依次为：家庭设备及服务、交通及通信、杂项、娱乐教育文化服务、衣着、居住、医疗保健、食品。当居民收入增加时，居民用于家庭设备及服务、交通及通信、娱乐教育文化服务等方面的消费支出变化幅度比较大，食品、医疗保健、居住等方面的需求情况不会有太大的变化，而其他方面的消费与收入基本保持同幅度的增长。

罗丹、赵冬缓[3]将消费分为基本需求性消费和非基本需求性消费，并据此

① 周建军，王韬. 近十年我国城镇居民消费结构研究 [J]. 管理科学，2003 (2)：73-77.

② 谢为安. 改革开放后我国居民消费需求分析 [M] //微观经济理论与计量方法. 上海：同济大学出版社，1996.

③ 罗丹，赵冬缓. 农民基本需求性消费与非基本需求性消费结构分析：以京郊农民消费为例 [J]. 中国农村经济，2001 (6)：39-44.

分析了农民的基本需求性消费与非基本需求性消费的结构。他们指出，消费结构可以从多个角度划分，根据满足消费需求的层次分类，消费可以划分为生存资料的消费、享受资料的消费和发展资料的消费。生存资料的消费是为了维持劳动力简单再生产所支出的生活费用，是劳动者为了恢复体力和智力的支出，也即基本需求支出。享受资料的消费是满足人们舒适、快乐和安逸的需要的支出。发展资料的消费是指人们为了发展体力和智力的支出。享受资料的消费和发展资料的消费可以统称为非基本需求性消费。随着生活水平的提高，在人们总的消费支出中，生产性消费支出所占的比重将越来越低，需求结构也会随之发生改变。对上述几种消费进行严格划分是不现实的，但这样划分并分析基本需求性消费和非基本需求性消费的结构仍然非常有意义。其意义在于：①可以反映我国居民的生活消费水平、层次和今后的演变趋势。②可以根据消费结果确定产品供给结构从而使经济结构合理化。③分析农村居民基本需求与非基本需求得到的结果可以为开拓农村市场提供思路。罗丹、赵冬缓[①]在农户需求模型的选择上采用了线性支出系统（LES）或者扩展线性支出系统（ELES）。线性支出系统由来已久，早期是把各类消费支出或需求量看作收入或总支出的随机函数。1954 年，斯通在此基础上推出了一种较为复杂的线性支出系统；1973 年，路迟又推出了扩展线性支出系统，在没有价格数据资料时，其能间接地估计出线性支出系统，这是其主要优点。由于扩展的线性支出系统把消费支出看成价格和收入的函数，西方经济理论界对消费是何种收入的函数存在不同看法。因此，以不同收入理论为依据的扩展线性支出系统模型之间存在着一些细微的差别。若不考虑这些差别，从收入的一般角度去考察，可以把扩展线性支出系统的基本表达式写为：$V_i = P_i R_i + \beta_i (Y - \sum P_i R_i)$。式中 V_i 表示消费者对第 i 种商品或劳务的消费支出额；Y 表示消费者的收入；P_i 表示第 i 种商品或劳务的市场价格；R_i 表示第 i 种商品或劳务的基本需求量；β_i 表示第 i 种商品或劳务的边际预算份额，即基本需求支出额之外的剩余支出额追加于第 i 类商品或劳务的比例。显然，$\sum \beta_i = 1$。扩展线性支出系统的经济意义在于把某种商品或劳务的需求 V_i 分为基本需求 $P_i R_i$ 和追加需求 $\beta_i (Y - \sum_i P_i R_i)$ 两部分。在一定的收入水平和价格水平下，消费者首先满足基本需求 $\sum P_i R_i$，然后，剩下的收入 $(Y - \sum_i P_i R_i)$ 按不同比例 β_i 在各种商品、劳务和储蓄之间分配。

① 罗丹，赵冬缓. 农民基本需求性消费与非基本需求性消费结构分析：以京郊农民消费为例 [J]. 中国农村经济，2001（6）：39-44.

基本需求消费 $P_i R_i$ 不能从模型中直接估计出来，需要进行一下变换。因为：$V_i = P_i R_i + \beta_i (Y - \sum P_i R_i) = P_i R_i + \beta_i Y - \beta_i \sum P_i R_i$。令 $P_i R_i - \beta_i \sum P_i R_i = b_i$，则得 $V_i = b_i + \beta_i Y$。这是一个线性方程，利用住户调查的截面资料，用最小二乘法就可以求出 b_i 和 β_i 的估计值。有了 b_i 和 β_i，就可以求出 $P_i R_i$，即求出各种商品和劳务的基本需求消费。扩展线性支出系统模型比线性支出系统包含的内容更为丰富，它不仅考虑了收入对消费需求的影响，而且反映了储蓄的边际倾向，因此，它在对消费行为的数量分析中应用得更为广泛。罗丹、赵冬缓[1]选取了京郊 1978—1997 年农民人均消费支出统计作为基础数据。由于各个年份统计数据是按照可变价格计算的，各个年份之间的数据不具可比性，因此罗丹、赵冬缓的研究利用价格指数将各年份数据整理成以 1978 年不变价格计算的数据。由于缺乏专门的农民生活消费物价指数，罗丹、赵冬缓利用总物价指数近似替代，运用扩展线性支出系统模型对数据进行测算和分析。他们用 V_1、V_2、V_3、V_4、V_5、V_6、V_7、V_8 分别代表京郊农民食品、衣着、居住、家庭设备用品及服务、医疗保健、交通和通信、文化娱乐用品及服务、其他商品及服务支出的估计值；用 β_1、β_2、β_3、β_4、β_5、β_6、β_7、β_8 分别表示食品、衣着、居住、家庭设备用品及服务、医疗保健、交通和通信、文化娱乐用品及服务、其他商品及服务的投向需求系数；用 $\beta_1 + \beta_2 + \beta_3 + \beta_4 + \beta_5 + \beta_6 + \beta_7 + \beta_8$ 表示农民生活消费支出总体投向需求系数；用 Y 代表自变量——农民人均纯收入。他们根据公式 $V_i = b_i + \beta_i Y$，利用数据对以上各项消费支出进行回归分析。由前文公式：$P_i R_i - \beta_i \sum P_i R_i = b_i$ 可推出 $P_i R_i = b_i - \beta_i \sum P_i R_i = b_i / (1 - \beta)$，由此可以计算出京郊农民各项生活消费的基本需求消费额即 $P_1 R_1$、$P_2 R_2 \cdots P_8 R_8$，同时也可计算出 $\sum P_i R_i$。他们进而根据这些结果得出京郊农民生活消费基本需求消费额平均估值，以及各项消费中基本需求消费所占比重。实证分析结果表明：①研究对象地区农民的各项基本需求消费支出在总基本需求消费支出中的地位不同。基本需求占实际生活消费支出的比重，可以作为各项支出内容对农民生活基础性程度的一个标志，比重越大，则基础性越强。其中，第一是食品，第二是家庭设备用品及服务；第三是文化娱乐用品及服务和食品中的副食品消费，说明农民在这两个类别的消费方面具有较高承受能力，不会因为减少这些消费而影响到基本需求消费，也说明这些类别的消费具有较大的发展潜力。②京郊

① 罗丹，赵冬缓. 农民基本需求性消费与非基本需求性消费结构分析：以京郊农民消费为例 [J]. 中国农村经济，2001（6）：39-44.

农民生活消费方面的投向需求系数较高，生活消费品市场大有潜力。投向需求系数表示人们在满足基本需求之后，剩下来的收入如何分配。京郊农民生活消费方面的投向需求系数 β_i 总和为 0.713，也就是说，在满足基本需求消费以后，京郊农民将 71.3%的收入用于生活消费支出。可见，其收入用于生产性消费和储蓄的比重是比较低的，仅为 28.7%。③京郊农民各具体生活消费方面的投向需求系数存在较大差异。其投向需求系数最高的是食物支出。其中主食属于基本消费，变化不大，因此系数最高的可以说是副食品。其后是居住、文化娱乐用品及服务和家庭设备用品。可见京郊农民在基本需求得到满足以后，主要将钱花在吃、住和教育等方面。

张泽一①对城乡居民家庭消费结构对经济增长的影响进行了分析并指出，消费结构升级的一般规律是温饱消费需求形成潮流的时期最短，家用电器消费升级并形成潮流历时稍长，而住行消费升级过程需积蓄多年。积累时间间隔变长，是每次消费结构升级中消费投入越来越大造成的。继续期的拉长给消费需求结构升级和消费需求成长带来更复杂的因素。张泽一②认为，消费投入大和积蓄持续时间长将引致消费需求不足现象在相当长的时期内存在。居民的消费结构及其增长，通过产业关联效应，对于产业结构及其增长乃至整个经济增长都具有决定性作用。需求结果的高级化变动，将校正经济结构，促进产业全面升级。收入水平的变化导致需求体系分化，进而引起产业分化和产业结构调整，是经济发展的一般过程。因此从理论上讲，收入是居民经济活动的预算约束，其中消费是收入的函数。但是消费的增减又不是同收入的增减成比例的，它随收入的增加而呈边际递减的趋势。20 世纪 80 年代末和 90 年代初，随着收入水平的提高，城镇居民的消费层次上升，即在满足基本生活需求外，还有余力消费电视机等高档消费品。我国城乡收入差距的拉大直接影响示范效应的发挥和消费方式的转移，即不能使 20 世纪 90 年代初城镇居民的消费方式向农村转移，收入差距扩大引致的消费脱节和消费需求断层，使快速扩张的生产能力变得过剩，并对经济增长构成结构性消费需求不足的约束，从而导致内需不足。张泽一③还分析了城乡居民家庭消费结构及对经济增长的影响。他认为，

①　张泽一. 城乡居民家庭消费水平消费结构对经济增长的影响 [J]. 北京工商大学学报，2001（9）：64-67.

②　张泽一. 城乡居民家庭消费水平消费结构对经济增长的影响 [J]. 北京工商大学学报，2001（9）：64-67.

③　张泽一. 城乡居民家庭消费水平消费结构对经济增长的影响 [J]. 北京工商大学学报，2001（9）：64-67.

恩格尔定律所表示的食品消费支出与收入之间的关系，作为一种长期的过程和趋势，对研究我国家庭消费结构是适用的。我国恩格尔系数从总体上趋于下降，但农村居民的恩格尔系数居高不下，一直处于50%以上，比同期城镇居民高出近11个百分点。与国家统计局制定的小康标准比较，1999年农村居民恩格尔系数依然高于小康标准2.56个百分点，而城镇居民在1995年就已经达到了该标准。这说明农村居民的生活水平与城镇居民的生活水平相比还有相当的距离，这表明企业不仅在技术改造、开发上可以大有作为，而且在资本经营方面也存在众多投资机会。消费需求带动的对投资的巨大需求，必将为我国的经济增长带来新的契机。

温涛等[1]研究了农民收入结构对消费结构的总体影响与区域差异后指出，从宏观上看，我国面临整体消费率下滑、城乡与地区消费率差距不断扩大、政府消费支出占比不断上升和居民消费支出占比逐渐降低的多重困境：从国家层面看，2000—2010年我国整体消费率不仅远远低于美国，而且两者的变化态势也显著不同。其中美国的消费率一直保持在83%~87%，而我国的消费率则从62.3%持续下跌至47.4%，居民消费率则从46.4%跌至34.2%[2]。从地区层面看，除个别省市的居民消费率出现小幅攀升外，2000—2010近半数省市的居民消费率下滑超过10个百分点，且各地区居民消费率的两极差距也不断扩大[3]。从最终消费支出结构看，我国居民消费支出占比从1978年的78.6%下降到了2010年的71.3%，而政府消费支出占比却一直上升。从城乡居民消费层面来看，城镇居民消费占比一直不断上升，相反农村居民消费占比却从62.1%（1978年）下降至23.2%（2010年）。从居民消费结构方面看，2002年以来，以居住、交通为主的消费结构升级活动成为消费增长的主导力量，与汽车、住房相关的产品销售额在社会消费品零售总额中占比超过50%，而我国汽车消费与居住改善的空间都非常广阔。但是，我国作为一个典型的"二元"经济结构国家，城乡经济发展水平差距明显，城乡居民的生活质量，特别是城乡居民消费水平、消费结构同样存在很大的差异。2010年，我国城镇与农村居民收入之比高达3.23∶1。相应地，虽然2006—2010年我国城乡居民消费的

---

① 温涛，田纪华，王小华. 农民收入结构对消费结构的总体影响与区域差异研究 [J]. 中国软科学，2013（3）：42-52.

② 数据来源于2001—2011年《中国统计年鉴》。

③ 数据来源于2001—2011年《中国统计年鉴》。其中2000年居民消费率最高和最低的省份分别为云南（54.56%）和浙江（32.43%）；2009年居民消费率最高和最低的分别为贵州（48.93%）和内蒙古（24%）；2010年则为贵州（46.40%）和内蒙古（23.27%）。

恩格尔系数呈现下降趋势，但截至 2010 年年末，两者差距仍然高达 5.4%。这不仅表明农村居民消费层次低于城镇居民，而且这种状态呈现延长的趋势，不利于农村消费市场的开拓和完成扩大内需的紧迫任务。在制约消费的众多因素中，收入是决定因素，不仅影响农村居民的总体生活水平，而且直接关系到农村居民消费结构的合理化。我国提升消费空间、扩大内需的重点在于刺激拥有7.2 亿人口的农村消费市场，形成一定规模的消费市场群体①。

尹清非②对西方主要发达国家居民消费结构进行了研究并与我国居民消费结构进行了比较，指出：主要发达国家医疗保健消费支出比重较低。以 2002 年数据为例，日本居民医疗保健支出比重为 3.71%，德国为 4.23%，法国为 3.73%（2003），英国为 1.48%，加拿大为 4.55%，澳大利亚为 5.06%③，基本上都不超过 5%；但美国例外，其居民医疗保健支出比重高达 17.58%，成为美国居民第一大消费支出，这主要是由美国医疗服务高度市场化造成的。美国是唯一没有全民社会健康保险的发达国家，政府主要只是帮助老人、低收入群体、失业人员、残疾人以及印第安人等少数族群这样一些弱势群体④。因此，美国大部分人的医疗保健主要靠自己购买医疗保险。此外，美国是世界第一经济强国，居民消费水平高，非常重视自身的身体健康，对医疗保健服务的需求很高。美国政府又对医疗实行了比较严格的准入制，这就导致了医疗保健服务价格高昂，居民医疗保健支出较高。在其他西方发达国家，由于有较完备的国家医疗保险制度和社会保障制度，居民的医疗保健支出大部分由政府承担，私人支付的医疗保健费用比较低，平均只有 3.79%。我国不论城镇还是农村居民，医疗保健消费支出的比重都上升很快，到 2005 年城镇居民医疗保健消费支出比重已达 7.57%，农村居民也达到了 6.58%，均高于除美国外的西方主要发达国家。这一方面反映出我国居民的医疗健康消费得到了较大的提高，另一方面也反映出我国在进行市场化医疗体制改革的过程中，过多地将医疗保健支出交给个人负担，造成医疗保健价格上涨过快，普通居民医疗保健支出负担过重。医疗卫生保健是一个特殊的领域，不能作为普通的商品加以市场化，政府在这方面负有重要责任。多年来，我国公共医疗卫生支出严重不足。例如，

---

① 朱信凯，骆晨. 消费函数的理论逻辑与中国化：一个文献综述 [J]. 经济研究，2011 (1)：140-153.

② 尹清非. 西方主要发达国家居民消费结构探析 [J]. 消费经济，2006 (4)：89-93.

③ 中华人民共和国国家统计局. 国际统计年鉴：2005 [M]. 北京：统计出版社，2005.

④ 周云. 从国外医疗保障制度看市场与政府的作用 [J]. 国外医学（卫生经济分册），2003 (4)：151-154.

2004 年国家卫生事业费支出仅为 854.64 亿元①，占当年 GDP（136 875.9 亿元）的 0.62%。加上医改过程中过快的市场化，导致医疗价格上涨过快。在 2000 年世界卫生组织对成员国卫生筹资与分配公平性的评估排序中，我国名列 188 位，在 191 个成员国中位于倒数第 4。为改变这种局面，政府应该在基本医疗保健服务方面起主导作用，应加大对公共医疗卫生的投入，应首先向低收入群体倾斜。政府对公立医院投入不够，迫使公立医院改变公益的性质而进行各种名目繁多的营利性经营项目，以保证医院的生存和发展。

1.4.3　关于我国消费情况的研究

曾广录②指出，国家统计局的数据显示，20 世纪 90 年代后，我国最终消费占 GDP 的比重开始走低，从 1991 年的 61.8% 降至 2005 年的 52.1%，同期居民消费率从 48.8% 降至 38.2%③。这表明消费对我国经济的拉动作用在不断减弱。中国居民消费需求为什么会出现不足，学者们从多个方面给出了答案。刘文斌认为，收入分配不均是造成总消费不足的重要原因④；朱国林等认为，我国总消费与收入分配有密切关系，收入分配明显影响总消费水平⑤。黄飞鸣等认为，未来收支的不确定性、收入分配不均、税收负担过重和社会保险不发达是影响消费需求的重要因素⑥。但这些因素都是一些长期因素，在短期内是难以改变的，而导致近年来中国居民的家庭消费趋低的一个最主要的短期因素就是目前住房、教育和医疗消费价格的不断上涨。曾广录进一步指出，住房、教育和医疗消费价格的提高对其他消费品存在挤出效应；同时，随着住房、教育和医疗价格的提高，他们的预防动机会进一步增强，从而产生更强的持有现金、推迟消费的"流动性偏好"。

李丹⑦指出，2006 年的官方数据显示，我国城镇职工基本医疗保险覆盖人口为 1.4 亿，新兴农村合作医疗也只有 3.96 亿，占农业人口的 44.7%。由于缺乏有效的医保体系，全国居民的医疗卫生需求无法转化为有效需求。目前中

---

① 中华人民共和国国家统计局.中国统计年鉴：2005 [M]．北京：统计出版社，2005.

② 曾广录.住房、教育和医疗消费价格虚高的负效应透析 [J].消费经济，2006（5）：78-81.

③ 祝俊初.一个中国，三个消费世界 [N].经济观察报，2006-07-02（5）.

④ 刘文斌.收入差距对消费需求的制约 [J].经济学动态，2000（9）：13-16.

⑤ 朱国林，范建勇，严燕.中国的消费不振与收入分配：理论和数据 [J].经济研究，2002（5）：72-95.

⑥ 黄飞鸣，徐娥.消费需求的制约因素分析 [J].天津商学院学报，2004（5）：30-34.

⑦ 李丹.我国医疗保障制度对医疗消费的影响研究 [J].消费经济，2008（3）：78-80.

国人均医疗支出仍处于世界市场底部水平，低于 100 美元，医保覆盖范围过小在很大程度上压制了医疗消费需求①。经济学的基本原则是消费者在其预算约束内实现自身效用最大化，即在家庭资源总量一定的情况下，消费者进行医疗消费和其他消费——用于健康支出部分的增长必定会降低非健康性的消费支出②。有人提出，医疗消费品与其他消费品之间存在明显的替代性，边际替代率则等于二者的价格之比。但是，医疗保障的介入能为医疗费用提供一定程度的补偿，使医疗消费品对其他消费品的替代作用减弱。罗楚亮通过分析指出，医疗救助制度的推行对于降低医疗支出与非医疗支出之间的替代性、改善家庭内部成员之间的资源分配的不均等性具有非常显著的作用③。李丹指出，医疗保障制度还产生了收入效应。医疗保障制度的推行，一定程度上补偿了消费者的医疗费用，增加了消费者收入，客观上降低了医疗消费的不确定性和风险，从而提高了对医疗消费品的需求水平，促进了医疗消费。同时医疗消费的需求弹性很小，可以看成是人的基本生理需求。在有医疗保障制度的情况下，消费者只需负担部分医疗费用。也就是说，医疗保障的介入增加了消费者对医疗服务的需求，导致医疗需求弹性变得更小④。预防性储蓄理论的相关研究表明，医疗消费的不确定性是影响医疗消费行为的重要因素之一，健康支出的不确定性有可能导致居民储蓄动机的增强⑤，即医疗消费的不确定性将延迟或降低居民的当期消费、增加其储蓄。但是，医疗保障体制的介入，会产生相反的效用。Hubbard 等指出，健康保障体制有助于减弱居民的储蓄动机，提高居民的消费水平⑥。

白重恩、李宏彬、吴斌珍⑦指出，中国居民的高储蓄率在近几年受到了全世界的关注。从 1995 年到 2008 年，居民储蓄率增加了约 10 个百分点，在

① 胡芳. 全民医保政策利好医药行业 [N]. 中国医药报，2007-08-15 (1).

② 罗楚亮. 健康风险、医疗保障与农村家庭内部资源配置 [J]. 人口与科学，2007 (2)：34 -42.

③ 罗楚亮. 健康风险、医疗保障与农村家庭内部资源配置 [J]. 人口与科学，2007 (2)：34 -42.

④ 朱铭来，丁继红. 我国医疗保障制度再构建的经济学分析 [J]. 南开经济研究，2006 (4)：58-70.

⑤ KITOLIOFF. Health expenditures and precautionary savings [Z]. New York：NBER，2008：3- 5.

⑥ HUBBARD, SKINNER, ZELEDS. Precautionary saving and social insurance [J]. Journal of political economy，1995，103 (2)：360-399.

⑦ 白重恩，李宏彬，吴斌珍. 医疗保险与消费：来自新型农村合作医疗的证据 [J]. 经济研究，2012 (2)：41-53.

2008 年达到 28%。对于高储蓄率的原因，一个常见的解释是传统社会保障体系的瓦解导致了更多的预防性储蓄，即人们因为潜在的收入或支出风险而进行额外的储蓄[1]。与此相对应，中国政府正在努力完善我国的社保体系。2000—2009 年，社保基金支出以年均 19.4% 的速度增长，而医疗保险支出的年增长率达到 47%（2010 年《中国统计年鉴》）。对于预防性储蓄的重要性，现有的实证研究给出了不同的结论，预防性储蓄占总储蓄的比重的估计值有很小（1%~2%），也有很大（20%~50%）。一些研究主要聚焦于保险政策的改变带来的变化，比如 Gruber 和 Yelowitz[2]、Engen 和 Gruber[3] 及 Chou 等[4]的研究。目前利用政策变化来估计中国预防性储蓄的研究还比较少，比较规范的有马双等[5]、刘国恩等、高梦滔[6]、Brown 等[7]的研究。这些研究给出的结论不尽相同，其原因在于研究的侧重点、方法及数据有所不同。白重恩、李宏彬、吴斌珍的研究，运用了双差法来提出不随时间变化的选择性偏差。结果显示新农合增加了非医疗支出类家庭消费近 5.6 个百分点，金额大约是 149 元，且这一结果非常稳健。可以看到，消费增加的幅度远远超过了包括政府补贴在内的参合费（2003 年总保险费一般为 30 元，2006 年一般为 50 元）；这说明新农合对于消费的刺激作用比政府直接的现金转移支付更为有效，实际上回归结果显示农村家庭平均的边际消费倾向仅为 0.44。此外，研究还表明新农合对消费的刺激效果对那些当年没有医疗开支的家庭依然显著，这无法用所谓的"挤入效应"来解释。"挤入效应"强调医疗保险减少家庭的医疗支出，进而使得家庭有更多的留存收入来用于其他开支。另外，医疗保险对消费的正向影响在低收入家庭或健康水平较差的家庭中更强。由于这两类家庭将来面临相对沉重的医疗负担的风险更高，这一结果与新农合对医疗开支外消费的影响主要源于预防

---

① MENG X. Unemployment, consumption smoothing, and precautionary saving in urban China [J]. Journal of comparative economics, 2003, 31 (3): 465-485.

② GRUBER J, YELOWITZ A. Public health insurance and private savings [J]. Journal of political economy, 1999, 107: 1249-1274.

③ ENGEN E M, GRUBER J. Unemployement insurance and precautionary saving [J]. Journal of monetary economics, 2001, 47: 545-570.

④ CHOU S, LIU J, HAMMITT J K. National health insurance and precautionary saving: evidence from Taiwan [J]. Journal of public economics, 2003, 87 (9/10): 1873-1894.

⑤ 马双, 臧文斌, 甘犁. 新型农村合作医疗保险对农村居民食物消费的影响分析 [J]. 经济学（季刊）, 2011, 10 (1): 249-270.

⑥ 高梦滔. 新型农村合作医疗与农户储蓄: 基于 8 省微观面板数据的经验研究 [J]. 世界经济, 2010 (4): 121-133.

⑦ BROWN P H, BRAUW A, 都阳, 等. 新型农村合作医疗与农户消费行为 [J]. 中国劳动经济学, 2009 (2): 1-29.

性储蓄下降的说法相一致。另外，农户在县级医疗机构看病支出的补偿程度越高，新农合对消费的影响也越强，这也和预防性储蓄假说一致。新农合的影响程度还会随着农户在新农合中的经历而变化。更具体地说，只有在有农户获得了保险补偿的村庄，新农合对消费的影响才显著。这说明农户对新农合信任程度的高低对新农合能否有效刺激消费有着重要影响。而且，参合经验对保险的效果也有影响，参合时间超过一年的农户其消费的增加幅度要明显高于参合时间不多于一年的农户。白重恩、李宏彬、吴斌珍①指出新农合对消费的刺激作用可能来源于预防性储蓄的减少，但也可能源于医疗保险对消费的事后"挤入"效应，即医疗保险减少了参合家庭的医疗开支，因此这些家庭有了更多的可用于其他消费的收入。不过"挤入"假说只适用于那些当年有医疗开支的家庭。然而在白重恩、李宏彬、吴斌珍②的研究中（其论文表3第1列显示），对于当年没有医疗支出的家庭而言，新农合的保险效应同样显著，而且幅度甚至高于所有家庭的平均水平（其论文表3第2列显示：新农合对消费的刺激效果对没有医疗支出的农户比对有医疗支出的农户更强③）。因此，"挤入"假说并不能完全解释新农合对消费的刺激效果。另外，如果"挤入"假说是主要的解释，那么参合家庭非医疗消费的增加对应着自费医疗支出的减少，那么新农合对总消费的影响比较小。但其论文表3第3列显示农户被新农合覆盖后，总消费增长了6%，高于非医疗类消费。根据预防性储蓄假说，如果保险的保障水平比较高，那么它对消费的刺激作用会更强。该研究结果表明，新农合的影响的确随着农户在县级医疗机构看病支出的补偿程度而变化：补偿起付线越低或者补偿率越高，新农合对消费的正向影响就越大。预防性储蓄假说也意味着，对于面临较高的大额医疗支出风险的家庭来说，新农合的保险效应也较强：对于贫困家庭而言，其家庭健康状况平均来说要差一些，同时给定同样的大额医疗费用，贫困家庭无法支付的可能性更大，因此在没有医疗保险的情况下，他们进行预防性储蓄的动机更强，因此，医疗保险对这部分人群消费的刺激作用更大。研究结果也证实，保险对消费的积极作用只对穷人显著。研究总结：尽管新农合被认为是保险力度太小，不过这项制度还是显著刺

---

① 白重恩，李宏彬，吴斌珍. 医疗保险与消费：来自新型农村合作医疗的证据 [J]. 经济研究，2012 (2)：41-53.

② 白重恩，李宏彬，吴斌珍. 医疗保险与消费：来自新型农村合作医疗的证据 [J]. 经济研究，2012 (2)：41-53.

③ 这可能是因为虽然新农合降低了医疗支出风险，但有医疗支出的家庭还是会相对比较谨慎地进行消费。这与 Wagsaff 等的研究结论一致。白重恩、李宏彬、吴斌珍发现新农合对参合家庭的自费医疗支出没有显著影响，但增加了医疗服务使用次数。

激了农村地区的消费，而且它比直接的现金转移支付更有效。当保险覆盖的范围更广、补偿更高时，家庭消费可以出现更高的增长。

1.4.4　关于中国居民消费的其他相关研究

关于中国居民消费率偏低的讨论一直是学术界研究的热点问题，这一讨论至今仍然没有定论，更有学者将这一问题命名为"中国消费之谜"。由于消费和储蓄是同一个问题的两个方面，为了解开"中国消费之谜"，学者们在这两方面都进行了大量的研究和探索。

关于中国居民储蓄的研究，学者们普遍遵循 Modigliani 提出的生命周期假说的研究范式。Modigliani 和 Cao[1] 对中国 1953—2000 年的宏观数据进行研究并指出，改革开放以来，中国居民的高储蓄现象可以用经济的高速增长和计划生育政策来解释。Mason 等[2]的研究在某种程度上支持了 Modigliani 和 Cao 的观点，他通过国家间的混合截面数据发现较低的抚养率和较高的经济增长率都会导致高储蓄的现象。Horioka 和 Wan[3] 以生命周期假说为理论框架，运用 1995—2004 年的入户调查数据对影响居民储蓄的因素进行了研究，研究结论指出，滞后期的储蓄和收入的增长是导致高储蓄的两个重要原因。Wong 和 Yu[4] 在研究 1991—1998 年中国的消费、购物模式时指出，中国居民储蓄是为了应对改革开放过程中较高的不确定性。Yoo 和 Giles[5] 的研究也认为，发展中国家的高储蓄是居民为应对未来收入波动而进行的一种预防性储蓄，而这一现象在中国农村表现得尤为突出。

消费方面，Song、Liu 和 Romilly[6] 以弗里德曼的永久收入理论为分析框架，运用时变参数的方法模拟了改革开放前后中国消费者的消费行为，并指出

---

①　MODIGLIANI F, CAO S L. The Chinese saving puzzle and the life-cycle hypothesis [J]. Journal of economic literature, 2004, XLII: 145-170.

②　MASON P R, BAYOUMI T, SAMIEI H. International evidence on the determinants of private savings [J]. The World Bank economic review, 1998, 12 (3): 483-501.

③　HORIOKA C Y, WAN J M. The determinants of household saving in China: a dynamic panel analysis of provincial data [J]. Journal of money, credit and banking, 2007, 39 (8): 2077-2096.

④　WONG G K M, YU L. Income and social inequality in China: impact on consumption and shopping patterns [J]. International journal of social economics, 2002, 29 (5): 370-384.

⑤　YOO K W, GILES J. Precautionary behavior and household consumption and savings decisions: an empitical analysis using household panel data from rural China [Z]. East Lansing: Michigan State University, 2002: 45.

⑥　SONG H Y, LIU X M, ROMILLY P. A time varying parameter approach to the Chinese aggregate consumption function [J]. Economics of planning, 1996, 29: 185-203.

居民消费行为在改革开放前后有较大变化，如居民边际消费倾向在改革开放后有较大幅度的提高。Zhang 和 Wan[①] 运用 1961—1998 年的年度数据对居民消费的不确定性和流动性约束进行研究，发现不确定性和流动性约束是居民降低消费增加储蓄的重要原因。廖国民[②]认为，我国应该通过产权制度改革、降低税收、健全社会保障体系、完善金融市场等方式来促进内需扩大。李心源[③]以财税制度为切入点分析了我国启动内需必须建立相应的财税制度，包括：建立以消费为核心的税收制度、强化税收的分配作用、继续实行结构性减税以及开征社会保障税。刘生龙、周邵杰[④]运用动态面板模型对我国省级数据进行实证检验后认为，居民收入在 GDP 中的占比下降、计划生育政策、政府行政管理费用上升以及住房制度改革是导致中国内需难以启动的原因。杨继瑞[⑤]指出，要使消费成为我国经济增长的持久动力，关键是要树立百姓的消费信心，解决医疗、失业、养老、住房等后顾之忧。

此外，中国农村人口占全国人口的一半以上，因此，农村消费的提升也受到学界的关注。由于我国城乡二元体制的存在，农村居民的消费情况与城市居民存在一定的差异，学术界关于农村消费低迷的原因以及如何启动农村消费也进行了广泛深入的探讨：

王炳[⑥]的研究指出，制约农村地区消费需求的主要因素是农民收入增长缓慢、农村居民对未来预期的不确定性以及农村消费环境落后，持类似观点的还包括谭彦红[⑦]等。屈韬[⑧]在研究中国农村消费行为时指出，农村居民对未来支出存在悲观预期，这将使其更加注重把持久性收入列入储蓄计划，因此启动农村消费的关键在于改善农村消费环境、拓宽就业渠道和减轻农民负担。孙虹乔、朱琛[⑨]的研究也指出，改善农村收入、教育以及金融等方面的环境能够对

① ZHANG Y, WAN G H. Liquidity constraint, uncertainty and household consumption in China [J]. Applied economics, 2004, 36: 2221-2229.

② 廖国民. 对当前中国启动内需的思考 [J]. 江西社会科学, 2009 (4): 80.

③ 李心源. 有利于启动内需的税收制度 [J]. 税务研究, 2010 (6): 19-20.

④ 刘生龙, 周邵杰. 中国为什么难以启动内需: 基于省级动态面板数据模型的实证检验 [J]. 数量经济技术经济研究, 2011 (9): 96-100.

⑤ 杨继瑞. 扩大消费与内需的理论选择: 兼论发放购物券刺激消费的局限性 [J]. 经济学动态, 2009 (5): 46-47.

⑥ 王炳. 我国农村消费需求难以启动的深层原因及改善路径 [J]. 消费经济, 2012 (1): 29-32.

⑦ 谭彦红. 公共财政与拉动农村消费需求 [J]. 中央财经大学学报, 2009 (8): 5-9.

⑧ 屈韬. 中国农村消费行为及其制约因素分析 [J]. 经济学家, 2009 (9): 54.

⑨ 孙虹乔, 朱琛. 中国城镇化与农村消费增长的实证分析 [J]. 统计与决策, 2012 (5): 90-93.

农村消费产生正向作用，这从另一个侧面强调了消费环境对改善农村消费的重要性。此外，蔡跃洲[1]的研究也指出，影响农民消费的因素除了收入水平以外还包括农村社会保障体系和农村基础设施建设等。上述研究从宏观的角度分析了制约我国农村居民消费提升的原因。可以看出，关于农村居民消费的制约因素，学者们除了关注农民收入这种传统因素外，也将注意力集中于消费环境和未来预期上。

关于农村居民的消费环境和未来预期的研究，比较有代表性的有：刘广明[2]提出，金融投资的不足在一定程度上抑制了农村消费市场的开拓。杨丽、陈超[3]基于农村教育医疗公共品供给的视角，分析了制约农村居民消费提升的因素，并指出农村教育医疗公共品支出的增加能免除个人或家庭在人力资本花费方面的后顾之忧，有利于扩大个人消费。周建、杨秀祯[4]在研究城镇消费对农村消费的示范作用时指出，城镇居民由于住房、教育、医疗等制度改革产生"预防性储蓄动机"，对农村居民会产生"警示"性作用。类似研究成果近年来较为丰富，在此不一一列举。

上述关于中国居民消费的研究仅仅是笔者认为具有一定代表性的成果，事实上，对中国居民消费的研究可谓浩如烟海，不可能也没有必要一一列出。总体来看，关于中国居民消费的研究大都遵循从总体上来寻找和识别影响居民消费的各个因素这一固定路径，而对某一个具体因素对消费影响的研究相对较少。

1.4.5 关于我国医疗消费情况的研究

孙健夫、要敬辉[5]指出，从卫生消费的一般趋势来看，在经济发展的不同阶段，居民的卫生开支也会表现出相应的差别。在经济发展水平较低的阶段，由于解决温饱问题是人们最基本的要求，这时人们讲求卫生也只能是低层次的。

---

① 蔡跃洲.经济刺激计划与农村消费启动：基于我国农村居民收入分解的实证分析 [J].财经研究，2009（7）：4-12.

② 刘广明.农村消费市场开拓的金融支持探析 [J].中央财经大学学报，2011（6）：35-40.

③ 杨丽，陈超.教育医疗公共品供给对我国农村居民消费的影响分析：基于人力资本提升的视角 [J].农业技术经济，2013（9）：4-12.

④ 周建，杨秀祯.我国农村消费行为变迁及城乡联动机制研究 [J].经济研究，2009（1）：94-95.

⑤ 孙健夫，要敬辉.公共财政视角下中国医疗卫生支出分析 [J].河北大学学报（哲学社会科学版），2005（3）：67-71.

高春亮、毛丰付、余晖①指出，对我国现行医疗卫生体制存在的问题的批评主要集中在两点：一是公共卫生绩效差，公共卫生体系萎缩。一个广为引用的证据是世界卫生组织在2000年对191个成员国的卫生绩效评估排序中，中国仅居144位。二是卫生资源配置显失公平性：①医疗保障覆盖面窄。我国传统的医疗保障制度主要适用于机关事业单位的工作人员、国有企业及部分集体企业的职工；城镇其他劳动者，特别是非公有制企业劳动者，如私营企业职工、部分外商投资企业职工和个体经济组织的雇员等的基本医疗保障水平不高。②城乡、地区间居民卫生资源占有水平差距巨大。卫生资源集中于城市和东部发达地区，绝大多数农村人口缺乏足够的社会医疗保障。③不同群体间卫生资源占有程度显著不同。在医疗服务利用方面，有医疗保险的人与没有医疗保险的人之间，富人与穷人之间的差距在不断扩大。医疗制度改革后，城镇居民中的一些弱势群体也脱离了基本医疗保障，这些群体的生老病死基本上由个体或家庭承担，而恰恰是这些群体承担能力极其有限。快速增长的医疗服务费用和不够高的医疗保障覆盖率，使看病就医成为绝大多数城乡居民的沉重负担，无钱看病和因病返贫现象时有发生。在最初的争论中，医疗卫生改革的思路习惯上被归纳为"政府派"和"市场派"。"政府派"的改革思路可以归纳为：①主要由政府来主办多数医疗卫生机构，为全民提供廉价的医疗卫生服务；②使用一定的市场手段来提高医疗卫生机构的效率。"市场派"的改革思路可归结为：①政府应当建立完善的医疗保险体系；②建立有效机制约束医疗机构行为，政府应保证弱势群体的基本医疗服务；③市场竞争在提高医疗卫生市场效率方面能够发挥重要作用。在此基础上，2007年3月，8家机构向决策层提交了医疗卫生改革方案，改革的建议包括健全和完善公共卫生服务体系、医疗服务体系、医疗保障体系和药品供应体系等各方面的内容。在这四者当中，公共卫生服务体系的恢复和完善，需要政府承担应尽的职责，是各方的共识，而药品供应体系的改革实际上服务和从属于医疗服务体系的改革。那么医疗服务体系和医疗保障体系共同构成的医疗市场的供求变化规律应该是探寻医疗制度改革的核心问题，也是多方争论的焦点。高春亮、毛丰付、余晖②的研究着重以历年政府颁发至今仍然有效的文件所记录的内容作为依据，以此构造解释医疗保障制度变迁的因果证据：①1951—1983年——公费医疗阶段。公

---

① 高春亮，毛丰付，余晖. 激励机制、财政负担与中国医疗保障制度演变：基于建国后医疗制度相关文件的解读 [J]. 管理世界，2009（4）：66-74.

② 高春亮，毛丰付，余晖. 激励机制、财政负担与中国医疗保障制度演变：基于建国后医疗制度相关文件的解读 [J]. 管理世界，2009（4）：66-74.

费医疗的受益对象为机关与事业单位工作人员，同时也建立了劳保医疗制度，受益人群为国营企业职工。该制度最早起源于 1951 年由政务院所颁布的《中华人民共和国劳动保险条例》。公费医疗的经费由国家通过财政预算的方式去编列开支。公费医疗的经费数额则是根据职工对医药方面的实际需求、国家财力、医药卫生事业单位三方面所能提供的资源综合考虑的。也就是按照每人每年享受公费医疗待遇的预算定额加总，将经费拨交地方管理使用，实际超支部分则由财政补贴。这种体制下消费者几乎不用承担医疗费用，此时激励机制鼓励需方过度利用医疗资源，因而医疗开支膨胀较快。因此修补制度缺陷的努力一直未曾中断。这一阶段的医疗体制具有显著的弱激励机制和高交易成本的特征。弱激励机制与当时国家分配制度相关，高交易成本使得公费医疗体制难以持续。医疗领域较高的交易成本是固有的，在任何制度内都受机会主义行为影响。在公费医疗制度下，激励机制允许供需双方都采取机会主义行为。由于缺乏技术手段区分交易成本结构，也缺乏监管机构和必要的监管激励，因此最终固有的交易成本、机会主义行为产生的交易成本共同形成财政难以承担的高额开支。②1984—1997 年——市场导向的医疗体制改革。称其为市场导向的改革是因为医疗机构引入城镇企业改革的经验承包责任制，医疗机构也转换为事业单位身份、企业化运作的经营模式。这一改革方向与财政压力密切相关。公费医疗和劳保制度形成了较大规模的财政压力，1979 年前后医疗投入不足已经在影响医疗体制的运行，因此制度倾向于激励医疗机构自收自支，一次代替财政在卫生领域的开支。此时激励机制将医生、医疗机构收益与服务供给规模相捆绑，医疗机构倾向于通过收费平衡收支并提高医护人员收入。市场导向的公费医疗制度改革的目的是缓解经费压力，核心则是财政从医疗供给领域的退出与个人进入机制的确立（使用者付费，虽然比例上不多）。财政退出的第一步是鼓励医院创收，将医院设定为差额财政拨款单位，增加医院收费项目、合理化医院收费。此次制度变革的最大特征是微观主体的逐利行为得到确立，医疗服务供给主体得以进行市场化筹资。因此，市场导向的医疗体制改革事实上是财政退出与个人进入的过程。不过，我国医疗市场化改革只是完成了医疗服务筹资的市场化，但医疗服务本身的市场化并未实现①。市场导向的医疗体制具有强激励的特征，此一阶段医疗机构有足够的激励去实现医疗机构收入最大化。市场导向的医疗体制改革是为了减轻卫生财政开支负担，但不应该是政府

---

① 陈钊，刘晓峰，汪汇. 服务价格市场化：中国卫生医疗体制改革的未尽之路 [J]. 管理世界，2008（8）：52-58.

卸责的制度确定过程。③1998 年及之后——医疗市场失范与利益集团化阶段。自 1997 年正式确定"建立社会统筹与个人账户相结合的医疗保险制度"以来,我国医疗体制改革重点由供方转向需方,医疗保险制度建立的过程似乎是财政支付进一步从需方退出的过程。这一阶段所产生的问题主要是医疗服务价格高。2006 年国家多个部门频繁发布文件,提出解决办法以遏制医疗服务价格较高的现象。在上一阶段改革中医疗机构形成的激励机制尚未改变,因此医疗机构倾向于维持现状而不愿改变。政府试图使医疗机构提供价格合理的医疗服务的举措主要有:A. 调整医院管理体制,加强对医务人员行为的管理;B. 鼓励民间资本进入医疗领域;C. 对部分药品实行价格管制。但是结果表明,依靠增加民营医疗机构以改变当前医疗机构行为、通过竞争矫正医院人员行为的方法难以实现。原因有二:一是在现有体制下,人才流动受体制束缚。体制内的医疗技术人员可以获得较高收益且有事业单位身份,而这部分医疗技术人员具有最佳的技术水平,因此民营企业缺乏吸引人才的诱因。二是逐利是医疗系统的系统性行为,缺乏合理的制度以保证新增加的民营医疗机构的行为与体制内的医院有显著差异。基于此,高春亮、毛丰付、余晖[①]认为靠增量改革的方式需要较长时间才有可能舒缓当前的境况。同时医院也有足够的方法规避药品价格管制的规定,只要激励机制存在,它就很可能会设法利用医疗市场的特征从中受益。在改革的第二阶段财政从供方退出,第三阶段财政从需方退出,然而激励机制却延续下来。原本存在于第二阶段但是被政府负担的责任,此时大部分被转移和释放出来,加剧了医疗市场的矛盾。但高春亮、毛丰付、余晖[②]的研究也认为,医疗体制信息不对称决定了医疗体制固有的交易成本,无论何种激励机制均有可能扩大交易成本,其差别仅在于交易成本由谁承担。这种状况普遍存在于各国的医疗服务领域,在现有技术条件下,尚难以寻求最终的解决办法。但这并不是维持现有体制的理由。我国医疗保障制度具有强激励。承包责任制使医院可通过该制度谋求更大收益,而且承包责任制已为医疗机构广为接受,固化为行业惯例,在缺乏财政资源而又要实现医疗事业发展的前提下,向消费者收费成为必然。

---

① 高春亮,毛丰付,余晖. 激励机制、财政负担与中国医疗保障制度演变:基于建国后医疗制度相关文件的解读 [J]. 管理世界,2009 (4):66-74.

② 高春亮,毛丰付,余晖. 激励机制、财政负担与中国医疗保障制度演变:基于建国后医疗制度相关文件的解读 [J]. 管理世界,2009 (4):66-74.

黄丽湘、余智萍①认为，我国居民对"看病难，看病贵"现象反应强烈，学者们从医疗体制②③、医疗保险④、医疗收费⑤、药品价格⑥、医疗道德⑦⑧、中外对比⑨⑩、医院管理⑪⑫等方面进行了广泛的探讨。由于居民医疗消费结构的数据收集十分困难，《中国统计年鉴》也没有相关的统计数据，因此黄丽湘等以长沙市某大医院的就诊病人的各项医疗支出的数据来间接进行数据分析⑬。因为在医院中，就诊病人的医疗消费数据是保存最为规范、完整的，尤其是大型综合性医院就诊病人的医疗消费数据是比较好的统计样本。虽然不同医院的收费项目不尽相同，但大体可以归类为床位费、材料费、药费、检验费、治疗费。她们通过对统计样本的分析得出结论：无论内外科病人，各项医疗消费支出中，药费的支出都接近或超过50%，超过检验费与治疗费两项的总和。在同年度的内、外科比较中，内科病人的药品消费一般都高于外科病人的消费，这与疾病性质、治疗手段的差异有关。内科病人保守型的治疗更多依赖药物，而非手术性的"一刀了断"。统计数据很好地反映了老百姓日常生活中

---

① 黄丽湘，余智萍. 我国居民当前医疗消费结构的分析与思考 [J]. 消费经济，2009 (4)：13-15.

② 李丹. 我国医疗保障制度对医疗消费的影响研究 [J]. 消费经济，2008 (3)：78-80.

③ 许陵. 我国医疗卫生体制问题及改革思路 [J]. 经济研究参考，2005 (87)：41-45.

④ 汪韬. 医疗保险大额住院费用管理 [J]. 国际医药卫生导报，1998 (6)：31-32.

⑤ 蔡乐，万崇华，王军，等. 住院费用构成及其影响因素分析 [J]. 中国医院统计，1999 (4)：206-209.

⑥ 崔志平，施其芳，沈渭忠. 中外医疗体制及药品价格政策现状比较 [J]. 中国医药技术经济与管理，2007 (4)：6-17.

⑦ 吕本友，张克荣. 医疗服务市场的道德风险的经济学分析 [J]. 法制与经济，2006 (10)：73-74.

⑧ 李永生. 医疗腐败与医院管理伦理 [J]. 医学与哲学（人文社会医学版），2006 (10)：12-14.

⑨ 李永生. 医疗腐败与医院管理伦理 [J]. 医学与哲学（人文社会医学版），2006 (10)：12-14.

⑩ 杨德华. 中外医疗保险制度差异辨析 [J]. 医学与社会，2002 (4)：11-12.

⑪ 李永生. 医疗腐败与医院管理伦理 [J]. 医学与哲学（人文社会医学版），2006 (10)：12-14.

⑫ 王四平. 医院发展面临的问题与对策 [J]. 社会科学论坛（学术研究卷），2006 (8)：81-83.

⑬ 科学全面的统计应是按科室、分病种、分支出项目、分年龄性别、分消费群体、分地域等多因素的统计。具体参见：罗仁夏，吴彬. 医疗保险住院费用调查及多因素分析 [J]. 中国医院统计，2006 (1)：81-83.

"吃药贵"的真实情况。一般来讲，医术越高，药品费应该越低①。但药品消费很难反映医生的医术水平。较高的药品消费是一种价格扭曲、消费环境恶化的结果。非医术因素成本太高，既损害了消费者的利益，也抑制了医生对医术的追求。她们通过分析认为，医生劳动力成本的增加以及材料、设备价格上涨等不是"看病难，看病贵"的主要原因。医疗消费结构失衡的突出表现是药价太高。例如，治疗糖尿病的基本常用药"倍顺"，规格为一盒20片装，零售价为49.5元，药厂出厂价为13.5元，之间的价差构成了药品代理商、医药公司、医药代表、医生等诸多中间环节的利益。可见，药品价格贵并非源自其价值本身，而是在市场环境中监管机制缺失或失效的情况下，多方追求利益的结果。此外，财政支出的相对下降也是一个因素。20世纪八九十年代，卫生支出曾经一度占到政府总支出的6%，2002年下降为4%。2004年我国医疗卫生总费用占GDP的5.5%，但政府支出比例仅为16%，老百姓的支出则占到55%。2006年，我国3万多亿元的财政预算中，仅有1 200多亿元用于医疗领域，约占4%。政府投入不足的直接后果是医院的逐利行为。政府每年的拨款仅占公立医院总收入的7%~8%，其余90%以上的收入靠医院自己组织医疗服务而得来。2005年物价等部门核定的医疗服务价格是按照实际成本的60%确定的，医院为自身发展和追逐利润难以避免。因此，大处方、高价药、高回扣药泛滥。而且，医院实行的是药品加成政策，药品进价越高，加成越多，因此，医院不愿意进低价药，造成了以药养医、以药补医，医保病人在医院无低价药可用而被迫选择高价药也是不争的事实。对于国家强制降价的药品，一些药企马上就停产这种药，再生产高价药来替代。就检查费而言，医院也是小查大检、小病大治；不同医院之间的检查结果互不承认、重复检查等。此外，医疗资源配置不科学、卫生事业发展不均衡，也在一定程度上影响了医疗消费结构，增加了患者的医疗支出。

胡玲丽、刘竞②认为，我国居民医疗消费中存在的主要问题有：①医疗消费的费用增幅较大，超过了居民的收入增长水平。相关数据显示，2000—2008年，我国门诊就医费用增长了1.3倍，住院费用增长了1.5倍，平均每年门诊费用增长13%，住院费用增长11%。2001—2006年，是我国经济增长最快的时期之一，人均GDP从2001年的8 622元，增长到2006年的16 084元，年均

① 丛树海，李永友. 中国公共卫生支出综合评价及政策研究 [J]. 上海财经大学学报，2008（4）：53-60.

② 胡玲丽，刘竞. 我国居民医疗消费中存在的主要问题与对策 [J]. 消费经济，2008（4）：10-12.

增长 12.7%。同时期，我国城镇居民人均可支配收入年均增长 11.99%，农村居民人均可支配收入年均增长 8.08%，分别低于 GDP 年均增长速度 0.71 个百分点和 4.62 个百分点。相对于人均 GDP 的增长速度，医疗消费的增幅较大，超过了居民的收入增长水平，对低收入家庭形成了很大的压力。②医疗消费的均衡水平很低，基本医疗保障没有真正实现。一方面居民医疗消费支出差异很大，另一方面居民可得医疗服务资源差异很大。高收入人群能享受较好的医疗服务，而低收入人群医疗保障水平低，甚至连最基本的医疗服务也享受不到。此外，医疗保险覆盖也不到位。城市医疗保险只覆盖了 1.2 亿多人口。从已经参加城镇职工医疗保险的人群来看，一方面是群众抱怨看不起病，另一方面是医保自己沉淀率达 20%~35%，参保人医药费用个人负担比例过高。农村的情况更差。③医疗消费过程中，消费权益容易受到损害。由于医疗行业的特殊性，在医院，虽然同样是接受服务，患者却拥有劣势心理，维护自身权益的主动性不够，加之患者医学知识不足，医学信息不对称，患者往往处于被动地位，容易被医生诱导消费、过度消费。上述问题的成因可归纳为：国家对卫生事业投入不足，以药品差价收入补偿医疗机构的卫生财政政策存在缺陷。1999—2005 年卫生总费用构成数据显示：医疗消费大约有 60%靠居民自费，还有 20%多由集体负担，政府投入仅占 17%左右。国家卫生事业费占财政总支出的比例逐年下降。国家提出卫生事业具有一定社会公益性、福利性，要求医院不能赚钱，但政府又没有增加对卫生的财政支出，同时还要求医疗事业不断发展，对医疗机构而言，这有很大困难，这使得医院获得了重经济效益、轻社会效益的理由与空间。

许敏兰①认为，改革开放以来，我国医疗卫生事业持续发展，人们的健康水平日益提高，但医疗费用的上涨速度也很快，超过了人均收入的增长速度，医疗卫生消费支出已成为家庭食物、教育支出后的第三大消费。根据卫生部 2004 年年底公布的"第三次国家卫生服务调查主要结果"，过去 5 年城市居民年均收入水平增长了 8.9%，农村增长了 2.4%，但城市、农村的年医疗卫生费支出分别增长了 13.5%和 11.8%。1991—2002 年，我国卫生总费用快速增长，但公共支出在下降，政府预算卫生支出在公共卫生支出中所占的比例从 22.84%下降到 15.21%，占 GDP 的比例也下降到 0.82%。与此同时，社会支出的份额也从 39.67%下降到 26.45%②，而个人现金支出却大幅上升，从

---

① 许敏兰. 个人医疗消费支出上涨的经济学分析 [J]. 消费经济, 2006 (4): 62-66.

② 郝慧敏. 从经济学视角论我国医疗卫生体制改革 [J]. 中央民族大学学报, 2005 (1): 39-43.

37.5%上升到58.34%。这说明在医改中，居民个人承担了大部分的医疗费用，加重了负担。许敏兰同时对高额的医疗费用进行了经济学分析，认为高额的医疗费用主要是药价和检查费高导致的，而这一现象形成的原因是：①非营利性医疗机构在市场化改革过程中的商业化。随着国家财政投入的下降，国家规定可增加部分药品收入以弥补财政投入的不足，这就是"以药养医"政策。这使得医生开大处方的现象层出不穷。此外，医疗机构还通过变相提高医疗服务价格、乱收费等方式来创收。根据浙江省审计厅对该省医疗系统的调查，浙江省内99家医院通过巧立名目、违规制定药价等手段在一年内收取额外费用高达5亿元①。医疗服务市场与一般的产品市场有很大的不同，其所提供的产品具有公共品或准公共品的性质，因此，公立非营利性医院就应该控制医疗服务的价格，降低人们对医疗服务的支付压力，不能以营利为唯一目的。具有公用性质的医疗服务是营利性市场主体干不了、干不好或不愿干的，因此必须由政府来发挥主导作用②。②医疗服务的技术壁垒造成医疗服务垄断程度逐步提高，根据不完全竞争市场理论，霸占市场的行为者很难主动降价，而垄断市场的行动者可以自主定价，实行价格歧视进而获取最大的消费者剩余③。在这样的市场中，价格机制失灵，价格高度失真，社会福利水平下降。在医疗销售环节，医疗机构的药品销售占全社会零售总额的80%以上，医院处于终端垄断地位，医疗机构之间缺乏竞争导致药价偏高，如某种冠心病药物出厂价每瓶50元，医药公司批发价每瓶91.3元，医院零售价107元④。③政府对市场的干预不合理。由于医疗市场存在失灵，医疗服务价格的确定也不是通过供求关系，而是由政府部门用行政手段代替市场对价格进行管制。政策的制定者认为价格定得越低，就越有利于保护患者的利益，同时认为价格应当主要补偿有形消耗，这就导致在价格标准制定过程中，医疗服务的技术劳务价值没有体现。这迫使医院通过提供有形的服务，如通过进口昂贵药品、高新医疗设备等来获取收入。这使得政府低价管制的初衷没有实现，反而让一部分人看不上病，看得上病的人要支付比市场均衡价格更高的价格⑤。此外，由于政府价格调整机制僵化，医疗服务价格确定后多年未变，在此期间虽然几乎所有的投入要素价

---

① 张隼. 国有"非营利医院"垄断弊端重重 [J]. 开放潮，2004 (10)：45-46.

② 谈稼怡. 医改模式选择须适应国情，政府"补丁式"管理不可取 [J]. 医院领导决策参考，2005 (14)：29-31.

③ 洪铮. 医院和医疗保险的经济分析 [J]. 中国卫生事业管理，2005 (7)：403-415.

④ 唐河. 医疗黑幕：从"公益"到"公敌"[J]. 决策与信息，2005 (9)：13-16.

⑤ 李国志. 医疗服务价格扭曲现状、成因及对策 [J]. 粤港澳市场与价格，2005 (9)：8-10.

格都发生了变化，但医疗服务价格并不根据市场的变化进行适当的调整。这种调价机制让医院面临两种价格体系，生产要素为市场价格，而它提供的服务为计划价格。④医患双方信息不对称强化了医疗费用高涨的趋势。斯蒂格利茨把医疗市场和一般商品市场进行比较后发现信息高度不对称是医疗市场特征之一①，医患信息不对称将导致医疗服务供给方的道德风险，从而导致医疗市场价格变化，对医疗费用上升产生重要的影响。道德风险主要表现为诱导需求，导致小病大治、过度医疗。已有的研究中，对医疗保险对家庭医疗费用负担的影响存在着一定的争议。一种观点认为，医疗保险会增加家庭医疗费用负担，其主要原因如下：第一，医疗保险可能会释放患者被抑制的医疗需求。Peter S. K. Chi 等②对台湾劳动力调查数据分析后发现，有健康保险的老年人比没有健康保险的老年人，更有可能使用正规的医疗保健。Thomas C. Buchmueller 等研究发现，保险会提高参保居民的门诊率，平均而言，儿童会每年增加 1 次，成人每年增加 1 至 2 次③。黄枫和甘犁、胡宏伟等的研究也都证明了医疗保险会释放和扩展医疗卫生服务需求④。第二，医疗保险可能会促使居民获得更高质量的医疗服务。Paul Gertler 等利用牙买加的数据，通过建立医疗保健的需求模型，研究发现保险会使个体从公共医疗服务中退出，转而追求私人部门更高质量的医疗服务⑤。Adam Wagstaff 等使用来自中国家庭调查的数据进行研究，发现健康保险会促使参保者增加医疗支出，这主要是因为保险鼓励参保者在生病的时候，选择从更高层次的服务提供者处寻求医疗服务⑥。胡宏伟运用工具变量法对国家基本医疗保险入户调查数据进行计量分析后指出，医疗保险虽然降低了单项医疗服务的实际价格，但是，由于可能会促进消费者利用更多、更高质量的医疗卫生服务，家庭医疗支出可能不降反升，这一结论与 Wagstaff 的

① 张维迎.博弈论与信息经济学 ［M］.上海：上海三联书店，1996.

② CHI P S K, HSIN P L. Medical utilization and health expenditure of the elderly in Taiwan ［J］. Journal of family and economic issues，1999（3）.

③ BUCHMUELLER T C, GRUMBACH K, KRONICK R, et al. Book review：the effect of health insurance on medical care utilization and implications for insurance expansion：a review of the literature ［J］. Medical care research and review，2005（1）.

④ 黄枫，甘犁.过度需求还是有效需求：城镇老人健康与医疗保险的实证分析 ［J］.经济研究，2010（6）：105-118；胡宏伟，张小燕，赵英丽.社会医疗保险对老年人卫生服务利用的影响：基于倾向得分匹配的反事实估计 ［J］.中国人口科学，2012（2）：57-66.

⑤ GERTLER P, STURM R. Private health insurance and public expenditure in Jamaica ［J］. Journal of econometrics，1997（1）.

⑥ WAGSTAFF A, LINDELOW M. Can insurance increase financial risk？The curious cade of health insurance in China ［J］. Journal of health economics，2008（4）.

研究结论是一致的。当然胡宏伟也指出，虽然研究结果表明不论在绝对医疗消费数额还是在相对支出比例方面，城镇居民医疗保险对城市居民家庭的影响都是显著促进和提升，但这并不一定意味着可能存在医疗卫生服务过度利用，而可能是原有医疗消费不足和被抑制的一种释放。第三，医疗保险可能引发卫生服务的过度需求。Feldstein 指出，医疗保险有助于降低医疗服务的价格，很可能会引发患者的过度医疗需求，出现道德风险[1]。也有学者认为，医疗保险可以缓解家庭医疗风险带来的经济风险，可能会降低个人和家庭医疗支出负担[2]。医疗保险通过降低医疗服务价格，有效减轻了患者获取医疗服务的成本。Catherine E. Ross 等研究发现，医疗保险有助于缓解个人或家庭支付医疗费用的困难，但他们指出，该作用并不意味着医疗保险会改善社会经济差异对健康的影响[3]。Catherin Hoffman 等研究指出，医疗服务费用是影响居民个体医疗行为选择的最重要的因素，而健康保险往往可以帮助个体和家庭在获取健康服务时应对无法预测的医疗服务费用风险[4]。中国政府为建立覆盖全体国民的医疗保险制度，自 2006 年开始全面推行医疗保险体系改革[5]。

李丹[6]指出我国医疗保障制度影响医疗消费中存在的问题及成因有：①医疗保障制度使医疗消费的"供给诱导需求"更加严重。由于医疗消费具有强制性、信息不对称等特征，医疗消费者通常要通过医生的指导来选择医疗服务类型和数量。因此，医生既是病人选择医疗服务的代理人，又是医疗服务的提供方。这使得医疗服务体系缺少内在的制约机制，从而导致医生根据自身的利益来左右消费者的行为，即供给诱导需求[7]。医疗保障制度的介入有可能使这种现象更加明显。医疗服务的提供者在不必承担任何医疗费用风险的情况下，为了获得更多的利益，常常利用自身的信息优势，偏离市场的实际需求来提供

① FELDSTEIN M S. The welfare loss of excess health insurance ［J］. Journal of political economy, 1973 （3）.

② ARROW K. Uncertainly and the welfare economics of medical care ［J］. American economic review, 1963 （5）.

③ ROSS C E, MIROWSKY J. Does medical insurance contribute to socioeconomic differentials in Health? ［J］. Milbank quarterly, 2000 （2）.

④ HOFFMAN C, PARADISE J. Health insurance and access to health care in the United States, reducing the impact of poverty on health and human development ［J］. Scientific approaches, 2008 （1）.

⑤ 刘国恩，蔡春光，李林. 中国老人医疗保障与医疗服务需求的实证分析 ［J］. 经济研究, 2011 （3）：95-118.

⑥ 李丹. 我国医疗保障制度对医疗消费的影响研究 ［J］. 消费经济, 2008 （3）：78-80.

⑦ EVANS R G. Supplier, induced demand：some empirical evidence and implications in the economics of health and medical care ［M］. London：Macmillian, 1974：163-173.

医疗消费品价格和数量，既可能诱导或鼓励病人过度"消费"医疗服务，也可能因为某种激励约束机制的限制以致拒绝为病人提供特定的医疗服务[①]。②医疗保障制度的介入有可能引发道德风险，进而导致民众对医疗资源的过度需求。医疗消费对于个人来说是不确定的，而人们大多对风险持规避态度，宁愿支付一定数额的保险费，参与医疗保障制度。在第三方支付的情况下，身受病痛折磨的消费者易产生道德风险，并认为越昂贵的医疗消费品治疗效果更好，从而使"供给诱导需求"成为现实。因而，投保后的消费者总是倾向于获取比不投保更多的医疗服务。这就是道德风险引发对医疗资源的过度需求。③医疗保障制度有可能使医疗服务提供者对病人实行价格歧视。Arrow 曾指出医疗行业的定价行为严重偏离竞争准则：根据病人的收入情况采取广泛的价格歧视（对赤贫者收取零价格）；强烈支持服务收费，反对预付的替代做法[②]。Kessel 认为，大量的医生保持价格歧视是一种集体垄断，旨在获取最大利润，医疗行业有组织地反对预付，是出于保护利润的动机[③]。由于医疗服务市场具有垄断性，医生的服务是一种异质性产品，所以医生拥有市场力量，可针对不同的消费者实行差别定价、价格歧视来实现利润最大化目标：为没有医疗保障的人提供价格较低的服务，为有医疗保障的人提供价格较高的服务。④我国医疗保障制度存在覆盖面的不公平现象。受保障越多的人群可利用的医疗服务越多。1993 年，享有社会性医疗保险的人平均门诊次数要比无保险的人多15.5%，到 2003 年，这一差距扩大到 72.7%；在住院方面，差距从 1993 年的0.88 倍扩大到 2003 年的 1.44 倍[④]。

通过对既有文献的梳理，笔者发现，针对医疗消费方面的探讨，既有研究主要从以下几个角度来进行分析：第一，医疗保险对居民消费行为的影响，如黄枫、甘犁[⑤]和胡宏伟等[⑥]的研究证明了医疗保险会释放和扩展医疗卫生服务需求。第二，医疗消费在不同收入水平上的边际消费倾向变化，如郑丽琳[⑦]指

---

① 梁鸿，赵德余.中国基本医疗保险制度改革解析 [J].复旦学报（社科版），2007（1）：123-131.

② ARROW K J. Uncertainly and the welfare economics of medical care [J]. American economic review，1963，53（5）.

③ KESSEL R A. Price discrimination in medicine [J]. Jour, law and econ，1958（1）：20-53.

④ 王绍光.巨人的瘸腿：从城镇医疗不平等谈起 [J].读书，2005（11）：3-12.

⑤ 黄枫，甘犁.过度需求还是有效需求：城镇老人健康与医疗保险的实证分析 [J].经济研究，2010（6）：105-118.

⑥ 胡宏伟，张小燕，赵英丽.社会医疗保险对老年人卫生服务利用的影响：基于倾向得分匹配的反事实估计 [J].中国人口科学，2012（2）：57-66.

⑦ 郑丽琳.关于居民消费价格指数编制的研究 [J].价格理论与实践，2011（11）：48-49.

出，在居民消费水平较低的阶段，由于恩格尔系数较高，医疗保健支出水平也较低，在居民消费水平较高的阶段，恩格尔系数较低，医疗保健支出水平也较高。同时，随着居民收入水平上升，医疗保健支出的增速也会逐步下降并趋稳。第三，影响居民医疗消费支出因素以及医疗消费的弹性分析，如谭涛、张燕媛等①和赵振然②等。

考虑到我国城乡二元经济结构的现实，也有部分研究对我国农村医疗消费进行了分析，主要包括两个方面的内容：第一，农村医疗消费支出的影响因素，如：谭涛、张燕媛等③分析了农村居民家庭医疗消费支出的影响因素及需求弹性，类似研究还包括黄小平、刘海④。赵振然⑤实证研究了区域间医疗保健消费水平影响因素的作用效果。周先波、田凤平⑥分析了城乡居民医疗保健消费的差异性。杨清红、刘俊霞⑦运用 2008 年 CLHLS（中国老年健康调查）数据对医疗保障在老年人医疗服务中的作用进行了分析，并指出医疗保障显著促进了老年人对医疗服务的需求，使老年人家庭医疗负担得以降低。第二，农村医疗保障体制的作用，如：白重恩等⑧通过对"新农合"政策的分析，研究了医疗保险对农村居民消费的影响。丁继红等⑨的研究也强调了基本医疗保障制度对提振农村消费的重大意义。此外，关于中国医疗体制、医疗服务价格等方面的研究也比较丰富，笔者在此不一一列举。

从居民医疗消费支出对居民消费的影响的角度来看，既有研究主要是沿着

① 谭涛，张燕媛，何军. 中国农村居民家庭医疗消费支出的影响因素及弹性分析 [J]. 上海财经大学学报，2014（3）：63-69.

② 赵振然. 我国农村居民医疗保健消费影响因素的区域差异研究 [J]. 消费经济，2014（3）：24-29.

③ 谭涛，张燕媛，何军. 中国农村居民家庭医疗消费支出的影响因素及弹性分析 [J]. 上海财经大学学报，2014（3）：63-69.

④ 黄小平，刘海. 中国农村居民医疗消费的影响因素分析 [J]. 消费经济，2011（4）：77-80.

⑤ 赵振然. 我国农村居民医疗保健消费影响因素的区域差异研究 [J]. 消费经济，2014（3）：24-29.

⑥ 周先波，田凤平. 中国城镇和农村居民医疗保健消费的差异性分析：基于面板数据恩格尔曲线模型的非参数估计 [J]. 统计研究，2009（3）：51-58.

⑦ 杨清红，刘俊霞. 医疗保障与老年人医疗服务需求的实证分析 [J]. 上海经济研究，2013（10）：64-73.

⑧ 白重恩，李宏彬，吴斌珍. 医疗保险与消费：来自新型农村合作医疗的证据 [J]. 经济研究，2012（2）：41-53.

⑨ 丁继红，应美玲，杜在超. 我国农村家庭消费行为研究：基于健康风险与医疗保障视角的分析 [J]. 金融研究，2013（10）：154-166.

医疗消费对居民储蓄动机的影响来展开的，代表性的研究如下：Kitolioff[①] 指出，健康支出的不确定性有可能导致居民储蓄动机的增强，持类似观点的还包括 Glenn 等[②]。Meng[③]、白重恩等[④]沿着预防性储蓄理论的思路间接地指出，不确定性的存在会增强居民的储蓄动机。也有学者在研究我国消费率偏低的原因时提到了医疗消费费用增长过快对居民整体消费的抑制作用，如：许敏兰[⑤]和胡玲丽、刘竞[⑥]以及李丹[⑦]等。他们的研究大多仅给出了一个粗略的定性结论，缺乏定量分析的支撑。上述研究都直接或间接地指出了医疗消费会对居民消费产生影响，但纵观研究医疗消费对居民消费影响的文献，有以下几个特点：第一，定性研究较多，定量研究偏少；第二，研究医疗保障制度的文献相对丰富，研究医疗消费对消费的影响的文献相对较少；第三，未将居民医疗消费支出作为影响我国居民消费的关键因素来研究。根据预防性储蓄理论，居民支出不确定性将导致居民储蓄的增加，抑制居民消费潜力的发挥，不利于我国扩大内需的政策，因此，从宏观上对医疗消费不确定性对居民整体消费所产生的效果和机理进行探讨是十分必要的。

1.4.6 关于医疗消费行为的相关研究

应该指出的是，个体的就医行为是一个复杂的过程。学者们主要关注的是医疗保障与就医行为、收入与就医行为、医疗资源可及性与就医行为等方面。

向运华、胡天天[⑧]指出，虽然中国精准扶贫战略实施后，农民整体收入有了较大提升，加之农村基本医保的覆盖率不断上升，但收入不平等对中国农村地区老年人健康行为的影响依然存在，他们利用中国家庭追踪调查数据，实证

① KITOLIOFF. Health expenditures and precautionary savings [Z]. New York：NBER，2008：3-5.

② GLENN H R，JONATHAN S，ZELEDS S P. Precautionary saving and social insurance [J]. Journal of political economy，1995，103（2）：360-399.

③ MENG X. Unemployment，consumption smoothing，and precautionary saving in urban China [J]. Journal of comparative economics，2003，31（3）：465-485.

④ 白重恩，李宏彬，吴斌珍. 医疗保险与消费：来自新型农村合作医疗的证据 [J]. 经济研究，2012（2）：41-53.

⑤ 许敏兰. 个人医疗消费支出上涨的经济学分析 [J]. 消费经济，2006（4）：62-66.

⑥ 胡玲丽，刘竞. 我国居民医疗消费中存在的主要问题与对策 [J]. 消费经济，2008（4）：10-12.

⑦ 李丹. 我国医疗保障制度对医疗消费的影响研究 [J]. 消费经济，2008（3）：78-80.

⑧ 向运华，胡天天. "健康中国"战略下的农村老年人医疗消费行为：基于收入不平等与基本医保的视角 [J]. 华中师范大学学报（人文社会科学版），2020（5）：25-34.

检验了中国农村老年人医疗消费行为的差异后发现，收入的不平等仍然是制约农村老年人就医的主要制约因素。

边恕、李东阳[①]认为医疗成本的不断增高、中老年家庭对未来医疗消费不确定性的担忧刺激了商业医疗保险的快速发展，其背后是预防性储蓄的理念在起作用，据此可以推断商业医疗保险能够对中老年医疗消费行为产生显著影响。边恕、李东阳基于 CHARLS（中国健康与养老追踪调查）数据，运用倾向匹配得分双重差分法实证分析了参加商业保险的中老年家庭的医疗消费行为，结果表明，参加商业医疗保险能够减少家庭医疗开支并有效刺激中老年家庭的非医疗消费。

李晓嘉[②]基于中国家庭动态跟踪调查（CFPS）微观数据，利用 DID 模型（双重差分模型）对城镇居民医疗保险对消费行为的影响进行了研究，研究结果表明医疗保险对家庭的自付医疗消费支出没有显著影响，但非医疗消费支出增长超过 6.9%。但是研究结果也表明，医疗保险政策存在着明显的群体差异和区域差异：一方面，不同收入的家庭对医疗保险的反应存在着异质性，低收入家庭在参保后消费支出有显著增加，而高收入家庭的消费行为变化不大；另一方面，不同地区的家庭消费对医疗保险的反应也存在明显不同。

高军波等[③]对中小城市的居民医疗行为进行了分析并对比了大城市的居民医疗消费，他们指出，中小城市居民日常就医选择以市域最高等级综合医院为中心，形成"一超多强"多中心结构，出行空间呈现出"三带四圈层"的核心—外围形态。其中低收入群体近距离就医特征突出，出行空间小；高收入群体消费选择多元化特征明显，出行时空范围广。中小城市居民日常就医首选私人诊所，出行距离是首要考虑因素，出行空间与收入水平呈正相关；特大城市居民日常就医首选区级医院，更重视医疗机构的社会声誉，与中小城市存在显著差异。

苏春红等[④]利用中国健康与营养调查数据（China Health and Nutrition Survey，CHNS）实证分析了医疗保险对居民医疗消费的影响，发现不同的基本

① 边恕，李东阳. 参加商业医疗保险对中老年家庭消费的影响 [J]. 江西财经大学学报，2021（1）：68-79.

② 李晓嘉. 城镇医疗保险改革对家庭消费的政策效应：基于 CFPS 微观调查数据的实证研究 [J]. 北京师范大学学报，2014（6）：123-134.

③ 高军波，韩勇，喻超，等. 个体行为视角下中小城市居民就医空间及社会分异研究：兼议与特大城市比较 [J]. 人文地理，2018（6）：28-34.

④ 苏春红，李齐云，王大海. 基本医疗保险对医疗消费的影响：基于 CHNS 微观调查数据 [J]. 经济与管理研究，2013（10）：23-30.

医疗保险对居民医疗消费的影响不同，具体而言：新农合在一定程度上提高了农村居民患病就诊率并降低了居民医疗消费支出；城镇职工医疗保险提高了职工医疗消费支出，但对患病就诊率无显著影响；城镇居民医疗保险对医疗消费没有显著影响。苏春红等[1]认为，自20世纪80年代以来，中国医疗卫生体制市场化取向的改革导致医疗服务价格持续上涨，居民个人医疗支出负担加重，同时不完善的医疗保障体系是导致居民医疗消费支出急剧上涨的又一个重要原因，因此建立覆盖城乡的医疗保障体系是完善中国医疗卫生体制改革的重要内容。他们在其实证分析结果的基础上建议通过缩小城乡群体收入差距、提高基本医疗卫生服务可及性、平衡城乡医疗卫生资源配置，逐步消除社会保障差异等。此外，苏春红等[2]还建议加强各种基本医疗保险制度的城乡衔接与整合，构建城乡统筹的居民医疗保险制度，实现基本医疗服务均等化，如将城镇居民医疗保险和新农合两种制度设计类似的保险统一标准合并实施，从而消除城乡二元格局所带来的身份和待遇的差异。

赵绍阳[3]运用中国城镇家庭的追踪调查数据研究了城镇家庭面临疾病冲击时对消费的保险能力，指出疾病冲击不仅显著增加家庭的医疗负担，同时也显著降低了家庭的消费水平，但下降幅度不大，仅为疾病总负担的26%，表明城镇居民可以对疾病冲击造成的损失的约75%进行保险，高收入家庭能对疾病冲击进行完全消费保险，中低收入家庭不能对疾病冲击进行完全消费保险。此外，研究结果表明，虽然医疗保险释放了医疗消费需求，但对提高家庭的消费保险能力起到的效果还不明显。赵绍阳[4]进一步指出，与发达国家相比，发展中国家的社会保障体系较为落后，导致家庭主要依靠非正式的保险机制应对疾病冲击。就中国城镇居民而言，虽然国家已经建立相对完善的医疗保障制度，但赵绍阳[5]的分析结果表明，中国城镇家庭不仅不能对疾病冲击进行完全的消费保险，还主要依赖非正式的保险机制来抵御疾病带来的负面影响，因此建立完善的社会医疗保险体系只是解决中国"看病贵、看病难"问题的第一步。

---

[1] 苏春红，李齐云，王大海. 基本医疗保险对医疗消费的影响：基于CHNS微观调查数据 [J]. 经济与管理研究，2013（10）：23-30.

[2] 苏春红，李齐云，王大海. 基本医疗保险对医疗消费的影响：基于CHNS微观调查数据 [J]. 经济与管理研究，2013（10）：23-30.

[3] 赵绍阳. 疾病冲击与城镇家庭消费保险能力研究：基于对城镇家庭追踪调查数据的实证分析 [J]. 中国人口科学，2010（5）：66-74.

[4] 赵绍阳. 疾病冲击与城镇家庭消费保险能力研究：基于对城镇家庭追踪调查数据的实证分析 [J]. 中国人口科学，2010（5）：66-74.

[5] 赵绍阳. 疾病冲击与城镇家庭消费保险能力研究：基于对城镇家庭追踪调查数据的实证分析 [J]. 中国人口科学，2010（5）：66-74.

因为，在医疗需求急剧增加的同时，医疗供给无法相应地跟上，根据需求-供给原理，医疗服务的价格自然就会上涨。如果政府通过行政手段强行压制医疗服务费用的提升，那么医疗服务价格虽然不会以显性的方式直接提升，却一定会通过增加等待时间以及滋生黑市、腐败土壤等方式间接提升，从而最终使全社会为此付出更多的成本，正所谓"棍棒打不倒经济规律"。赵绍阳[1]还指出，要解决"看病难、看病贵"的社会问题，真正治本的方法还是要增加医疗服务供给，而且是高质量的医疗服务供给。这样才能在医疗服务基本均等化的前提下，让更多的居民能够便利地享受到相对有保障的医疗服务，从而缓解人们向优质医疗资源集中的大医院聚集的趋势，进而从结构上为分级诊疗制度的实施提供现实基础。

李傲等[2]通过问卷调查的方式对内蒙古农牧户进行了调研，实证分析了医疗保险对不同农牧户家庭消费的影响。结果表明，贫困是抑制农牧户家庭医疗消费以及外购食品消费的主要因素，而医疗保险显著提升了农牧户家庭的消费信心，刺激了农牧户家庭的消费，并使其所享受到的医疗服务水平和生活质量得到显著提升。医疗保险对不同农牧户家庭消费支出的影响也存在明显差异，参加医疗保险对贫困户的医疗消费支出、外购食品消费支出等有显著的促进作用，而对提升非贫困户的物质生活消费支出的影响也较为显著。李傲等[3]指出，健康风险是导致农村贫困的主要因素。贫困人口收入低，导致抗风险能力弱，自然会选择通过增加预防性储蓄的方式来对抗不确定性的风险，而有病不医、少医则是多数贫困人口的理性选择。但这严重抑制了贫困人口的医疗消费和生活消费的需求，更严重的是使小病拖成大病，进一步提高了医治的难度、增加了医治的费用，甚至可能给家庭带来无法挽回的悲剧。医疗保险制度的建立和完善则是应对这一问题的有效途径之一。通过参加医疗保险制度，贫困人口的基本医疗需求能够得到较好的保障。这极大地降低了贫困人口的医疗消费支出，从而有助于提升这部分人群的消费信心；同时也极大地降低了因病致贫、因病返贫的概率，从而在制度上保障了贫困人口的生活质量和水平，为这

---

① 赵绍阳. 疾病冲击与城镇家庭消费保险能力研究：基于对城镇家庭追踪调查数据的实证分析 [J]. 中国人口科学，2010（5）：66-74.

② 李傲，杨志勇，赵元凤. 精准扶贫视角下医疗保险对农牧户家庭消费的影响研究：基于内蒙古自治区 730 份农牧户的问卷调查数据 [J]. 中国农村经济，2020（2）：118-133.

③ 李傲，杨志勇，赵元凤. 精准扶贫视角下医疗保险对农牧户家庭消费的影响研究：基于内蒙古自治区 730 份农牧户的问卷调查数据 [J]. 中国农村经济，2020（2）：118-133.

部分人口的脱贫奠定了一个较为坚实的基础。李傲等①的研究通过经验证据表明：第一，农牧户家庭参加医疗保险后显著提升了其总消费支出、非医疗类总消费支出、医疗保险报销前医疗消费支出以及物质生活消费支出，而并未对其自付医疗消费支出和外购食品消费支出产生显著影响。同时参加医疗保险能够使农牧户家庭享受到更多的医疗服务，换言之，医疗保险增加了医疗服务的可及性，降低了农牧户的家庭风险预期，从而减弱了其预防性储蓄的动机，并刺激了消费。第二，农牧户参加医疗保险后，其总消费支出、非医疗类消费支出、自付医疗消费支出、外购食品消费支出以及物质生活消费支出都增加了。这表明参加医疗保险不仅能够鼓励农牧户及时进行医疗消费，使得其有病能够获得及早医治，不至于将小病拖为大病，同时也能够有效刺激其非医疗类的消费，从而提升贫困人口的消费水平和生活水平。第三，贫困户和非贫困户的差距不仅体现在收入和家庭资产上，贫困户在风险防范、健康状况、家庭受教育程度等方面均落后于非贫困户，这也使得脱贫任务艰巨，需要政策加大扶持力度。此外，医疗保险对农牧户家庭消费的刺激具有差异性，这是今后政府制定相关政策需要考虑的一个因素。

焦娜②运用 CHARLS 全国基线调查数据分析了我国现行社会养老模式对老年人医疗消费行为的影响。研究结果表明，养老金提高了老年群体的住院医疗服务利用率，有效挤入了老年人的医疗服务消费，而且与基本医疗保险存在互补作用；此外，养老金对家庭医疗消费水平没有显著影响，但可以改变家庭消费结构，增加个人医疗支出占家庭总消费的比例，一定程度上缓解了老年参保群体的家庭医疗开支压力。焦娜③认为，随着年龄的增长，老年人的健康相较于其他年龄群体更加具有脆弱性，对相应的医疗健康服务的需求也更为迫切，因此"老龄健康"及其变化趋势必然成为各国应对老龄化趋势所面临的重要议题。截至 2012 年年底，我国基本实现了新型农村社会养老保险和城镇居民社会养老保险的制度全覆盖，在已经构建的社会养老保障体系下，医疗保险能够通过分担医疗服务的价格从而达到降低医疗健康服务成本、提升医疗健康服务可及性的目的；而养老保险则是通过将老年人纳入社会保障体系中，实现增

---

① 李傲，杨志勇，赵元凤. 精准扶贫视角下医疗保险对农牧户家庭消费的影响研究：基于内蒙古自治区 730 份农牧户的问卷调查数据 [J]. 中国农村经济，2020（2）：118-133.

② 焦娜. 社会养老模式下的老年人医疗消费行为：基于模糊断点回归的分析 [J]. 人口与经济，2016（4）：91-102.

③ 焦娜. 社会养老模式下的老年人医疗消费行为：基于模糊断点回归的分析 [J]. 人口与经济，2016（4）：91-102.

加其基本收入的功能，同时居民收入水平的提升也使居民在面临医疗消费时有多余的财力支撑其基本的医疗支出需求。焦娜[①]的实证分析结论也支撑了上述理论推断，其研究结果表明：第一，养老金的增加的确会提高老年人的医疗消费支出，尤其是正规的医疗消费支出；第二，养老金的增加能够提高老年人总支出中的医疗消费占比；第三，医疗保险与养老保险存在互补性，一方面养老保险通过稳定老年人的收入从而使其在进行医疗消费时更加坚定，另一方面医疗保险能够降低老年人对未来风险的预期，从而增加其即期消费的意愿。

于大川等[②]利用中国老年健康长寿影响因素追踪调查（CLHLS），分析了社会医疗保险对老年人医疗消费和健康的促进效应，并进一步分析了医疗保险制度对老年人医疗健康行为影响的作用机理。于大川等[③]指出，在生育率下降、预期寿命提高等因素的综合作用下，中国将来的人口趋势中老龄化将越来越明显，而随着年龄的增长，老年人对医疗健康服务的需求必然不断增加，进而医疗消费需求呈现出不断增长的趋势。老年人劳动能力减弱，其收入能力也无法和普通劳动力相提并论，这会导致老年人群体在经济资源方面的相对匮乏，使其对疾病风险的应对能力明显不足。这种情况下，医疗保险的作用就开始凸显。如何在老年人收入相对下降、医疗消费刚性支出相对提升的情况下有效化解老年人群体的医疗消费矛盾，是我国政府制定相关政策时所面临的难题。于大川等[④]的研究表明：第一，社会医疗保险制度会显著提高老年人的医疗消费水平，换言之，参加医保能够有效提升老年人的医疗服务可及性；第二，医保制度之于老年人群体的作用具有差异性，对低龄、农村和低收入老年人的促进作用还不明显，这一点与其他研究者的结论有所不同，这也是学者们采用微观家庭数据在进行类似研究时面临的普遍难题。此外，数据采集、指标变量设置不同的研究在结论上并不统一，换言之，基于微观数据的研究的可比较性较弱。于大川等[⑤]的研究的另一个贡献在于其分析了社会医疗保险对老年人健康的作用机理，其通过控制相关变量的方式发现医保制度导致的老年人医

① 焦娜. 社会养老模式下的老年人医疗消费行为：基于模糊断点回归的分析 [J]. 人口与经济, 2016（4）：91-102.

② 于大川，吴玉锋，赵小仕. 社会医疗保险对老年人医疗消费与健康的影响：制度效应评估与作用机制分析 [J]. 金融经济学研究, 2019（1）：149-160.

③ 于大川，吴玉锋，赵小仕. 社会医疗保险对老年人医疗消费与健康的影响：制度效应评估与作用机制分析 [J]. 金融经济学研究, 2019（1）：149-160.

④ 于大川，吴玉锋，赵小仕. 社会医疗保险对老年人医疗消费与健康的影响：制度效应评估与作用机制分析 [J]. 金融经济学研究, 2019（1）：149-160.

⑤ 于大川，吴玉锋，赵小仕. 社会医疗保险对老年人医疗消费与健康的影响：制度效应评估与作用机制分析 [J]. 金融经济学研究, 2019（1）：149-160.

疗消费支出的增加是有效的，因为随着医疗消费支出的增加，老年人的健康状况得到了实质的提升。同时于大川等①的研究也表明，医保制度能够改变参保人的医疗健康行为。这一结论与其他研究者的结论大体吻合。

叶春辉等②采用中国健康和营养调查数据研究了经济转型过程中，农村居民医疗消费决策和医疗支出的决定因素。研究结果显示，相对而言，受教育程度低、收入水平低、年龄大的人群，其生病的概率较大；居民的医疗消费存在着财富效应；而中国农村地区医疗支出的收入弹性为 0.19，表明医疗消费支出在农村地区属于必需品。叶春辉等③指出，中国农村的医疗卫生环境在经济转型过程中发生了较大变化，表现为原先以"赤脚医生"为代表的传统村级医疗服务体系已消融，这一方面是因为传统的"赤脚医生"一根银针、一把草药的医疗服务水平难以满足农村医疗服务需求，随着医疗卫生意识的增强和对医疗服务水平要求的提高，人们逐渐抛弃了以"赤脚医生"为主的村级医疗服务体系；另一方面，随着人民公社的解体、农业税费改革、"三提五统"的取消，支撑"赤脚医生"的经济基础逐渐丧失，进而导致以计划经济体制为特征的传统村级医疗保障制度瓦解。以新农合为代表的农村医疗体制在经历了旧有村级医疗体制瓦解一段时间的空白后开始在农村地区逐步建立并完善。叶春辉等④认为影响农村居民医疗支出决策的因素较多，但收入、受教育程度和自身健康状况是三项重要的因素，三者在满足人民健康需求方面有相互替代的效用，即所谓的贫穷的人用健康来换收入，富人用收入来换健康；类似地，受教育程度低的人也会更倾向于用健康换收入。叶春辉等⑤认为，在农村地区，受教育程度低的人群患病的概率更高，这也导致其医疗消费支出更高；同时收入较低的人群也有更高的患病概率，这表明低收入人群比高收入人群的医疗负担更重。此外，贫困人群受到预算约束的限制，使得其在患病时有更大的概率选择不就医，这有可能导致小病拖成大病，进一步加大其医疗消费支出的压力。这反映出农村医疗保险推行和覆盖的重要性和必要性，尤其是从公共服

---

① 于大川，吴玉锋，赵小仕. 社会医疗保险对老年人医疗消费与健康的影响：制度效应评估与作用机制分析 [J]. 金融经济学研究，2019 (1)：149-160.

② 叶春辉，封进，王晓润. 收入、受教育水平和医疗消费：基于农户微观数据的分析 [J]. 中国农村经济，2008 (8)：16-24.

③ 叶春辉，封进，王晓润. 收入、受教育水平和医疗消费：基于农户微观数据的分析 [J]. 中国农村经济，2008 (8)：16-24.

④ 叶春辉，封进，王晓润. 收入、受教育水平和医疗消费：基于农户微观数据的分析 [J]. 中国农村经济，2008 (8)：16-24.

⑤ 叶春辉，封进，王晓润. 收入、受教育水平和医疗消费：基于农户微观数据的分析 [J]. 中国农村经济，2008 (8)：16-24.

务均等化和人民群众生命健康平等的角度来看，应该积极完善农村医疗保障制度。由于医疗消费支出具有必需品的性质，因此政府有必要通过财政和其他政策的扶持和倾斜来提高医疗服务可及性，尤其是农村医疗服务的可及性。另外，受教育程度高的人群的患病概率显著较低，因此从节约全社会医疗资源的角度出发，加强人口的受教育年限能够有效降低国民的患病风险。

李骁天等[1]从体育锻炼活动的角度分析了居民医疗消费行为后指出，性别、年龄、居住地、居住社区类型对居民自评健康具有显著影响。此外体育锻炼活动对居民健康满意度具有显著的持续性促进作用，最后使居民健康理念由"医疗手段"向"非医疗手段"转变。总体而言，中国居民疾病构成中慢性病的占比上升并占据主导地位，这就导致将体育锻炼纳入居民健康管理的必要性和紧迫性开始上升。李骁天等[2]认为体育锻炼有利于社会交往能力的提高，降低抑郁和焦虑水平以及多种慢性疾病和癌症的患病风险，提高人体的适应能力和抵抗力，还能提高居民个人的自评性健康状况。随着经济社会的快速发展，人类疾病谱从急性、传染疾病逐渐开始向慢性、长期性疾病转型，尤其是肥胖和因肥胖而产生的其他疾病成为困扰现代社会的人体健康的主要问题，而造成这一现象的主要原因之一就是缺乏锻炼。无论哪个年龄段的人群，增加体育锻炼行为后其健康相关的指标均有提高的趋势，尤其是老年人的体育锻炼效果最为显著。李骁天等[3]的研究还发现，体育锻炼能促使人们转变生活方式，因为工业社会的工作方式使人们大多处于长期久坐、缺乏锻炼的状态，而这种影响是生理和心理两个层面的，因此加强体育锻炼对于人们自身的健康和自身对健康的认知都是具有积极作用的。基于上述研究结论，李骁天等[4]进一步给出了对策建议：第一，由于体育锻炼对居民身心健康具有重要影响，因此应加强相关的宣传和引导，促使人们更多地参与各种体育锻炼活动；第二，现代工作模式的特殊性导致人们长期缺乏锻炼，因此应从制度上切实保障居民运动、锻炼的时间，从而实现增强人民体质的目标；第三，政府应该增加对社区环境的投入，加强锻炼设施的建设和开放，从而为居民实施体育锻炼提供更好的可及性

---

[1] 李骁天，车利，纪元，等. 体育锻炼活动、医疗消费与健康满意度：基于京津冀城市居民体育参与的调查研究 [J]. 武汉体育学院学报，2019 (7)：34-42.

[2] 李骁天，车利，纪元，等. 体育锻炼活动、医疗消费与健康满意度：基于京津冀城市居民体育参与的调查研究 [J]. 武汉体育学院学报，2019 (7)：34-42.

[3] 李骁天，车利，纪元，等. 体育锻炼活动、医疗消费与健康满意度：基于京津冀城市居民体育参与的调查研究 [J]. 武汉体育学院学报，2019 (7)：34-42.

[4] 李骁天，车利，纪元，等. 体育锻炼活动、医疗消费与健康满意度：基于京津冀城市居民体育参与的调查研究 [J]. 武汉体育学院学报，2019 (7)：34-42.

环境。

李明桥[1]运用中国营养与健康调查（CHNS）数据对新农合与农户医疗消费行为之间的关系进行了分析，指出新农合可以通过道德风险、逆向选择和诱导需求来影响参保农户的医疗消费。道德风险分为事前和事后两种情况。就事前道德风险而言，农户可能因参与了新农合而更加忽视自身的健康状况和降低疾病预防意识，从而使其更容易患病进而提高其医疗消费支出。李明桥[2]的实证分析从经验证据的角度支撑了这一可能性，其实证分析结果表明，样本农户在参加新农合后发病率显著上升。当然，出现这种情况也可以有另外的解释，即农户的发病率并不是由于参保而变化的，或者说参保本身并不影响其发病率，因为发病率本身应该较为稳定而难以在短时间内显著变化。李明桥[3]之所以观察到了发病率的变化，也可能是由于其观察的是就诊率。换言之，样本农户在参保前和参保后其患病率并无变化，变化的仅仅是其就诊率。由于在参保之前医疗消费支出成本之于样本农户而言过于昂贵，因此他们选择放弃就诊，就诊率不高，导致其患病率通过就诊率的体现程度也较低；而在样本农户参保后，由于新农合大大降低了样本农户的医疗消费支出成本，因此其在相同的病患情况下更加愿意选择去就诊，因此表现为患病率的上升。所谓事后道德风险，则主要是指参保行为改变了农户医疗行为，参保农户通过积极就诊，避免了小病拖成大病，从而在整体上降低了社会医疗成本的情况。当然，这里面也存在过度消费的情况，即由于参保后医疗消费支出成本大幅降低，样本农户倾向于过多地进行医疗消费服务，产生过度医疗需求。当然，由于我国医疗消费的主导方主要是医疗消费服务的供给方，因此过度医疗行为可能存在供需双方合谋的情况，这一点需要加强对供给方的监管。具体而言即加强对医保报销的审核，从加强事后监督的角度来提高医疗服务供给方的违法成本，从而实现降低医疗消费供给方和需求方合谋的可能性。

陈醉、刘子兰[4]运用中国健康与养老追踪调查数据（CHARLS），采用多种

---

① 李明桥. 新农合如何影响参合农户医疗消费：路径分析与实证研究 [J]. 贵州财经大学学报，2014（6）：75-82.

② 李明桥. 新农合如何影响参合农户医疗消费：路径分析与实证研究 [J]. 贵州财经大学学报，2014（6）：75-82.

③ 李明桥. 新农合如何影响参合农户医疗消费：路径分析与实证研究 [J]. 贵州财经大学学报，2014（6）：75-82.

④ 陈醉，刘子兰. 新型农村合作医疗保险对居民消费影响的实证分析 [J]. 湘潭大学学报（哲学社会科学版），2017（3）：68-73.

回归模型分析了新农合对我国农村居民消费情况的影响。陈醉、刘子兰[1]认为根据预防性储蓄理论，社会医疗保险主要通过减少人们的预防性储蓄来增加消费。换言之，医疗保险制度之于消费的意义在于，医疗保险通过降低居民对未来不确定性的预期，尤其是对患病的不确定性的预期，从而减弱其进行预防性储蓄的动机，进而使参保人或参保家庭将更多的收入用于日常消费之中。当然医疗保险的另一个作用是使参保人的同等条件下的医疗消费成本得到有效的降低，这样会促使参保人更多地进行医疗消费。基于这一理论，陈醉、刘子兰[2]进而认为新农合制度的建立和完善会有效促进农村居民的消费，并运用经验证据对上述推断进行了验证，其实证分析结果表明：新农合保障水平的提高能够有效促进参保农户的总体消费水平以及医疗消费以外的其他消费水平和医疗消费水平，这与她们之前的推论是吻合的。换言之，实证分析的结果为她们之前的理论推断提供了经验证据的支撑。而从不同地区来看，新农合保障水平的提高在发达地区大于欠发达地区，对低收入群体的影响大于对中、高收入群体的影响，说明新农合的效果在不同群体之间存在差异性，这与主流研究的结论大体一致。在此基础上陈醉、刘子兰[3]进一步提出了相应的政策建议，包括：①适度提高新农合的筹资水平和保障标准，可以探索建立住院医疗费用分段累进补偿机制；②推进不同地区、不同人群保障待遇的均等化，逐步缩小不同参保人之间的保障水平和缴费金额的差距，同时还要向城市医保制度看齐，逐渐缩小城乡差距。

胡宏伟等[4]基于9城4年的家庭跟踪面板数据分析了医疗保险、贫困以及二者交互作用对家庭医疗消费的影响。胡宏伟等[5]认为，随着经济社会的不断发展，人们对健康的要求不断提高，对健康支出自然会随之而增长。然而，在市场经济条件下，医疗消费的特殊性以及医疗消费的需求方和供给方在信息上的不对称性等特点，使得市场调节往往会导致医疗卫生领域的公平缺失，主要

---

① 陈醉，刘子兰. 新型农村合作医疗保险对居民消费影响的实证分析 [J]. 湘潭大学学报（哲学社会科学版），2017（3）：68-73.

② 陈醉，刘子兰. 新型农村合作医疗保险对居民消费影响的实证分析 [J]. 湘潭大学学报（哲学社会科学版），2017（3）：68-73.

③ 陈醉，刘子兰. 新型农村合作医疗保险对居民消费影响的实证分析 [J]. 湘潭大学学报（哲学社会科学版），2017（3）：68-73.

④ 胡宏伟，曲艳华，高敏. 医疗保险对家庭医疗消费水平影响的效应分析：兼论医疗保险与贫困的联合影响 [J]. 西北大学学报（哲学社会科学版），2013（4）：20-27.

⑤ 胡宏伟，曲艳华，高敏. 医疗保险对家庭医疗消费水平影响的效应分析：兼论医疗保险与贫困的联合影响 [J]. 西北大学学报（哲学社会科学版），2013（4）：20-27.

表现为在市场作为资源配置的决定性因素时，医疗消费的价格会不断上涨，医疗资源会不断向富裕地区聚集。在市场机制作用下，医疗消费市场的门槛将逐渐提高，并逐步把低收入者排除在市场门槛之外，富裕人群享受了绝大多数医疗资源，而穷人则处于医疗保障体系之外。同时，随着医疗费用的不断上涨，全社会的资源都将过度投入这一体系，从而形成医疗领域的既得利益集团。该集团会利用自身的经济和社会实力不断巩固既得利益，使得固有的格局难以被打破，最终导致国家发展背上沉重的包袱。医疗利益集团如果成了吸血的国家蛀虫，其垄断地位就必须要通过社会革命等激进的斗争方式才能被完全打破。医疗消费完全市场化的美国，今天的状态就是这一趋势持续发展的结果。不仅美国，韩国、日本以及中国台湾、中国香港等都已经在朝这个方向发展，从而导致其医疗资源分配的极大不公平。医疗保险作为社会福利性质的保险制度，能够有效帮助参保人分散和补偿疾病风险带来的损失，提高人们抵御疾病风险的能力，降低医疗消费的门槛和医疗资源的可及性，从而提升医疗资源社会配置的公平和效率。胡宏伟等①基于上述理论分析提出了两个假设：假设一，医疗保险能够刺激家庭的医疗消费需求，有效提升家庭医疗消费水平；假设二，经济状况对家庭医疗消费有重要影响，贫困会约束家庭医疗需求、抑制家庭医疗消费，家庭越贫困，医疗消费水平越低。他们运用相关数据对上述假设进行了验证。研究结果表明，医疗保险对家庭医疗消费具有显著的影响。具体而言，医疗保险能够显著提高家庭的医疗消费水平，而这个影响过程或路径大体可以描述为，医疗保险能够有效降低医疗服务的价格水平，这就降低了家庭获取医疗服务的门槛，增强了家庭进行医疗消费的信心，从而让原本被压制的医疗消费需求得到很好的释放，这一结果验证了假设一的推论。此外，实证分析结果还表明，医疗消费水平和家庭收入水平的关系密切。具体来说，低收入水平的家庭的医疗消费水平也低，这是符合基本消费理论的，也说明贫困会制约家庭对医疗、健康的投入，从而降低其生活水平，这一结果也验证了假设二。实证分析的结果还表明，收入处于贫困水平的参保样本，其参保行为能够显著提升家庭的医疗健康支出水平，这从侧面反映出了医疗保险之于参保人群或家庭的积极作用。基于以上分析，胡宏伟等②进一步深入思考了相关问题，并提出了一些畅想：首先，由于理论和实证分析都表明，医疗保险尤其是带有社会

---

① 胡宏伟，曲艳华，高敏. 医疗保险对家庭医疗消费水平影响的效应分析：兼论医疗保险与贫困的联合影响 [J]. 西北大学学报（哲学社会科学版），2013（4）：20-27.

② 胡宏伟，曲艳华，高敏. 医疗保险对家庭医疗消费水平影响的效应分析：兼论医疗保险与贫困的联合影响 [J]. 西北大学学报（哲学社会科学版），2013（4）：20-27.

保障性质的医疗保险对于贫困人口有着积极作用，因为贫困人口往往更加容易陷入患病风险之中，因此应该进一步强化具有社会保障功能的医疗保险制度的覆盖广度和保障深度，尽可能将绝大多数贫困人口纳入医疗保险的基本保障范围中来，让贫困人口能够借助医疗保险享受到具有一定水平和质量的医疗服务，从而杜绝其因为患病而加剧贫困程度的风险和可能。同时，适当提高医疗保险的保障力度和筹资水平也是具有社会保障性质的医疗保险下一步发展的主要方向，从而将常见病的保障进一步拓宽，使贫困人口能够据此享受到真正意义上的医疗服务均等化。其次，具有社会保障性质的医疗保险应当根据人口与家庭结构而适度调整其保障政策，使得保障政策能够跟上人口与家庭结构变化而带来的挑战。例如，随着我国老龄人口比例的不断上升，人口老龄化问题越来越成为我国社会必须面对的问题。根据自然规律和疾病发生规律，随着年龄的上涨，人们的患病概率是不断上升的，而且患病的严重性也是呈现上升趋势的。因此，老龄化带来的主要问题必然是医疗消费需求的增加和医疗健康支出的扩大，这就要求具有社会保障性质的医疗保险要为了应付这一情况而有所调整，比如筹资水平应有所增加，否则面对不断增长的医疗消费支出，医疗保险可能面临无法兑付的风险。再次，随着我国城市化进程的不断加快，以及人口流动性的不断上升，医疗保险原先的以家庭为单位的保障体制可能难以胜任，因为随着人口流动的不断加剧，家庭在抗击患病风险中的重要性不断下降，而个人在抗击患病风险中的责任不断提升。最后，由于人口的流动性提高，原先的本地参保、本地结算的医保报账体制无法适应人口快速流动的需求，因此如何统筹全国医保数据结算将是我国既有医疗保险制度面临的重要课题。

实际上，针对人口流动下医疗保险作用的研究也是近年来的热点，如宋月萍、宋正亮[1]就利用 2014 年全国流动人口动态检测调查数据实证分析了医疗保障对流动人口消费的影响。宋月萍、宋正亮[2]认为，根据预防性储蓄理论，不确定性将导致人们减少当期消费而通过增加储蓄的方式来应对将来可能出现的支付风险，从而实现使自身消费能够在一生中尽量平滑的目的。社会保障制度的出现或者供给则能够有效降低人们对未来不确定性的预期，从而使人们由于对未来感受的相对稳定和安全而促使其在分配当期财富的时候较少关注不确定性带来的风险，而将更多的财富用于消费或投资。然而，现实情况表明，由

① 宋月萍，宋正亮. 医疗保险对流动人口消费的促进作用及其机制 [J]. 人口与经济，2018（3）：115-126.

② 宋月萍，宋正亮. 医疗保险对流动人口消费的促进作用及其机制 [J]. 人口与经济，2018（3）：115-126.

于既有社会保障体制仍然基于户籍制度的口径进行筹资和决算，因此，对于流动人口而言，往往其社会保障主要关系在一个区域，而自身工作、生活又在另一个区域。由于社会保障制度在上述两个区域内无法做到无缝衔接，且两个区域内的社会保障又是分别独立核算的，因此对于流动人口而言，这将大大弱化社会保障制度的降低流动人口未来不确定性的作用，从而使社会保障制度的作用大打折扣。近年来，随着我国经济社会的快速发展，人口流动成为越来越普遍的趋势，也是我国城市化进程和现代化进程必然的发展要求，这就向我国既有的社会保障体制提出了巨大的挑战。为了验证社会保障制度对流动人口的实际作用，宋月萍、宋正亮[1]运用原国家卫计委开展的全国流动人口动态检测调查数据，就基本医疗保障体制对流动人口的影响效果进行了实证分析。从实证分析的结果来看，参加医疗保险对流动人口仍然有较为显著的消费促进作用。从流动人口个人的特征来分析，年龄对于流动人口消费的影响呈现为倒 U 形。具体而言，流动人口的消费刚开始会随着年龄的增长而呈现上升趋势，在经过一个顶点或拐点之后，这一趋势会反转，即随着流动人口年龄的增长，流动人口的消费呈现出下降趋势。当然，这也与流动人口的收入变化有关。流动人口往往在其年轻时即具有优质劳动力的阶段来快速积累财富，但当自身年龄上升到一定程度后，由于身体机能的下降，其在劳动力市场上的竞争力将随之下降，导致其创造财富的能力也随之下降，其前期较高的消费水平自然也就难以维持。这样的消费趋势实际上和生命周期理论提出的 U 形分布是相悖的，但这也的确是流动人口在客观现实下的理性选择。宋月萍、宋正亮[2]的实证分析的另一个结论是，医疗保障水平对流动人口的消费具有显著影响。在参加医疗保险的流动人口样本中，参加城镇职工医疗保险的样本的人均总消费要比参加新农合的样本高 4.8%。宋月萍、宋正亮[3]对医疗保险对流动人口消费影响的机制进行了检验，并归纳出了两种机制，分别是"转移效应"和"预防性储蓄效应"。所谓转移效应，是指医疗保险通过减少参保人群在医疗方面的支出从而扩大了其在非医疗健康方面的支出。所谓预防性储蓄效应是指参加医疗保险会降低流动人口未来的不确定性，减弱其预防性储蓄的动机，从而将更多的

---

[1] 宋月萍，宋正亮. 医疗保险对流动人口消费的促进作用及其机制 [J]. 人口与经济，2018 (3)：115-126.

[2] 宋月萍，宋正亮. 医疗保险对流动人口消费的促进作用及其机制 [J]. 人口与经济，2018 (3)：115-126.

[3] 宋月萍，宋正亮. 医疗保险对流动人口消费的促进作用及其机制 [J]. 人口与经济，2018 (3)：115-126.

即期收入用于消费。基于以上分析，宋月萍、宋正亮①提出了相应的政策建议，包括：第一，应提升医疗保障的水平，因为随着我国医疗保障的不断普及和覆盖，流动人口医保参保率已经接近90%，进一步提升医疗保险参保率的空间狭小，而我国既有医疗保险的保障水平较低，因此进一步提高医疗保险筹资水平和保障水平，尤其是城镇居民医疗保险和新农合这两类保障的筹资水平和保障水平，是促进流动人口消费的有效手段。第二，应该逐步推动医保整合，全面推进省级统筹，逐渐打破区域壁垒，最终实现全国统筹。第三，宋月萍、宋正亮②的研究表明，商业保险对于参保人的医疗保障和生活水平都有显著的正效用，因此如何扩大商业保险，完善商业保险体系，将其作为我国社会保障体系的有益补充，是下一步可以深入探索的领域。

赵广川、顾海③利用微观数据（CHNS）对我国医疗消费支出不平等情况进行了分析，并着重研究了医疗保险对医疗服务利用水平不平等的影响。赵广川、顾海④首先利用基尼系数（Gini coefficient）的组群分解方法考察了是否参加医疗保险对医疗消费支出不平等的影响，并比较了参保、未参保和介于参保、未参保之间的情况在全国及城镇地区和农村地区的差异。其次，赵广川、顾海⑤还利用微观数据分析了城镇职工医疗保险、城镇居民基本医疗保险和新型农村合作医疗分别对参保个体医疗消费支出不平等的影响。最后，赵广川、顾海⑥利用基尼系数的要素来源分解方法对医疗消费支出根据自费部分和医保报销部分进行分解，从而分析了医疗保险报销部分（水平）对医疗消费支出不平等的影响。赵广川、顾海⑦进而建议：第一，虽然我国居民在医疗消费方面的不平等实际存在，但我国医疗服务均等化具有一定的水准。换言之，在医

---

① 宋月萍，宋正亮. 医疗保险对流动人口消费的促进作用及其机制 [J]. 人口与经济，2018（3）：115-126.

② 宋月萍，宋正亮. 医疗保险对流动人口消费的促进作用及其机制 [J]. 人口与经济，2018（3）：115-126.

③ 赵广川，顾海. 医疗保险与医疗服务利用不平等分解 [J]. 浙江社会科学，2016（5）：14-23.

④ 赵广川，顾海. 医疗保险与医疗服务利用不平等分解 [J]. 浙江社会科学，2016（5）：14-23.

⑤ 赵广川，顾海. 医疗保险与医疗服务利用不平等分解 [J]. 浙江社会科学，2016（5）：14-23.

⑥ 赵广川，顾海. 医疗保险与医疗服务利用不平等分解 [J]. 浙江社会科学，2016（5）：14-23.

⑦ 赵广川，顾海. 医疗保险与医疗服务利用不平等分解 [J]. 浙江社会科学，2016（5）：14-23.

疗保险服务方面，我国的公共服务均等化实现得较好。第二，医疗服务不平等主要来自参保和未参保的区别，因此我国在扩大医保覆盖范围的同时，应更加关注医保内部的差异。换言之，我国应该进一步提高城居保、新农合的筹资水平和保障水平，缩小这两项医疗保险与城镇职工医疗保险的差距。第三，我国应该大力推动大病保障制度，充分发挥医疗保险的社会共济性，让居民家庭能够在公平享有医疗保障的同时，更加公平地承担医疗费用。

于新亮等[1]检验了疾病对家庭收入的影响，进而分析了因病致贫的作用路径和医疗保险的脱贫效应。于新亮等[2]指出，截至2015年年末，我国7 000万贫困人口中，因病致贫的占比高达40%以上，疾病成为我国贫困发生的首要原因。如果因病致贫的情况不能缓解，那么脱贫攻坚的成果将会大打折扣，不利于我国"精准扶贫，一个人都不许掉队"这一积极政策的有效落实。于新亮等[3]认为，健康冲击对收入水平的影响是发生因病致贫的重要环节之一，健康和收入之间存在严重的内生关系，而医疗保险对于缓解健康对收入的冲击具有显著的积极作用。这表明，个人面临健康冲击时不仅会增加医疗消费支出，还会降低下一期健康水平和下一期收入水平，而收入水平的下降又会恶化其抵抗健康水平下降的能力，从而陷入恶性循环当中。于新亮等[4]对此给出了建议：应提高医疗保障程度，实现精准化保障，同时应建立多层次医疗保障体系来减轻居民医疗消费负担。

唐琦、秦雪征[5]研究了医疗消费对非医疗消费的"挤出效应"。唐琦、秦雪征[6]的研究表明，生命周期理论在大多数消费项目上依然成立，而医疗消费支出的增加对于家庭日常必须开支如交通、通信、教育、居住等支出的影响较小，医疗消费支出对衣着与食物的消费影响主要体现为收入效应，进而导致家庭生活质量的下降。因病致贫、因病返贫现象存在的机理并不是医疗消费挤占

---

① 于新亮，上官熠文，申宇鹏，等.因病致贫：健康冲击如何影响收入水平？——兼论医疗保险的脱贫效应 [J].经济社会体制比较，2020（4）：30-40.

② 于新亮，上官熠文，申宇鹏，等.因病致贫：健康冲击如何影响收入水平？——兼论医疗保险的脱贫效应 [J].经济社会体制比较，2020（4）：30-40.

③ 于新亮，上官熠文，申宇鹏，等.因病致贫：健康冲击如何影响收入水平？——兼论医疗保险的脱贫效应 [J].经济社会体制比较，2020（4）：30-40.

④ 于新亮，上官熠文，申宇鹏，等.因病致贫：健康冲击如何影响收入水平？——兼论医疗保险的脱贫效应 [J].经济社会体制比较，2020（4）：30-40.

⑤ 唐琦，秦雪征.中国家庭医疗消费挤出效应的实证研究 [J].经济科学，2016（3）：61-75.

⑥ 唐琦，秦雪征.中国家庭医疗消费挤出效应的实证研究 [J].经济科学，2016（3）：61-75.

了其他消费支出，因为家庭一般会通过动用储蓄或举债来平滑其消费从而保持家庭其他消费的相对稳定。但保持家庭其他消费稳定的前提是家庭预期收入不变，一旦疾病影响了家庭主要成员的健康，导致其收入能力下降，那么家庭只能选择降低整体消费支出水平的方式来应对这一外部冲击。唐琦、秦雪征[1]的研究表明，医疗消费对食物与衣着等消费具有一定的挤出效应，但在控制了健康变量后，医疗消费对任何消费的替代效应均不明显，说明健康状况是影响居民消费的关键。有鉴于此，首先，国家应该加快医疗保障体系的覆盖建设，适当提高补充医疗保险和大病保险的普及程度，从而减少家庭看病超额支出。其次，国家应大力改善医疗条件，提高居民健康水平。因为健康条件直接关系家庭的收入预期，进而影响家庭的消费支出水平。最后，国家还应推动医疗体系的改革，防止市场机制的扭曲，降低以药养医的可行性和现实性。

谭涛、张燕媛、何军[2]采用全国农村固定观察点数据，分析了农村居民医疗消费支出的影响因素及其需求弹性，并进一步研究了不同收入农户医疗消费的价格弹性。谭涛、张燕媛、何军[3]指出，农村医疗卫生服务的完善是农村经济社会发展的健康屏障。然而，既有针对医疗消费和居民消费的研究主要聚焦于医疗消费本身，关注的侧重点是家庭消费决策、医疗消费水平及其影响因素，而将医疗消费支出纳入居民整体支出，与其他种类消费一起进行综合考虑和对比分析较少，尤其是将家庭生活消费结构变化与医疗消费支出变化相联系的研究更少。在既有的关于农村居民家庭消费结构的研究中，国内外学者重点关注的是农村家庭的消费结构，主要考察食物、衣物、交通等基本消费种类，其次是居住、通信、教育等，很少涉及医疗消费，而单独对医疗消费支出进行详细研究的更是凤毛麟角。谭涛、张燕媛、何军[4]指出，在关于医疗消费的研究中，主流观点认为收入对医疗消费支出的影响为正，这主要受两种效应的影响：第一种是财富效应，即人们的收入越高，医疗消费支出作为一种消费支出自然也就越高；第二种是健康效应，即收入高的人往往健康状况越好，这反而降低了医疗消费支出的绝对值。由于中国居民收入的地区差异较大，因此谭

---

① 唐琦，秦雪征. 中国家庭医疗消费挤出效应的实证研究 [J]. 经济科学，2016（3）：61-75.

② 谭涛，张燕媛，何军. 中国农村居民家庭医疗消费支出的影响因素及弹性分析 [J]. 上海财经大学学报，2014（3）：63-69.

③ 谭涛，张燕媛，何军. 中国农村居民家庭医疗消费支出的影响因素及弹性分析 [J]. 上海财经大学学报，2014（3）：63-69.

④ 谭涛，张燕媛，何军. 中国农村居民家庭医疗消费支出的影响因素及弹性分析 [J]. 上海财经大学学报，2014（3）：63-69.

涛、张燕媛、何军①提出了假说一：居民的收入水平和受教育程度对其医疗支出有正影响，而不同地区间居民收入差异也将影响居民的医疗消费支出水平。具体而言，收入水平较低的地区，居民医疗消费支出也较低。此外，谭涛、张燕媛、何军②根据一般消费理论还提出了假说二：医疗消费作为一种具有刚性支出性质的消费种类，其支出弹性绝对值小于1，但随着居民收入水平的提高，医疗消费会逐步增加，支出弹性绝对值可能大于1。此后谭涛、张燕媛、何军③运用QUAIDS模型验证了其提出的假设一和假设二的有效性，并指出对于农村家庭而言，现阶段医疗服务大体上仍然属于生活必需品的范畴。随着居民收入水平的提高，医疗消费支出会得到一定的提升，这是由于现阶段我国农村居民医疗消费支出受收入水平的影响，总体上仍然处于被压制的状态。当收入水平提高后，其自然会呈现出一个释放的过程，进而表现为医疗消费支出随着农村居民收入水平提升而提高的过程。

1.4.7 预防性储蓄理论在中国居民消费研究中的运用

随着预防性储蓄理论的发展，部分学者将"中国消费之谜"这一问题的研究重心转移到支出和收入的不确定性上来。在早期的文献中，学者们对收入的不确定性的关注要多一些，比较有代表性的有：宋铮④的研究指出，未来收入的不确定性是1985—1997年中国居民进行储蓄的主要原因。孙凤、王玉华⑤的研究结论认为，未来收入的不确定性使居民显著减少了当期消费，居民储蓄行为中存在预防性动机。施建淮、朱海婷⑥也认为降低中国居民未来收入不确定性可以减少中国居民的预防性储蓄。雷震、张安全⑦用2005—2009年中国城市面板数据对中国城乡居民预防性储蓄进行量化分析后认为，收入不确定性引起的预防性储蓄能够解释城乡居民人均金融财产积累的20%~30%，是中国城

① 谭涛，张燕媛，何军. 中国农村居民家庭医疗消费支出的影响因素及弹性分析 [J]. 上海财经大学学报，2014（3）：63-69.

② 谭涛，张燕媛，何军. 中国农村居民家庭医疗消费支出的影响因素及弹性分析 [J]. 上海财经大学学报，2014（3）：63-69.

③ 谭涛，张燕媛，何军. 中国农村居民家庭医疗消费支出的影响因素及弹性分析 [J]. 上海财经大学学报，2014（3）：63-69.

④ 宋铮. 中国居民储蓄行为研究 [J]. 金融研究，1999（6）：47-49.

⑤ 孙凤，王玉华. 中国居民消费行为研究 [J]. 统计研究，2001（4）：27-28.

⑥ 施建淮，朱海婷. 中国城市居民预防性储蓄及预防性动机强度：1999—2003 [J]. 经济研究，2004（10）：73-74.

⑦ 雷震，张安全. 预防性储蓄的重要性研究：基于中国的经验分析 [J]. 世界经济，2013（6）：126.

乡居民财富积累的重要原因。

随着研究的深入，学者们逐渐发现，我国居民的预防性储蓄的形成原因与西方发达国家之间存在着差异，这主要表现在西方发达国家的社会发展水平较高，社会保障制度和保障水平都趋于完善，因此，发达国家居民的预防性储蓄行为主要是未来收入不确定性所导致的。反观中国，四十多年来一直处于不断的经济改革过程中，各项社会保障制度仍在建立和健全的过程中，因此中国居民的预防性储蓄动机除了来自收入的不确定性外，还来自未来支出不确定性的预期。也有观点认为，由于中国经济长期保持较快的增速，居民无论是实际收入还是预期收入都呈现增长的趋势，因此就预防性储蓄来看，支出不确定性的作用应该大于收入不确定性的作用。进一步地，支出不确定性对储蓄的影响也逐渐引起了学者们的重视，如：龙志和、周浩明[1]的研究认为，随着经济体制改革，社会保障制度不健全而导致的居民未来支出不确定性显著提高是我国居民高储蓄的重要原因。李勇辉、温娇秀[2]的研究指出，我国城镇居民未来教育支出、养老支出、医疗费用支出以及住房支出的不确定性是导致预防性储蓄的重要原因。杨汝岱、陈斌开[3]利用 CHIP（中国家庭收入调查）数据对高等教育改革与居民消费行为的关系和影响方式进行实证分析，结果表明，高等教育改革对居民消费有显著的挤出效应。周弘[4]利用分位数回归法分析了住房按揭贷款对家庭消费行为的"挤压效应"和"补偿效应"，其研究结果表明家庭消费结构变化受住房按揭贷款的影响较大。袁冬梅等[5]在研究我国城镇居民预防性储蓄动机的强度时也强调，降低我国高储蓄状况的关键在于降低教育和房价对消费支出不确定性的影响。

也有部分学者指出，流动性约束也是导致居民减少消费而增加储蓄的原因，如：万广华等[6]的研究指出，流动性约束的增大及不确定性的提高是造成中国低消费增长和内需不足的原因。此外，流动性约束和不确定性之间还有相

---

① 龙志和，周浩明. 中国城镇居民预防性储蓄实证研究 [J]. 经济研究，2000（11）：37-38.

② 李勇辉，温娇秀. 我国城镇居民预防性储蓄行为与支出的不确定性关系 [J]. 管理世界，2005（5）：14-17.

③ 杨汝岱，陈斌开. 高等教育改革、预防性储蓄与居民消费行为 [J]. 经济研究，2009（8）：113-124.

④ 周弘. 住房按揭贷款如何影响家庭消费结构 [J]. 统计研究，2012（7）：44-48.

⑤ 袁冬梅，李春风，刘建江. 城镇居民预防性储蓄动机的异质性及强度研究 [J]. 管理科学学报，2014（7）：50.

⑥ 万广华，张茵，牛建高. 流动性约束、不确定性与中国居民消费 [J]. 经济研究，2001（11）：35.

互强化的作用。杭斌、申春兰[1]的研究指出，由于自我保障意识较强，因此中国居民主要通过储蓄而不是借贷来平滑消费以及预防流动性约束，而降低居民预防性储蓄应从培育消费信贷市场和降低居民消费支出预期着手。朱波、杭斌[2]的研究也指出，由于我国城乡居民都受到流动性约束的影响，因此提高居民的收入水平和完善消费信贷制度是扩大消费的有效举措。

1.4.8　关于我国医疗制度的研究

苏春红、李齐云、王大海[3]认为，自 20 世纪 80 年代以来，中国医疗卫生体制市场化取向的改革导致医疗服务价格持续上涨，居民个人医疗支出负担加重。1980—2003 年，个人卫生支出在卫生总费用中的比例从 21% 提高到 56%。在贫困户致贫的原因中，家庭成员的疾病和损伤在城市和农村所占的比重分别高达 25%、33.4%[4]，居民"看病难、看病贵、因病致贫、因病返贫"问题日益严重，成为影响社会和谐发展的重要因素。为减轻居民医疗支出负担，中国政府在 2003 年、2007 年针对未加入基本医疗保险的居民，在农村和城镇分别推出新型农村合作医疗制度（新农合）、城镇居民基本医疗保险制度（城居保），与 1998 年在全国范围建立的城镇职工基本医疗保险制度（城职保）一起构成了覆盖城乡居民的基本医疗保险体系。截至 2011 年年底，中国基本医疗保险覆盖率已超过 95%。各种基本医疗保险是否减轻了居民医疗费用支出负担呢？只有准确地估计医疗保险对居民医疗消费的影响，才能实现人人享有基本医疗卫生服务的目标[5]。基于此，许多学者针对医疗保险对居民医疗消费的影响展开了研究。20 世纪 70 年代以来，医疗费用的过快增长逐渐成为世界各国面临的一个共同难题。医疗保险制度对医疗支出的影响逐渐受到人们的关注。费尔德斯坦（Feldstein）研究了医疗保险、医疗服务需求与供给的相互关系，并指出共付率的上升通过降低服务价格扭曲程度与减少社会福利损失，从

---

①　杭斌，申春兰. 潜在流动性约束与预防性储蓄行为：理论框架及实证研究 [J]. 管理世界，2005（9）：35-58.

②　朱波，杭斌. 流动性约束、医疗支出与预防性储蓄：基于我国：省际面板数据的实证研究 [J]. 宏观经济研究，2015（3）：117-119.

③　苏春红，李齐云，王大海. 基本医疗保险对医疗消费的影响：基于 CHNS 微观调查数据 [J]. 经济与管理研究，2013（10）：23-30.

④　相关数据来源于《2011 中国卫生统计年鉴》《2003 年第三次国家卫生服务调查报告》。

⑤　国务院深化医疗卫生体制改革领导小组办公室. 深化医疗卫生体制改革问答 [M]. 北京：人民出版社，2009.

而提高福利收益①。美国兰德公司在 20 世纪 70 年代进行了划时代的医疗保险实验，曼宁（Manning）研究发现，医疗保险对人们的医疗服务利用和支出确实具有显著的影响。当共付率或起付线下降时，消费者消费医疗服务的数量增加②。巴尔克（Barker）研究发现，与参与医疗保险的患者相比，没有医疗保险的患者往往选择价格比较低的治疗方案，因此他认为医疗保险是影响人们对医疗服务的利用的重要原因③。瓦格斯塔夫（Wagstaff）研究了 CHNS 数据，发现新农合不但没有降低医疗支出，反而提高了非住院医疗服务的支出，从而增加了患者在报销前的开支④。雷和林（Lei and Lin）研究了 CHNS 调查数据，发现新农合显著降低了农民前往传统的民间医疗机构就诊的次数，增加了对预防性保健服务的使用，然而新农合并没有减少农村居民医疗支出，没有增加农村居民对正规医疗服务的利用⑤。琼格（Jung）研究发现医疗保险降低了居民大病医疗支出 11.4~13.6 个百分点⑥。王翌秋等实证分析了新农合对老年人医疗服务消费行为的影响。研究结果表明，新农合对老年人就诊行为和自付医疗支出并无影响⑦。刘国恩等采用中国老年健康长寿调查数据库（CLHLS）22 个省份的调查数据，通过实证分析得出结论：医疗保险显著增加老年人的医疗支出，但并没有改变他们的就医选择行为；同时医疗保险又明显提高了老人及时就医率，对减轻老人家庭医疗负担具有显著作用；城镇职工医疗保险和公费医疗所发挥的作用明显高于其他保险形式⑧。刘（Liu）采用 CHNS2006 年和 2009 年的数据实证分析了城镇居民医疗保险对医疗服务利用和医疗支出的影

① FELDSTEIN M. The welfare loss of excess health insurance ［J］. Journal of political economy, 1973, 81 （2）.

② MANNING W G. Health insurance and the demand for medical care: evidence from a randomized experiment ［J］. American economic review, 1987, 77 （3）.

③ BARKER D W. Lack of health insurance and decline in overall health in late middle age ［J］. New England journal of medicine, 2001 （345）.

④ WAGSTAFF A. Extending health insurance to the rural population: an impact evaluation of China's new cooperative medical scheme ［J］. Journal of health economics. 2009, 28 （1）.

⑤ LEI X, LIN W. The new cooperative medical scheme in rural China: does more coverage mean more service and better health? ［J］. Health economics, 2009, 18 （S2）.

⑥ JUNG J. Does health insurance decrease health expenditure risk in developing countries? The case of China ［Z］. Towson University, 2012.

⑦ 王翌秋，雷晓燕. 中国农村老年人的医疗消费与健康状况：新农合带来的变化 ［J］. 南京农业大学学报（社会科学版），2011 （2）：33-40.

⑧ 刘国恩，蔡春光，李林. 中国老人医疗保障与医疗服务需求的实证分析 ［J］. 经济研究，2011 （3）：95-118.

响，得出医疗保险增加了医疗服务利用，但是并没有减少大病医疗支出[1]。潘杰等[2]研究指出，城镇居民医疗保险没有显著降低参保人所在家庭就医的经济负担。不同的医疗保险对居民的医疗服务需求的影响不同，但在医疗支出方面，只有新农合显著减少了农民的医疗支出，城镇职工医疗保险显著增加了居民的医疗支出，医疗保险降低个人医疗支出的假定未得到验证。另外，其研究结果表明：除了基本医疗保险外，其他因素对居民医疗消费也有影响，如疾病的严重程度与居民患病就诊率存在正相关关系，患病就诊率和受教育程度存在负相关关系。这可能是因为较高学历者具有更高的家庭保健能力，其患严重疾病的可能性更低；对一些不重的疾病，可能出于工作时间原因，他们更愿意去药店买药实行自我治疗。此外，该研究所选取的调查数据中，居民医疗支出呈现分布右偏的特点。医疗支出均值 1 367 元远远高于中位数 200 元，医疗支出前 10% 的居民的医疗支出额占全部医疗支出的 77.93%。因此该研究进一步使用分位数回归定量分析不同因素对医疗支出水平不同的居民的影响是否存在异质性。回归结果表明，在医疗保险方面，与无保险组比较，新农合主要对中低医疗支出水平上的居民医疗支出有显著负向影响。25% 分位数水平上，新农合在 5% 的显著性水平上降低居民的医疗支出 45.2%；50% 分位数水平上，新农合在 1% 的显著性水平上降低居民的医疗支出 44.7%。这可能是因为新农合保障水平相对较低，其参合群体的经济状况相对较差。随着报销比例的不断提高，经济状况较差群体的个人医疗支出的降低更加明显。城镇职工医疗保险主要对中高医疗支出水平上的居民医疗支出有显著正向影响，75% 分位数水平上，城镇职工医疗保险在 1% 的显著性水平上增加居民的医疗支出 1.3 倍；50% 及 90% 分位数水平上，城镇职工医疗保险在 10% 的显著性水平上分别增加居民的医疗支出 45.9%、1.4 倍。城镇居民基本医疗保险对医疗支出的影响并不显著。城镇职工医疗保险保障水平最高，其参合群体经济状况也较好，当面对重大疾病的医疗费用较高时，城镇职工参保群体往往会选择治疗效果好的治疗方案，增加了医疗支出。而且，随着收入水平的提高，医疗卫生支出的收入弹性上升。其中的政策含义是，努力提高社会低收入者的收入，低收入者应该得到决策者额外的关注[3]。

① LIU H, ZHAO Z. An impact evaluation of China's urban resident basic medical insurance on health care utilization and expenditure [Z]. IZA Discussion Papers, 678, 2012.

② 潘杰，雷晓燕，刘国恩. 医疗保险促进健康吗？[J]. 经济研究, 2013 (4)：130-142.

③ 左学金，胡苏云. 城镇医疗保险制度改革：政府与市场的作用 [J]. 中国社会科学, 2001 (5)：102-111.

胡宏伟、刘雅岚、张亚蓉①认为，如何控制医疗消费成本并保证满足民众医疗消费需求的增长，是困扰各国医改的难题，甚至还是关系社会稳定与秩序的政治命题。费尔德斯坦揭示了美国医疗费用的发展趋势，认为医疗消费的增长速度甚至超过了美国的经济增长速度，这一增速差异必将增大美国医疗支出的总成本②。周坚、申曙光认为，中国医疗卫生领域的改革仍然面临一些调整，其中较为严重的问题是医疗费用的不断提高③。不断增加的医疗费用支出会带来一系列的社会影响。其中，家庭医疗财务负担加重和弱势群体就医困难将是最主要的社会问题。Liu持相近的观点，认为高额的医疗支出不仅加重了家庭的医疗财务负担，更严重的是，一些家庭最基本的医疗消费需求可能无法得到满足④。封进等也认为，医疗费用的持续提升可能会增强家庭成员就医的成本约束，从而降低家庭成员在就医时的选择能力，从这个意义上说，家庭就医成本的影响更为深远⑤。健康的影响因素非常之多，使得健康风险存在广泛性和客观性，也直接导致了健康投资（包括医疗消费）效果的动态性，即医疗消费的成本效应具有随机性的特点⑥。相应地，医疗消耗与投资具有动态的不可预见性。当然，在既定的患病风险前提下，整个人群和社会的总体患病概率和健康风险是基本稳定的⑦，这为市场和家庭之外的政府对医疗消费的干预和卫生投资奠定了理论基础⑧。从家庭内部消费结构来看，医疗消费的投资方向可能与家庭成员内部的结构与分工密切相关，家庭健康投资和医疗消费投入并不完全依赖于风险，而是与家庭的经济社会结构密切相关⑨。总体来看，贫困、健康风险和家庭医疗消费结构显然是存在一定关系的。高梦滔等的研究运用 Tobit 模型对国务院城镇居民医疗保险调查数据（现已更名为"基本医疗保

---

① 胡宏伟，刘雅岚，张亚蓉. 医疗保险、贫困与家庭医疗消费：基于面板固定效应 Tobit 模型的估计 [J]. 山西财经大学学报，2012 (4)：1-9.

② 费尔德斯坦. 卫生保健经济学 [M]. 北京：经济科学出版社，1998.

③ 周坚，申曙光. 社会医疗保险政策对医疗服务需求影响效应的实证研究 [J]. 保险研究，2010 (3)：63-71.

④ LIU Y L. People's Republic of China: towards establishing a rural health protection system [R]. Asian Development Bank, 2002.

⑤ 封进，秦蓓. 中国农村医疗消费行为变化及其政策含义 [J]. 世界经济文汇，2006 (1)：75-88.

⑥ 彭现美. 健康投资绩效研究 [M]. 合肥：合肥工业大学出版社，2006：4.

⑦ 魏颖，杜乐勋. 卫生经济学与卫生经济管理 [M]. 北京：人民卫生出版社，1998：259-260.

⑧ 世界银行. 1993 年世界发展报告 [M]. 北京：中国财政经济出版社，1993.

⑨ 高梦滔，姚洋. 性别、生命周期与家庭内部健康投资：中国农户就诊的经验证据 [J]. 经济研究，2004 (7)：115-125.

险调查"）进行了回归分析，其主要结论如下：相对于没有医疗保险的家庭，家庭在拥有医疗保险后医疗消费会显著增加，说明医疗保险会显著提高家庭医疗消费水平。因为拥有医疗保险很可能会降低医疗卫生服务的相对价格，从而刺激家庭成员购买更多的医疗卫生服务；同时，医疗保险释放了家庭成员的医疗卫生服务需求，促使家庭成员购买更多的医疗卫生服务，家庭医疗服务支出由此进一步提高。贫困因素对家庭医疗消费的影响也非常显著，从回归结果来看，家庭人均收入水平越高，家庭医疗消费额度也越高。如果贫困家庭的长期医疗消费投资不足，可能会受制于家庭医疗问题，导致家庭长期人力资本投入不足，最终使得贫困家庭落入贫困陷阱不可自拔。在其他方面，家庭规模越大，家庭总的医疗消费就越高，这说明家庭规模对医疗消费可能存在一定的促进作用。因为家庭人口增多需要消费更多的医疗服务，而家庭规模扩大也提高了家庭的风险分散能力，更能支撑家庭成员患病时的医疗开支，这使得家庭成员患病时能够更多地购买卫生服务。家庭赡养比越高，家庭医疗消费水平就越高，这说明老年人可能是导致医疗消费水平提高的影响因素。这同时也说明，快速老龄化会显著提升家庭医疗支出。户主是城市户籍的家庭的医疗消费水平显著高于户主是农村户籍的家庭，农村家庭的医疗消费存在被抑制的可能。家庭成员年内患病越严重，家庭医疗消费水平就越高，这说明家庭基本支出是医疗支出的主要方向，我国家庭的主要支出就是疾病支出，而不是保健支出。从回归结果可以看出，家庭有医疗保险会显著提高家庭医疗消费比例，即家庭有医疗保险后的医疗支出在绝对量和相对量上都会显著提高。这说明，在获得医疗保险后，家庭消费会在一定程度上向医疗消费偏移，在绝对消费水平提高的同时，家庭会在结构上适度缩减其他方面的消费。当然，这也可能是因为医疗保险刺激了家庭成员购买和消费更多的医疗卫生服务。经济因素依然显著影响着家庭的医疗消费。此外，该研究还对研究结果进行了一定思考：①需要、需求与医疗消费公平。医疗消费需要是个人身体状况因素所造成的对医疗卫生服务的要求，不涉及其他经济因素和社会因素；而医疗消费需求则注重需要和支付能力的综合考量。医疗消费需要难以观测，现实中观测到的医疗卫生服务消费是医疗卫生服务需求，是需要、经济和社会因素共同作用的结果。回归结果表明，支付能力限制和其他社会因素显著影响了家庭和个人的医疗消费水平。促进医疗消费公平的路径应是抑制经济、社会因素对医疗需要的影响，特别是要适度消除经济约束对个体医疗需要的影响，使医疗消费特别是个人生存发展需要的基本医疗消费不由经济社会地位决定，而完全由个体的需要决定，这也是当前我国医疗改革的根本目标和方向。②医疗保险对卫生服务需求释放效应的阶段性和差异性。随着医疗保险覆盖面的不断扩大，医疗保险对家庭医疗消费的释放效应是不断增强的，家庭医疗支出的绝对水平和相对水平都会不断提高，今后家庭医疗消费占总支出的比重可能会趋于稳定，这是一个持久的趋势。但我国仍处于家庭医疗支出绝对量和相对量不断提高的阶段。另外，医疗保险对医疗卫生服务需求的释放也存在差异，主要是群体差异和区域差异。其对城市户籍家庭的医疗消费具有正向影响，而对农村户籍家庭的影响不显著，这种影响的群体性差异主要是由保险的设计结构引起的。要消除这种差异，就必须改善医疗保险设计结构，调整国民收入，加快医疗卫生服务体系改革。③流动人口的未参保与保险转移接续问题。④老龄化背景下家庭医疗卫生服务支出的变动趋势与应对。家庭老人赡养比对家庭医疗消费具有显著的正向影响。我国已经进入老龄化社会，养老负担的严重程度是快速提高的。⑤我国医疗卫生服务体系构建的基本逻辑应当是：把最基本的医疗卫生服务获得作为国民基本权利来看待。在整个医疗卫生服务消费和分配机制的设计上，能够通过一种补贴和支持机制，确保社会中的弱势群体有足够的能力和机会获得较为基本的生存和发展的医疗权利。

1.4.9 文献述评

启动内需是关系中国经济转型的战略性问题，而居民消费无疑是启动内需的关键。随着理论研究和中国经济体制改革进程的不断深入，国内外许多学者都对中国居民消费问题进行了广泛的讨论，得出了很多有价值的结论。但总体来说，中国"超大社会"的现实决定了居民消费影响因素的系统性和复杂性，因此从总体上来讨论影响居民消费的原因往往只能得出较为概括的结论。随着消费理论尤其是预防性储蓄理论的发展，学者对中国居民消费情况的讨论拥有了新的分析工具。预防性储蓄理论的现实运用，也使得原本以关注收入不确定性为出发点的预防性储蓄理论进一步扩展为对未来支出不确定性的关注。预防性储蓄理论虽然各有侧重，但其均是生命周期理论/持久收入理论的扩展，其分析框架是建立在西方工业化和现代化程度较高的社会的基础上的，在这种社会环境中各项制度和规则较为稳定。然而我国当前正处于深化改革和经济转型时期，这可能导致运用预防性储蓄理论来分析我国现实情况时出现一定的偏差。

此外，中国社会科学院发布的《2005年社会蓝皮书》显示，子女教育费用、养老、住房排在居民总消费的前三位。2006年中国人民银行的城镇储户问卷调查也显示：居民的储蓄动机中，教育费一直位列榜首，其次是养老、购房和预防意外。这表明 21 世纪初，随着我国改革的深入，我国居民的消费环境与计划经济时期相比有了较大的变化。受权威调查机构调查结论的影响，既有文献对中国居民支出不确定性的研究多集中于教育、住房、养老等方面。由于我国社会对教育支出的预期已趋于稳定，而随着住房观念的转变以及商品房供求关系结构的改善，人们的购房需求逐渐趋于缓解。因此，根据本书之前的分析，居民医疗消费支出不确定性对居民整体消费的影响很可能越来越大。就既有文献来看，运用预防性储蓄原理来分析我国居民消费的文献虽不在少数，其关注重点也涵盖了收入不确定和支出不确定两个方面，但从居民医疗消费支出角度来考察的文献还较少。

随着中国经济的增长以及人民生活水平的不断提高，人们对健康的重视程度也越来越高，医疗消费支出在居民消费中的占比必然会呈现上升的趋势。这使得医疗消费具有研究的必要性和紧迫性。然而既有关于居民医疗消费的研究主要采用微观数据作为分析对象，数据收集、指标选取等方面的差异导致了不同研究结论的可比较性较弱。此外采用入户调查数据的另一个局限在于其结论对单个总体对象的解释较为精准，但是否能对全社会的总体样本进行推广还有待商榷。

综上所述，医疗消费不仅关系到人民生活的福利水平，也是影响我国消费需求的重要因素。医疗费用的快速增长已经引起了政府、学术界和公众的关注。从宏观的角度寻找居民医疗消费支出与居民整体消费之间的经验证据是有意义的。为此，本书在以上学者研究的基础上，构建分析框架，研究医疗消费对居民消费的影响情况，以期为政府制定扩大内需、提高民生等方面的政策提供借鉴和参考。

2 医疗消费支出对居民消费影响分析的相关理论

2.1 概念界定

2.1.1 医疗消费支出

广义上来看，医疗消费支出是政府为了保持和恢复居民的身体健康以及个人为了保持和恢复自身健康而购买医疗产品或服务的行为和活动。因此，医疗消费支出包括政府的医疗消费支出和居民的医疗消费支出。从医疗消费支出的目的来看，医疗消费支出又分为基本医疗消费支出和保健性医疗消费支出，其中基本医疗消费支出的目的主要在于恢复个体在生理上和心理上的疾病以及维持正常的健康水平，而保健性医疗消费支出的目的则主要在于对个体生理和心理健康的促进和提高，其相对于基本医疗消费支出而言满足了更高层次的健康需求。本书研究的对象是医疗消费支出对居民消费的影响。因此本书将医疗消费支出界定为，居民为了保持和恢复身心健康而购买医疗产品和服务的总和。

2.1.2 居民消费

居民消费可以从宏观和微观两个维度来理解。宏观上看，居民消费是指全体居民购买商品和服务的总和；微观上看，居民消费是指居民个体的消费。本书从宏观视角出发将居民消费定义为，在一定时期内全体居民购买商品和各种服务的支出的总和。居民消费与政府消费共同构成了一国的最终消费。居民消费除了包括直接以货币形式购买商品和服务的消费之外，还包括以其他方式（如虚拟性消费）获得商品和服务的消费。我国统计年鉴将居民消费支出分为8类，其中包括居民医疗保健支出，可见居民消费中包含了医疗消费支出。我国经济内需不足，结构失衡的集中表现就是在 GDP 份额中，消费的占比偏低，尤其是居民消费的占比过低。本书研究医疗消费支出对居民消费的影响，其目的就是要探寻医疗消费支出对我国居民消费需求总量的影响及其机制。

2.2 消费理论

2.2.1 即期消费理论

凯恩斯（Keynes）1936 年出版的《就业、利息与货币通论》奠定了现代消费理论的基石。凯恩斯认为收入是消费的主要决定因素，居民消费主要由可支配收入决定，但随着收入的增加，平均消费倾向和边际消费倾向呈递减的趋势。凯恩斯的消费关系可表述为：

$$C = \alpha + \beta Y \tag{2-1}$$

其中，C 表示居民消费支出；Y 表示居民的可支配收入，即居民收入减去税收；α 为自发消费；β 为边际消费倾向。凯恩斯的消费理论被称为绝对收入消费理论。

杜森贝利（J. S. Duesenberry）1948 年对凯恩斯的绝对收入消费理论做出了修正。他认为消费者会受自己过去的消费习惯以及周围消费水准的影响来决定消费，也就是说，消费并不是完全由收入决定的。按照杜森贝利的消费理论，消费与收入在长期内维持一个固定的比例，但短期消费函数则为有正截距的曲线。这是因为，如果人们一直过着高水准的生活，即使收入降低，也很难马上降低消费标准，故消费虽然会随着收入的增加而增加，但不易随着收入的减少而减少。换言之，居民消费表现出上去容易下来难的"棘轮效应"。杜森贝利的这一消费理论又被称为相对收入消费理论。此外，杜森贝利的相对收入消费理论还包括"示范效应"，即消费者的消费行为还会受到周围人群的消费水平的影响。如果单个消费者的收入并没有增加，但周围人群的收入增加、消费水平上升，这会导致单个消费者为了顾及其在社会上的相对地位而提高自己的消费水平。这种心理会使短期消费函数随着社会平均收入的提高而整体向上移动。

由于凯恩斯的绝对收入消费理论与杜森贝利的相对收入消费理论都是基于确定条件下研究即期消费的理论，并没有将不确定性对居民消费需求的影响纳入考虑范围，因此这种现期消费与现期收入的关系也是不完全的[①]。

2.2.2 确定性条件下的跨期消费理论

弗朗科·莫迪利安尼（F. Modigliani）在 20 世纪 50 年代提出了生命周期消费理论。与凯恩斯的理论不同，弗朗科·莫迪利安尼强调收入在人们一生中会系统地变动，进而认为居民会在更长时间范围内计划他们的生活消费开支，以达到整个生命周期内消费的最优配置。因此，居民消费取决于其一生的收入，通过储蓄，居民可以使收入在整个一生中得到合理分配，并在更长时间范围内计划他们的消费开支。这种对消费者行为的解释形成生命周期消费理论。莫迪利安尼的生命周期理论也暗含一系列假定，包括工作期间收入保持不变、不存在不确定性因素、个人开始时没有积蓄也不存在遗产动机等。这样，生命周期理论就可以表述为：

$$C = \alpha\mathrm{WR} + c\mathrm{YL} \qquad (2\text{-}2)$$

其中，WR 为居民的实际财富，α 为财富的边际消费倾向，YL 为工作收入，c 为工作收入的边际消费倾向。根据生命周期理论，除了平滑一生消费的动机外，还有一系列因素会影响人的消费和储蓄。比如，当全社会及时行乐的倾向更明显时，储蓄就会减少，因此，健全的社会保障体系会使人们更倾向于减少储蓄增加消费。相反，全社会的遗产动机较高时，储蓄就会增加。

类似的是，米尔顿·弗里德曼（M. Friedman）1957 年提出了永久收入消费理论，认为居民的当前消费既不受当前的绝对收入的影响，也不受相对收入影响，而是被其永久收入所支配。永久收入理论将现期收入分为两部分：永久收入和暂时收入。弗里德曼认为消费主要取决于永久收入，对于暂时收入的波动，消费者可以通过储蓄和借款来平滑其对消费的影响。永久收入理论可表述为：

$$C_t = \frac{1}{T}\left(A_0 + \sum_{t=1}^{T} Y_\tau\right) \qquad (2\text{-}3)$$

其中 A_0 为初始财富，Y_τ 表示第 τ 期的劳动收入，C_t 表示第 t 期的消费。可以看出，生命周期消费理论强调人面对一生中收入变动时选择维持稳定的生活水平，而持久性收入理论则关注消费者一生可望达到的收入水平。如今这两种理论基本上已经融合在一起了[②]，并形成了生命周期永久收入理论（LC-PIH）。

---

① 曼昆. 宏观经济学：第七版 [M]. 卢远瞩，译. 北京：中国人民大学出版社，2011：425.

② 多恩布什，费希尔，斯塔兹. 宏观经济学：第十版 [M]. 王志伟，译. 北京：中国人民大学出版社，2010：273.

以弗里德曼持久性收入理论为基础，Mayer T.[1] 对比分析了不同收入水平下的平均消费倾向，并使用修正的持久性收入模型进行计量检验，得出低水平的持久性收入具有相对较高的边际消费倾向，而高收入水平的持久性收入边际消费倾向较低。根据生命周期理论和永久收入理论，收入与消费之间的关系在不同的收入水平和收入结构下可能呈现不同的特征[2]。生命周期消费理论和永久收入消费理论的提出对经济学界产生了重大影响，并为大部分经济学家所接受。但这两种消费理论仍然没有摆脱确定性的前提条件，没有将不确定性纳入其研究框架，这也是生命周期消费理论和持久收入消费理论不能被经验验证的主要原因[3]。

2.2.3　不确定性条件下的跨期消费理论

20世纪70年代，理性预期假说的出现打破了传统的确定性前提下的居民消费研究框架。理性预期假说将不确定性分析引入宏观经济学，将消费理论推向了一个新的发展阶段。理性预期假说是指，人们运用所有可以得到的信息来做出对未来的最优预期[4]。罗伯特·霍尔得到理性预期对消费的启示是在20世纪70年代末，他提出消费可被理解为预期消费加上意外。根据理性预期理论，意外是无规则的，即随机的，且不可预测，这说明明天的消费应该等于今天的消费加上合理的随机误差，其核心观点是居民消费服从随机游走。然而，后续的经济学家在验证随机游走假说时，发现这一假说无法完全解释现实的消费情况。福莱文（Flavin）对随机游走假说进行了检验，发现消费与劳动收入的变化呈现显著的正相关性，并将其称为消费对劳动收入的"过度敏感性"。之后，坎贝尔和迪顿（Campbell and Deaton）在验证随机游走假说时发现实际消费的变化小于理论估计值，并将其称为消费的"过度平滑性"。"过度敏感性"和"过度平滑性"共同构成了对随机游走假说的有力挑战。之后的约翰·坎贝尔和格里高利·曼昆在1989年使用工具变量法对随机游走假说进行检验，结果发现消费不可预测性在统计意义上存在着显著的背离，随机游走假说

① MAYER T. Propensity to consume permanent income [J]. American economic review, 1996, 56 (5): 1158–1177.

② 巩师恩. 收入结构、消费结构与恩格尔定律：基于中国农村居民的实证研究 [J]. 社会科学研究, 2013 (6): 28.

③ 方福前, 俞剑. 居民消费理论的演进与经验事实 [J]. 经济学动态, 2014 (3): 12.

④ 曼昆. 宏观经济学：第七版 [M]. 卢远瞩, 译. 北京：中国人民大学出版社, 2011: 440.

被检验结果强烈地拒绝。谢伊（Shea）① 的研究结果也表明家庭可预期工资增加会带动消费的增加。对这种现象的一种解释是一些消费者没有理性预期。相反，他们对未来收入的预期可能过分依据现期收入。另一种解释是消费者存在借款约束，因此其消费只能根据现期收入②。但即便如此，罗伯特·霍尔的随机游走假说在消费理论中依然具有重要的意义：一方面，随机游走假说是对永久收入消费理论的一种扩展；另一方面，随机游走理论拉开了在不确定条件下研究消费理论的序幕。

随机游走假说无法完全解释消费行为，这就驱使消费理论进一步发展。比较有影响力的假说包括：里兰德（Leland）的预防性储蓄假说、扎德斯（Zeldes）的流动性约束假说以及迪顿（Deaton）的缓冲存货假说。其中预防性储蓄假说认为，人们由于预期未来收入具有不确定性，会在当前增加预防性储蓄而减少消费，并以此来预防收入不确定性风险所造成的负面影响。流动性约束假说认为在永久收入消费理论中，对于暂时的收入波动，消费者可以通过储蓄和借款来平滑消费。然而在现实消费中，由于受到金融市场不健全等因素的影响，消费者往往无法通过借贷来平滑收入的暂时下降，因此，只能选择降低当前消费而增加储蓄的方式来平滑消费。一般而言，流动性约束的存在往往会增强家庭预防性储蓄的动机，从而做出增加当前储蓄、减少消费的决定③。缓冲存货假说则认为，预防性储蓄动机和流动性约束的存在使得家庭资产扮演了缓冲存货的角色。既有的预防性储蓄理论主要是从收入的不确定性研究入手，但由于影响收入不确定性的因素较多，因此相关研究模型在设定时的侧重点也各不相同，这就导致了采用不同模型研究的结果的可比性较小。正如朱春燕、臧旭恒④所指出的：如果用收入的不确定性来划分各种预防性储蓄理论，那么有多少种关于收入不确定性的假设，就有多少种关于预防性储蓄的理论。近年来，预防性储蓄理论也受到了一定的质疑。如戴南（Dynan）的模型对预防性动机的显著性提出了疑问，他认为预防性储蓄在家庭总储蓄中只占到一个很小的比例，不是消费者行为中的重要部分。卡罗尔（Carroll）的研究也发现未来收入不确定性的变动或方差的系数对当前消费不具备统计上的显著效应。

---

① SHEA J. Union contracts and the life-cycle/permanent-income hypothesis [J]. American economic review, 1995, 85 (1): 186-200.

② 曼昆. 宏观经济学：第七版 [M]. 卢远瞩，译. 北京：中国人民大学出版社，2011：441.

③ 方福前，俞剑. 居民消费理论的演进与经验事实 [J]. 经济学动态，2014 (3)：14.

④ 朱春燕，臧旭恒. 预防性储蓄理论：储蓄（消费）函数的新进展 [J]. 经济研究，2001 (1)：85.

上述主流的消费理论和假说大都是基于生命周期或永久收入消费理论而发展起来的，其核心思想是理性消费者在跨期消费中如何实现效用最大化的问题。而要实现这种效用的最大化，必须满足两个条件：一是消费者必须是完全理性的，二是跨期消费中每一期消费的效用是一样的。然而，现实消费中消费者显然无法做到完全理性。同时，不同的消费者对不同的商品或服务存在不同的偏好，因此也就不可能在跨期消费中做到各期的效用相同。正是由于现实中消费者无法满足上述两个条件，因此用主流的消费理论来分析现实中的消费会出现不同程度的背离。尽管如此，消费理论还是为本书的研究提供了思路和借鉴，预防性储蓄假说、流动性约束假说以及缓冲存货假说都验证了一点，即当消费者预期未来不确定性提高时，就会选择更多地进行预防性储蓄。消费者预期未来的不确定性不仅包括收入的不确定性，还包括支出的不确定性。医疗消费存在着支出的不确定性，这种不确定性包含着支出时间的不确定以及支出金额的不确定，加上近年来医疗费用的不断增长，必然会导致整个社会对未来不确定性的担忧，从而增强全社会的储蓄动机。

2.3　城乡二元结构理论

伯克（J. H. Boeke）最早提出了"社会二元结构"。伯克在研究印度尼西亚经济时将该国经济和社会分为传统部门和现代化部门，并将其称为典型的二元社会结构。在这种典型的二元社会结构中，农村被看作工业化以前的传统社会，农业主要依靠土地和劳动力来进行生产，而城市则是工业化的现代社会，工业主要依靠资本和技术进行生产。处于传统社会的农村以及农业部门与处于现代社会的城市以及工业部门在经济制度、社会文化等各方面都存在着巨大的差别，并导致了两种社会在资源配置、个人效用函数以及行为模式上有很大差异。

刘易斯（W. Arthur Lewis）在其论文《劳动力无限供给条件下的经济发展》中提出了他的二元经济结构理论①。刘易斯认为发展中国家的经济结构具有传统部门和现代部门相互作用的二元性质。传统部门的特征是劳动生产率低、劳动报酬低、剩余劳动力多；而现代部门的特征则是劳动生产率高、劳动力少且工资较高。刘易斯的二元经济模型主要研究的是农村剩余劳动力的转移问题。

---

① 刘易斯. 二元经济论［M］. 施炜，等译. 北京：北京经济学院出版社，1989：1.

此后，费景汉（John C. H. Fei）和拉尼斯（G. Ranis）在《经济发展中的一种理论》以及《劳动力剩余经济的发展》中指出，刘易斯没有足够重视农业在促进工业增长中的作用，也没有注意到农业由于生产率提高而出现剩余产品是劳动力持续流入工业部门的先决条件。他们以此为出发点对刘易斯模型进行补充和完善。费景汉-拉尼斯模型明确将二元结构归结于传统农业与现代工业的并存，并认为从农业社会到二元经济再到成熟经济是一种重要的增长类型。二元经济的中心特征是庞大的农业部门与繁荣的工业部门并存，强调农业劳动生产率的提高以及农业部门的增长也是经济发展的内生变量。

乔根森（D. W. Jorgenson）提出了乔根森模型。虽然乔根森的分析框架仍然是二元的，也包含传统农业和现代工业两个部门，但乔根森模型的贡献在于，其将刘易斯的二元经济分析从剩余劳动下的经济发展转变为农业剩余产品下的经济发展。乔根森的核心观点可以概括为，农业剩余的出现是工业部门出现的必要条件，农业部门的产品供给能力的大小直接决定和影响工业部门的发展水平以及劳动力的转移程度。

迈因特（H. Myint）提出了"组织二元结构论"。迈因特认为，二元现象是一种不发达组织框架的产物，不仅市场网络发育不全，而且政府行政制度和财政制度也不全。他指出，在充分发展的市场体制中，市场和非市场组织有显著的不同。迈因特针对传统部门和现代部门区分了四种类型的二元性，包括：①产品市场的二元性；②资本市场的二元性；③劳动市场的二元性；④政府和财政机构的二元性。可见，迈因特从更具一般性的角度分析了经济二元性并指出，传统部门和现代部门的区别主要在于组织形态的不同，而非产业和地理区位，这就更准确地把握了二元性的实质。

总体来看，虽然上述二元经济理论对二元体制的把握角度不尽相同，如何更为准确地把握两个部门的本质性规律仍然是一个见仁见智的问题；但无论如何，现代社会较之传统社会有着更为先进的资源配置方式、更为高效的生产能力以及更好的社会发展程度是毋庸置疑的。中国具有典型的城乡二元经济结构。中国的城乡二元结构在新中国成立之前就已经存在[①]。改革开放初期，中国的二元经济结构在一定程度上得到了改善，但是由于二元经济改善的驱动力减弱，这种趋势并没有持续太长时间。虽然在此期间中国经济高速发展、城市化也不断推进，但这并未改变中国社会的城乡二元结构，并使中国社会呈现出典型的"多重二元性"。因此，二元经济理论对研究医疗消费对中国居民消费

---

① 任保平. 论中国的二元经济结构 [J]. 经济与管理研究，2004（5）：3-9.

的影响有一定的指导性意义。就居民医疗消费来看，其主要体现在：①虽然城乡居民都存在医疗消费的必然性，且由于医疗消费自身的特性，其对城乡居民整体消费都具有一定的影响，但由于我国城乡在经济环境和社会发展等方面的差异，医疗消费对城乡居民的具体影响是不同的。②城乡在经济发展水平、社会保障程度以及消费观念上的差异，必然导致政府对医疗卫生的财政投入、医疗资源供给、人口年龄结构以及医疗保障政策效果存在城乡差异。因此，对中国居民医疗消费的研究有必要对城乡分别进行考察。③城乡二元体制的存在以及城乡二元体制所导致的城乡居民消费模式的差异为我国居民消费示范效应发挥作用提供了可能的空间。

2.4 公共服务均等化理论

公共服务均等化是指，政府应结合社会发展程度及经济发展水平，在财政负担能力范围内为全体社会成员提供基本的公共产品和服务，使全体社会成员享受大致相当的基本公共服务。衡量均等化的标准主要包含三个方面，即机会均等、服务水平均等以及结果均等。公共服务均等化是在市场失灵的情况下，政府通过税收、担保、补贴等方式确保社会成员人人都能享有与公民基本权利和基本需求相关的公共服务。因此，公共卫生服务均等化的范围不仅取决于市场失灵的程度，还取决于政府财力、市场发育程度等因素①。新中国成立以来，长期实行优先发展城市的非均衡战略，导致各种资源向城市聚集。随着工业化和城市化进程的加快，我国城乡差距逐步扩大，与城市相比，农村基础设施落后、农村社会事业和公共服务水平偏低，这形成了破除城乡二元体制的外部压力。现阶段我国经济发展所面临的消费升级、产业升级、工农业协调发展、统一全国市场等方面的压力又形成了二元经济结构向一元转型的内在驱动力。因此，统筹城乡发展、破除城乡二元体制成为当前我国经济发展的必然选择。而统筹城乡发展就必须要大力推进公共服务均等化。当前，我国工业化进程已进入中后期阶段，国家建立了较为完备的工业体系，经济发展水平较改革开放前有了翻天覆地的变化，这为我国推进公共服务均等化提供了必要的物质条件。

我国现行医疗卫生服务体系所构成的公共卫生服务在城乡间具有明显的差

---

① 常修泽. 中国现阶段基本公共服务均等化研究 [J]. 中共天津市委党校学报，2007 (2)：66-71.

异，这主要表现在城乡间医疗卫生资源供给和医疗保障制度上。公共卫生服务的不均等必然使得城乡居民医疗消费支出上的差异，同时公共卫生服务的不均等所导致的城乡居民在消费环境上的差异也使得医疗消费支出对居民消费的影响存在城乡差异。因此本书在对上述两方面问题进行分析时除了要注意到公共卫生服务在城乡间的差异外，还应以发展的眼光对我国正在进行的城乡一体化战略以及公共服务均等化趋势进行必要的关注。

2.5 公共产品理论

一般来说，具有共同消费性质的产品和服务就被视为公共产品。萨缪尔森将公共产品定义为，每一个人对这种产品的消费，都不会导致其他人对消费的减少。公共产品相对于私人物品来讲，它具有非排他性和非竞争性的特征。所谓非排他性是指，只要有人提供了公共产品，无论其是否愿意，该产品在消费过程中所产生的利益都不为某个人或某些人所专有；而非竞争性是指，公共产品在消费过程中不会影响到另一些人对该公共产品的消费。

正是由于公共产品非排他性和非竞争性的特征，要求公共产品的提供方不应以追求利润最大化为目标，这使得公共产品在市场经济体制下供给不足，而必须由政府来提供。完全具备非排他性和非竞争性特征的公共产品在现实中并不多。现实中广泛存在的是具有公共产品某一个特征的混合产品或准公共产品。公共产品理论认为，公共产品之所以存在，是由于市场机制失灵，私人无法提供相应的产品。公共产品消费的非排他性导致的"搭便车"问题的存在，使得私人部门很难提供足够数量的公共产品。虽然公共部门提供公共产品或准公共产品的目的是弥补市场失灵，但由公共部门来提供公共产品也会出现效率低下、资源浪费严重等问题。

医疗卫生产品和服务具有公共性，但因可以由个别消费者占有而具有竞争性，因此医疗卫生产品和服务是准公共产品。随着我国政府职能的转变，政府对医疗卫生领域的投入也不断提高，医疗卫生产品及服务的准公共品性质也要求政府在医疗卫生领域发挥越来越重要的作用。然而，当前我国公共卫生资源存在着过度集中、均等化程度偏低等问题，这使得政府在医疗卫生领域的投入效率低下，无法有效缓解全体居民医疗消费支出上涨的压力。居民医疗消费支出不断上涨的压力会迫使政府推进公共医疗卫生服务的改革，而改革的目标必然是使医疗卫生公共产品提供在公平和效率两方面的提高。

2.6　社会保障与居民消费

一般认为，完备的社会保障制度能够有效降低居民未来预期的不确定性，进而对居民消费产生促进作用。社会保障具有类似保险的作用，能够分散个体居民所面临的医疗、养老以及失业等方面的不确定性风险，增强居民的消费信心。

福利经济学认为社会保障制度的收入调节作用能够提高低收入人群的边际消费倾向。生命周期理论和永久收入理论则认为，居民在进行消费决策时为了平滑一生的消费水平必然会进行一定的储蓄，社会保障的财富替代效应可以降低居民的储蓄倾向而增加消费。预付性储蓄理论认为，储蓄不仅是为了平滑一生的消费，当居民未来收入或支出预期不确定时，也会通过增加储蓄的方式来应对可能出现的支付风险，而社会保障制度能够有效地降低居民预期的不确定性，进而减少居民基于预防性动机的储蓄，因此社会保障制度对居民消费具有促进作用。

医疗消费支出具有天然的不确定性，医疗保障也是社会保障中的重要组成部分。改革开放以来，我国传统的医疗保障体系逐步瓦解，而新的医疗保障体系还不健全，这是我国居民"看病难、看病贵"以及医疗消费支出压力较大的重要原因。因此，研究医疗消费支出对居民消费的影响问题，有必要将医疗保障因素纳入考量范围。医疗保障制度对于缓解我国城乡居民医疗消费支出压力具有重要意义。此外，为了应付未来可能出现的医疗消费支出是我国居民重要的储蓄动机，因此，医疗保障制度对降低我国居民未来支出的不确定性、减弱整个社会的储蓄动机也能起到积极作用。

随着公费医疗制度和人民公社制度的消失，我国传统的医疗保障制度基本瓦解，而新的医疗保障制度仍处在完善的过程中。以理论上来看，医疗保障制度对缓解医疗消费支出压力、提高居民消费需求具有积极作用，但这一理论假设还需要通过实证研究来检验，因为也有研究认为，社会保障对居民消费会产生挤出效应，导致居民消费减少。

3 医疗消费支出对居民消费的影响的分析框架

3.1 医疗消费支出与居民跨期消费的关系分析

3.1.1 医疗消费支出的不确定性与居民储蓄

消费和储蓄是一个硬币的两面，甚至有学者认为确立了一种消费理论就相应地确立了一种储蓄理论。就医疗消费支出而言，其具有支出的紧迫性，因此会对居民的预算约束产生一定的影响，但其更主要的作用在于对居民储蓄动机的强化，进而对整个居民消费产生影响。根据预防性储蓄理论，为了预防未来的不确定性导致的消费水平下降，风险厌恶的消费者会进行额外储蓄。预防性储蓄理论最早由里兰德（1968）所提出。里兰德认为，预防性储蓄是由未来收入的不确定所引起的额外储蓄，即当效用函数的三阶导数大于零时，确定性情况下消费的边际效用要明显小于不确定性情况下未来预期消费的边际效用，所以未来不确定性的提高必然会导致未来预期消费边际效用发生变化，进而吸引消费者进行更多储蓄；而在不确定性情况下，消费者将采取更为谨慎的行为，这时储蓄的主要目的是避免不确定性所带来的意外冲击。显然，预防性储蓄理论依然秉承着生命周期理论和持久收入理论中的理性消费者和效用最大化的假说。因此，可以将预防性储蓄假说看作对生命周期理论和持久收入理论的一种扩展，而预防性储蓄理论主要强调的是，居民储蓄不仅是为了在跨期选择中优化资源配置，同时也是为了应对未来收入不确定性可能造成的冲击。迪顿（Deaton）在考虑消费者未来收入不确定性的同时还将流动性约束引入了模型，他认为当消费者收入意外降低时，由于存在流动性约束，即使他们愿意也无法通过借款来平滑其消费水平，这样就会产生额外的储蓄动机。医疗消费支出往往具有大额一次性支出的特征，且这种支出又具有较强的刚性，因此，居民在面对可能出现的医疗消费支出时，除了会考虑医疗消费支出的不确定性风险外还会顾虑流动性约束，进而产生较高的储蓄动机。

一般来说，居民的储蓄动机主要包括生命周期动机，即当前储蓄是为了平滑整个一生的消费做准备，以及投机动机和遗产动机。此外，居民储蓄动机必然还包括预防性储蓄动机，即防范未来收入或支出的风险。已有研究表明，中国居民消费行为模式与其他国家相比并不存在显著的差异①。当前，我国经济高速增长，人民生活水平得到较大程度的提高，无论是居民的实际收入还是预期收入都呈增长趋势。与此形成鲜明对比的是，我国当前正处于深化改革和经济转型这一相对活跃的时期。因此，从储蓄动机的角度来看，居民未来支出不确定性的预期，很可能是影响居民消费行为的关键因素。

经验分析表明，居民的预防性储蓄绝不可能像财政资金一样建立专款专户，每一种不确定性对应一定的金额。这不仅在理论上无法将不同动机的预防性储蓄分辨出来，而且在实际生活中，即使是具有丰富财务知识的居民，也不会这样对储蓄进行分类。也就是说，整个居民的储蓄在现实经济活动中往往处于备付金角色，用于满足各种储蓄动机、应对各种不确定情况。但即使如此，也可以认为某种不确定性或风险的提高会在很大程度上导致居民提高储蓄额，这一分析是符合逻辑的。这就为医疗消费和居民储蓄之间搭建了分析的基础。总体来说，居民医疗消费支出主要从两个方面来对居民储蓄动机产生影响：一方面，面对未来可能出现的医疗消费大额刚性支出，理性的消费者往往会选择延缓当前消费来应对，在收入水平不变的情况下，这将导致居民降低当前的消费倾向；另一方面，由于我国金融发展程度不高，消费者通过借款来平滑消费的便利性较差，这必然会强化消费者的流动性约束，导致居民在进行跨期消费决策时选择增加储蓄的方式来应对流动性约束。因此，医疗消费在支出不确定性和流动性约束两个方面均强化了居民的储蓄动机，导致居民消费倾向降低。

3.1.2 政府医疗卫生支出对居民消费的影响

从现代国家的角度来看，居民医疗消费问题本质上可以看作全社会医疗成本在政府、社会以及个人之间的分配问题。政府医疗卫生支出对居民消费的影响主要表现为：一方面，政府增加的医疗卫生投入会使原本由居民负担的部分

① QI, L, PRIME P B. Market reforms and consumption puzzles in China [J]. China economic review, 2009, 20: 391.

医疗成本转为由政府负担，因此，居民原本用于医疗消费的一部分支出就会减少，导致居民消费总量的降低；另一方面，政府医疗卫生投入的增加会使医疗卫生资源的可及性提升，从而使原本由于医疗卫生资源可及性不足而被抑制的医疗消费需求被释放出来，导致居民消费总量提升。政府医疗卫生投入对居民消费的最终影响取决于上述两方面相互作用的综合结果。因此，如果仅从政府医疗卫生支出对居民消费影响的直接作用来看，还无法对政府医疗卫生支出的总效应进行预判，其影响结果也会根据政府医疗卫生支出对居民总消费两方面作用的此消彼长而变动。但由于医疗消费支出具有不确定性的特征，具体表现为支出时间和支出金额等因素的不确定，居民为了防止未来可能发生的支付困难往往会选择减少当期消费来进行预防性储蓄。此外，医疗消费除了具有不确定性的特征，还具有大额一次性刚性支出的特征，这不仅会提高居民未来支出的不确定性，还会进一步增加居民消费的流动性约束，从而导致居民预防性储蓄动机增强、消费意愿降低。政府增加医疗卫生支出，除了会对居民消费总量产生直接影响外，还能在降低居民支出不确定性和缓解居民的流动性约束两方面产生积极作用。在这种情况下，理性的消费者为了追求跨期消费的效用最大化，必然会减弱预防性储蓄的动机。同时，由于消费存在示范效应，政府的医疗卫生支出除了会影响医疗消费当事者的消费行为外，还对整个社会的其他消费者产生影响。因此，从全社会的角度来看，政府医疗卫生支出必然存在一定的杠杆效果，至于这一效果究竟有多好，则需要依靠经验证据来进一步实证分析。这也是本书试图回答的问题之一。

3.2 医疗消费支出对居民跨期消费行为产生影响的理论推导

3.2.1 确定性条件下的居民跨期消费

"理性人"假设是新古典经济学中常用的一种假设。该假设认为大多数人总是倾向消费更多的产品或消费更好的产品，即人人都是追求期望效用最大化的决策者。人们的消费少于或者次于他们想要的产品或服务是因为他们的消费受到其收入的限制，这种限制被称为预算约束。因此，消费者的决策就表现为，在既定收入下，以追求效用最大化为目标来选择各种消费品或服务的组合。然而，理性的消费者在做决策时不仅会考虑当期的消费，还会考虑如何在更长时期内实现自身效用最大化的问题。当其决定今天消费多少并为未来储蓄多少时，消费者就面临跨期预算约束问题。经济学家欧文·费雪基于此构建了跨期消费理论。跨期消费理论将消费者的一生分为两个时期：第一个时期为当前时期（年轻时期），第二个时期为未来时期（老年时期）。在第一个时期，消费者的收入和消费分别为 Y_1 和 C_1；在第二个时期，消费者的收入和消费分别为 Y_2 和 C_2（所有变量均为实际变量）。跨期消费理论假设消费者的跨期预算约束为其一生的全部收入，即消费者在其一生中会将其全部收入都消费掉。此外，跨期消费理论还假设消费者不存在流动性约束，即消费者可以通过借款和储蓄使任何一个时期的消费大于或者小于那个时期的收入。这样消费者在第一个时期的储蓄就等于收入减去消费，即：

$$S = Y_1 - C_1 \tag{3-1}$$

由于消费者在第一个时期存在储蓄，因此，消费者在第二个时期的消费就等于消费者在第一个时期的储蓄加上第二个时期的收入，即：

$$C_2 = (1 + r) S + Y_2 \tag{3-2}$$

式（3-2）中 r 为实际利率，变量 S 可以代表储蓄也可以代表借款。将式（3-1）替换式（3-2）中的 S 则得到：

$$C_2 = (1 + r) (Y_1 - C_1) + Y_2 \tag{3-3}$$

将式（3-3）整理后得到：

$$C_1 + \frac{C_2}{(1 + r)} = Y_1 + \frac{Y_2}{(1 + r)} \tag{3-4}$$

式（3-4）即消费者跨期预算约束的表达式。其中 C_1 表示消费者的当期消费，C_2 表示消费者的未来消费，Y_1 表示消费者的当期收入，r 为实际利率（存款或借款利率）。

根据 LC-PIH 理论（生命周期-持久收入假说），通常情况下，消费者一生的效用可用函数表示为：

$$U = V_1(C_1) + V_2(C_2) + \cdots + V_T(C_T) \tag{3-5}$$

其中 1 到 T 表示生命中的年份，上式包含的假定条件有：偏好跨时可加、无不确定性；同时，每一个"子效用"状态函数 $V_t(C_t)$ 是其因变量的增和凹函数①。效用的最大化将受到生命周期预算的约束，而消费者跨期预算约束可表示为

$$\sum_1^T \frac{C_t}{(1 + r)^t} = A_1 + \sum_1^T \frac{y_t}{(1 + r)^t} \tag{3-6}$$

---

① 迪顿. 理解消费 [M]. 胡景北，鲁昌，译. 上海：上海财经大学出版社，2003：5.

式（3-5）在式（3-6）的约束下，其最大化的一阶条件可以表示为

$$MU_t(C_t) = \lambda (1 + r)^{-t}$$

$MU_t(C_t)$ 表示消费者在 t 时期的边际效用，λ 是生命周期中预算约束的拉格朗日乘数。

上述推导表明：如果消费者可以自由借款，即不存在流动性约束，那么消费者预期收入的变化就不会影响当前的消费水平。$\dfrac{1}{(1 + r)}$ 则是消费者为了得到 1 单位第二期消费必须放弃的第一期消费的数量。

以上分析均是建立在确定性条件下的。然而现实中，当居民面临可能出现的医疗消费支出时，由于医疗消费支出具有不确定性的特征，这就要求行为主体根据现有的信息对未来进行预测，且居民对未来的预期必然随着信息的变化而变化，这就使得在确定性条件下根据永久收入假说而得出的最优消费路径无法事先确定。

3.2.2　医疗消费支出不确定性影响下的居民跨期消费

消费理论在处理不确定性问题时通常的做法是用预期效用代替效用，因此可以通过下面的效用函数对不确定性情况下消费者的消费行为进行分析：

$$U = E\Big[\sum_1^T V_t(C_t) \mid t\Big] = E\Big[\sum_1^T V_t(C_t) \mid I_t\Big] \tag{3-7}$$

上式常常作为分析不确定性消费的基本模型。其中 $E(\cdots \mid t)$ 表示在 t 时间消费者信息的条件期望。式（3-7）强调了消费者在 t 时的预期是受 t 时可利用的信息 I_t 限制的数学期望。式（3-7）同时表达了在不确定条件下，理性消费者的预期效用。虽然消费者在每一时期都会进行相应的消费抉择，而这种消费抉择必然会影响其未来时期的消费水平，但在未来的时期没有到来之前，他们无法对那些未来时期的消费做出最终的评价。每一时期的价格、收入和资产收益只有在那一时期到来时才知道。因此，在 t 时未来消费是不确定的。因为时间变量关系着不确定性，在不确定的情况下，未来消费代替现在的消费一定是有风险的。

如果只考虑一种资产 A_t，其实际利率为 r_t，此时消费者未来时期的预算约束是：

$$A_{t+1} = (1 + r_{t+1})(A_t + y_t - c_t) \tag{3-8}$$

消费者全部时期的效用总和可表示为价值函数：$V_t(A_t)$。此时，可以对资产 A_t 求最大化的一阶条件，结合消费者的预算约束，利用货币的边际效用与消费的边际效用相等的条件对效用函数进行最优化处理，可以得到：

$$V'_t(C_t) = E[(1 + r_{t+1}) V'_{t+1}(C_{t+1}) \mid t] \qquad (3-9)$$

上式符合传统消费理论的最优化均衡条件，即边际替代率和商品价格相等。边际替代率等于相对价格是跨时最优条件的简单形式。进一步假定实际利率不变且等于消费者时间偏好 δ，则消费者跨时最优条件可写成：

$$V'_t(c_t) = E[V'_{t+1}(c_{t+1}) \mid t] \qquad (3-10)$$

上式包含不确定性对消费的影响。在引入不确定性因素后，储蓄不再只是将财富平均分配于整个生命周期，还具有了防范不确定性事件发生风险的重要作用。如果将模型简化为只有两个时期，那么可得：

$$V'(C_1) = E[V'(C_2)] \qquad (3-11)$$

其中，C_1 表示现期消费，C_2 表示未来消费，E 代表现期的预期。再假定效用函数 $V'(C) > 0$，那么消费者的最优选择需满足：

$$V'(C_1) = E[V'(C_2)] \qquad (3-12)$$

即消费者在未来消费边际效用的预期必须等于现期的边际效用。由于边际效用 $V'(C)$ 为递减函数，如果消费者对未来预期的边际效用小于当期边际效用，即 $E[V'(C_2)] < V'(C_1)$，则 $E(C_2) > C_1$。也就是说，由于存在预期的不确定性，消费者总是会减少当前的消费而将一部分收入储蓄起来。

本书重点研究居民医疗消费支出对居民消费的影响，而医疗消费天然具有不确定性、紧迫性和大额一次支付等特点，这使得理性消费者在平滑其一生消费时不得不考虑可能出现的医疗消费支出。随着近年来我国医疗服务费用的不断上涨，我国居民医疗消费支出压力不断提高，使得我国居民对未来支出预期的不确定性上升，而由此引起的居民储蓄动机也呈增强趋势，反映在宏观经济中就是居民消费率呈现出下降趋势。

3.3 本书分析框架总结

基于本书之前的理论分析和理论推导，下面归纳本书的分析框架，如图 3-1 所示。

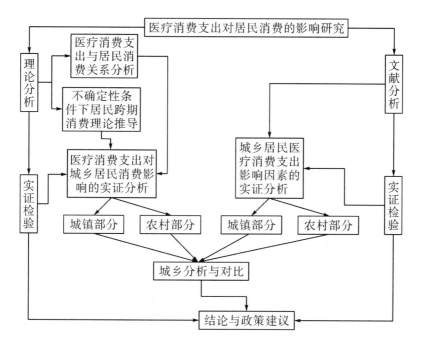

图 3-1　分析框架示意图

4 医疗消费支出与居民消费的状况分析

4.1 我国居民消费状况

改革开放以来，高积累、高投入的发展战略保证了我国经济的高速发展，但同时也带来了需求结构失衡的问题。这集中表现为在 GDP 份额中，消费的占比偏低，尤其是居民消费的占比呈现下降趋势。1978—2013 年消费率、投资率的变化情况见图 4-1。

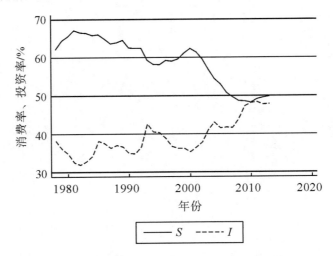

图 4-1　1978—2013 年消费率、投资率的变化情况

图 4-1 显示了支出法下国内生产总值中消费率和投资率在 1978—2013 年的变化情况。其中 S 代表消费率、I 代表投资率。从图 4-1 中可以清楚地看到，1978—2013 年我国消费率总体呈下降趋势，尤其在 2000 年以后更是呈现出陡

降的趋势，直到 2010 年之后才开始企稳，略微上升。与此呈现鲜明对比的是，自 1978 年以来，我国经济的增长步入快车道，这说明我国的消费率并未随着我国经济的快速增长而提高。

图 4-2 显示了 1978—2013 年最终消费中居民消费与政府消费的占比情况，其中 housconsum 代表最终消费支出中居民消费支出占比，govconsum 代表政府消费支出占比。在 1978—2013 年这一时间段里，最终消费的占比中居民消费呈现下降趋势，同时政府消费占比呈现上升趋势。

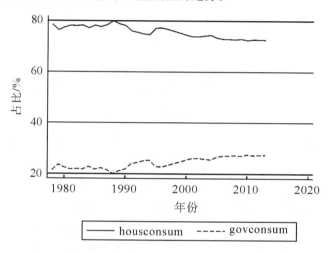

图 4-2　1978—2013 年最终消费中居民消费与政府消费的占比情况

图 4-3 显示了 1978—2013 年我国居民消费城乡占比情况。其中，urbconsum 代表城镇居民消费在居民消费中的占比，ruralconsum 代表农村居民消费在居民消费中的占比。从图 4-3 中可以看出，1992 年以前农村居民的消费占比在我国居民消费中处于主导地位，但 20 世纪 90 年代初期开始，农村居民消费占比开始陡然下降，城镇居民消费占比开始居于主导地位。此后，城乡居民消费占比的差距逐年拉大，直到 2010 年城乡居民消费占比差距拉大的趋势才有所趋缓。

通过图 4-1、图 4-2、图 4-3 的分析可以勾勒出我国改革开放后消费需求发展趋势的大致特征：我国在 1978 年以后，伴随着经济的快速增长，我国消费率呈现明显的下降趋势，而在消费率中，居民消费率呈现下降趋势而政府消费率逐年上升。我国消费需求的发展趋势，尤其是居民消费需求的发展趋势一定程度上反映了我国经济结构的失衡。从国际比较来看，我国的居民消费需求也不容乐观。

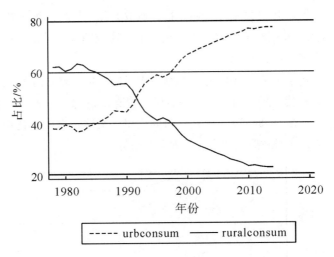

图 4-3　1978—2013 年我国居民消费城乡占比情况

图 4-4 显示了 1990—2013 年各国居民最终消费在 GDP 中的占比情况①。从图 4-4 中可以看出，我国的居民消费率不仅比欧美发达国家低，在与印度、巴西等新兴市场国家的比较当中也明显偏低。从欧美发达国家来看，其消费率普遍较高，且能长期保持稳定运行。美国的居民消费率一直维持高水平平稳运行（基本保持在 64% 以上），且在平稳中带有微微上升的趋势。德国和日本的情况类似，虽然其最终消费率不如美国高，但基本能维持在 55% 左右且波动幅度不大，趋势较为平稳；此外，虽然两国的居民最终消费率波动幅度较小，但仍可以看出日本相较于德国有更为明显的上升趋势。新兴市场国家的居民最终消费率与发达国家相比较，最大的特征是其波动普遍较大。无论是中国、印度、巴西还是俄罗斯，居民消费率在 1990—2013 年均经历了较大幅度的振动。可以明显看出，中国的居民最终消费率即便是与新兴市场国家相比也处于较低的水平。这一状况与党的十八大报告提出的使经济发展更多依靠内需特别是消费需求拉动的要求不相符。但这也同时说明，我国居民消费的上升空间仍然较大，如果能够建立扩大消费需求的长效机制，释放居民消费潜力，这将会为我国经济发展带来长期、可持续的增长动力。

---

① 数据来源于世界银行 WDI 数据库：http：//data. worldbank. org/indicator/NE. CON. PETC. ZS？ page＝4。

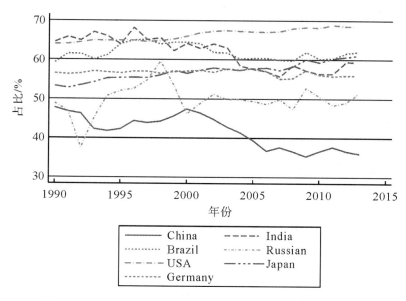

图 4-4　1990—2013 年各国居民最终消费在 GDP 中的占比情况

4.2　医疗消费支出的状况分析

4.2.1　医疗消费支出概述

本书所说的医疗消费支出是指居民为了保持和恢复身心健康而对医疗产品和服务进行的消费的总和。我国统计年鉴将居民消费支出分为 8 类，其中就包含居民医疗保健支出。医疗消费虽然属于居民消费中的一个种类，但医疗消费与其他消费相比，具有专业性强、消费次数和金额不可预见、一旦产生需求就具有紧迫性等特点。此外，从个体的角度看，医疗消费与居民个人和家庭都有密切的联系。因为医疗消费和人的健康密切相关，健康是人力资本的重要组成部分，良好的健康状况能够让人有效地投入生产、生活，对提高收入和增进福利也具有重要作用[①]。从社会的角度来看，国民健康关系着社会生产力以及整个社会的福利程度，因为如果一个社会的国民健康程度较低，那么这个社会的

————————

①　程晓明，罗五金. 卫生经济学［M］. 北京：人民卫生出版社，2003：24.

发展必然会背上承重的医疗负担。因此国外学者格罗斯曼（Grossman）[1] 曾指出，健康是人类社会追求的重要目标之一，健康本身具有投资品和产品两种特征，人类对健康的需求导致了对医疗消费的需求。

正是基于上述原因，医疗消费在居民消费，乃至整个居民生活中具有十分重要地位。李丹[2]指出，医疗消费成为人们生活中必不可少的需求之一；科尔奈（Kornai）等[3]也提出，健康、减少痛苦和生存同别的任何事物相比都具有特殊的、无可比拟的价值。这也暗示着医疗消费不仅对宏观经济具有重要影响，而且在整个社会的稳定和良性发展中具有举足轻重的地位。从全世界范围来看，各个国家和地区普遍面临医疗费用不断增长的问题。20 世纪 50 年代，OECD（经济合作与发展组织）国家的卫生总费用占 GDP 比重仅为 3.0%～4.5%，目前增长到 7.0%~9.0%，而美国的医疗费用占 GDP 的比重在 1970 年仅为 7.1%，至 1996 年接近14%[4]。保罗·J. 费尔德斯坦（Paul J. Feldstein）[5]指出，美国当年的医疗支出比上年增长了 11%，而同期的 GNP（国民生产总值）仅增长了 7%，他还进一步指出医疗费用持续以高于 GNP 的增长速度在增长。

一般认为，医疗费用增长的原因主要有以下几个方面：

第一，医疗技术和医疗手段的快速发展刺激了医疗消费需求的增长。二战后，随着世界政治环境的稳定，和平与发展逐渐成了时代的主题，这就为科学技术的发展提供了良好的环境，科学技术的前沿领域之一——医学技术进入了一个突飞猛进的发展阶段。新的医疗技术手段和新的药品成果不断应用于临床，在提高医疗服务的能力和人类健康水平的同时，也极大地刺激了医疗消费需求的增加。同时，随着诊疗手段的不断进步，过度医疗现象开始泛滥，这也是造成医疗支出费用上涨的一个原因。

第二，社会经济的发展以及人们对健康的认识水平和关注度不断提高，导致了医疗费用的增长。社会经济的发展使得医疗服务的可及性和覆盖面大大提高，这使得人们以前被抑制了的医疗消费需求得到了一定程度的释放。此外，健康知识的普及以及人们对健康的关注度的不断提高，也将人们对医疗消费的

① GROSSMAN M. On the concept of health capital and the demand for health ［J］. The journal of political economics, 1972（2）：223–255.

② 李丹. 我国医疗保障制度对医疗消费的影响研究［J］. 消费经济, 2008（3）：78–80.

③ 科尔奈, 翁笙和. 转轨中的福利、选择和一致性［M］. 北京：中信出版社, 2003：41.

④ 高丽敏. 医疗费用迅速增长：各国医疗保险的共性问题及改革［J］. 中国初级卫生保健, 2008（1）：24.

⑤ 费尔德斯坦. 卫生保健经济学［M］. 费朝晖, 等译. 北京：经济科学出版社, 1998：1–3.

需求引诱至一个更高的阶段。

第三，人口老龄化导致医疗费用增加。既有研究对人口老龄化是否会导致医疗费用增加存在一定的争议。笔者认为，虽然年龄与医疗支出并不必然相关，但年龄的增长与人的健康状况是紧密联系的，而医疗消费需求与人的健康状况又是密切相关的，因此人口老龄化会在一定程度上导致医疗消费的增加。随着现代化的推进，人类的生育率和死亡率大幅降低，人口老龄化的趋势将越来越明显。

医疗费用的增长是全世界的共性问题，中国也不例外。《中国卫生统计年鉴》的相关数据显示，中国的医疗支出占 GDP 的比重由 2000 年的 4.62% 上升到 2011 年的 5.15%，政府卫生支出在卫生总费用中的占比为 30.4%，低于大部分主要发达国家。政府卫生支出在卫生总费用中的占比，日本为 80.3%、德国为 76.8%、法国为 76.9%、英国为 83.2%、加拿大为 71.1%；而发达国家中公认的政府卫生支出费用在卫生总费用中占比最低的美国，其政府卫生支出在卫生总费用中的占比为 48.2%[①]。虽然卫生费用不完全等于医疗费用，但总卫生费用中如果政府支出部分偏低的话，私人支出部分必然较高。因此，在医疗费用普遍上升的世界趋势中，我国居民承担的压力比主要发达国家的居民更大，这就使得医疗费用的变动会对我国居民整体消费产生较大的影响。

改革开放以来，中国的医疗体制也在进行渐进式改革，但医疗费用的急剧上涨是我国医疗卫生领域的突出问题。这一问题集中表现为人民群众普遍反映"看病难，看病贵"。根据《中国统计年鉴》的相关数据，按照当年价格计算，1992—2012 年我国城市人均医疗保健费用年均增长率为 14.56%，超过了人均 10.86% 的收入增长率；农村人均医疗保健费用年均增长率为 16.16%，超过了人均 10.1% 的收入增长率。城市人均医疗保健消费支出在居民消费性支出中的占比也由 1992 年的 2.48% 上升到 2012 年的 6.38%，尤其在 2002—2006 年这一占比还突破了 7%；农村人均医疗保健支出在生活消费支出中的比重也由 1992 年的 3.66% 上升到了 2012 年的 8.7%。这表明，改革开放以来我国居民的医疗消费支出有快速上涨的趋势。同时期，世界其他主要国家居民支出中医疗保健支出的占比分别是：澳大利亚 2010 年为 5.81%、加拿大 2010 年为 4.81%、法国 2011 年为 3.87%、德国 2011 年为 4.78%、英国 2011 年为 1.81%、美国 2011 年为 20.6%、日本 2010 年为 4.47%、韩国 2011 年为

① 邓峰，吕菊红，高建民，等. 我国与发达国家医疗资源和卫生费用比较分析 [J]. 中国卫生经济，2014（2）：92.

6.59%①。可见，我国无论是城市居民还是农村居民的医疗消费支出在总支出中的占比都偏高，在世界主要国家中仅低于美国。通过对卫生总费用中政府支出部分占比的国际比较和居民医疗消费支出在居民消费性支出中占比的国际比较，本书可以初步得出结论：我国居民的医疗消费负担较重，制约了我国居民消费空间的提升。正因为如此，有学者提出导致近年来中国居民的家庭消费趋低的一个最主要的短期因素，就是目前住房、教育和医疗消费价格的不断上涨②。曾广录进一步指出，住房、教育和医疗消费价格的提高对其他消费品存在挤出效应。同时，随着住房、教育和医疗价格的提高，居民的预防动机会进一步增强，从而产生更强的持有现金、推迟消费的"流动性偏好"。持类似观点的学者还包括 Kitolioff③ 等。

医疗消费虽然是消费的一种，但其与其他消费最大的不同就在于医疗消费的对象，即医疗产品和服务不是存在于完全竞争的市场中。在现代社会中，居民的医疗消费更带有公共品消费的特征，与其他公共品一样，其消费对象一般都存在于某种制度安排之下。因此，为了让读者更好地理解当下我国居民医疗消费支出现状的特征，接下来，本书将对我国医疗体制的历史沿革以及我国城乡医疗保障制度的变迁进行一个简短的梳理。

4.2.2　我国医疗体制的沿革与城乡医疗保障制度变迁

我国现行的医疗体制是我国社会保障制度以及整个经济、社会制度中的一部分，在我国体制改革的浪潮中经历了多次变迁，最终形成了现在的制度架构。对我国医疗体制沿革的梳理可以使我们更好地理解现行医疗体制的形成和运作，同时进一步深化对居民消费支出现状的理解。

1. 公费医疗阶段（新中国成立—20 世纪 80 年代初）

新中国成立之初就开始了医疗卫生体制的构建，由于我国社会主义国家的性质，在我国医疗卫生体制构建伊始就确立了实现"全民医保的目标"。当时我国在城市实行的是公费医疗制度和劳保医疗制度，公费医疗的受益对象为机关与事业单位工作人员，而对于国营企业职工我国也建立了劳保医疗制度。这一公费制度起源于 1951 年由中央人民政府政务院所颁布的《中华人民共和国

---

① 这些数据根据 2013 年《国际统计年鉴》相关数据整理得来。
② 曾广录. 住房、教育和医疗消费价格虚高的负效应透析 [J]. 消费经济，2006（5）：78-81.
③ KITOLIOFF. Health expenditures and precautionary savings [Z]. New York：NBER，2008：3-5.

劳动保险条例》。公费医疗的经费由国家通过财政负担。在公费医疗条件下消费者几乎不用承担医疗费用，这样的制度设计必然导致需方过度利用医疗资源，进而造成医疗开支快速膨胀。由于缺乏技术手段区分交易成本结构，也缺乏监管机构和必要的监管激励，因此最终固有的交易成本、机会主义行为产生的交易成本共同形成财政难以承担的高额开支①。

我国农村的医疗保障制度借助 20 世纪 50 年代中期农村合作化的浪潮也走向了合作医疗的方向，而在此之前农村实行的是自费医疗制度。1955 年合作医疗开始在农村出现并得到卫生部的认同而在全国开始推广，同时财政开始加大资金投入，并在农村形成了县医院、乡镇卫生院、村卫生室的农村三级医疗体系。1965 年以后，合作医疗在农村覆盖率超过了 90%，农村医疗体系全面建立。随着合作医疗的推广和医疗体系的建立，农村居民的卫生需求得到了基本的保障。合作医疗费用是由集体和个人共同负担的，但使合作医疗真正能够普及的还是"赤脚医生""一根银针、一把草药"等低成本的运作方式。当然，这种低成本的运作方式必然伴随着保障的低水平。但这一时期实行的农村合作医疗确实改变了我国广大农村居民"无医无药"的局面，有效地为广大农村居民提供了基本的医疗保障。

2. 市场导向的医疗体制改革（20 世纪 80 年代中期—20 世纪末）

上一阶段城市确立的公费医疗制度和劳保医疗制度在缺乏监管的情况下必然使得财政不堪重负。因此，这一阶段所确立的市场化导向的医疗体制改革的目的就是缓解经费压力。所谓市场化导向，是将医院原来的全额财政拨款转变为差额财政拨款，医疗机构实行事业单位身份、企业化运作，并引入企业改革中的承包责任制。市场化导向的医疗体制改革本质上就是财政从医疗供给领域的退出。财政退出后，鼓励医院创收、增加医院收费项目等就成了弥补财政退出后医疗机构资金缺口的必然选择。此次制度变革的最大特征是医疗服务供给主体得以进行市场化筹资，这就为医疗机构的逐利行为提供了制度上的保证，使得医疗机构有足够的动机来施行"供给诱导需求"以实现医疗机构收入最大化。因此，这一阶段市场导向的医疗体制改革事实上是财政退出与个人进入的过程。在这一制度安排下，医疗机构利用自身优势地位通过增加患者支付水平来增加自身收入，这使得个人的医疗消费负担不断增加。

我国农村在这一阶段随着家庭联产承包责任制的推行和农村集体经济组织

---

① 高春亮，毛丰付，余晖. 激励机制、财政负担与中国医疗保障制度演变：基于建国后医疗制度相关文件的解读 [J]. 管理世界，2009（4）：69.

的瓦解，原有的医疗卫生体系也被打破。广大农村在上一阶段建立的合作医疗制度只能依托集体经济制度环境下才能持续，因为合作医疗的筹资途径基本是从集体经济中提留。家庭联产承包责任制推行后，大部分乡村的集体经济组织由于经济基础十分薄弱甚至丧失，根本无力再扶持合作医疗的筹资要求，合作医疗制度也走向了衰落和瓦解。此外，原本由集体经济组织负担的"赤脚医生"的报酬，以及集体用于种植中草药的土地，均随着家庭联产承包责任制的推行，变得无以为继。这使得农村的医疗供给再也无法维持"赤脚医生"时代的低成本模式。原本的村卫生室要么被关闭要么由私人承包，农村居民的医疗被迫回到自费模式。而伴随着原有低成本合作医疗的瓦解，我国农村居民的医疗消费负担开始快速增加。

3. 新的医疗保障体系的建立（20世纪末至今）

继上一阶段市场化导向的医疗体制改革以来，政府对医疗卫生的投入大幅下降。我国卫生总费用占比如图4-5所示。

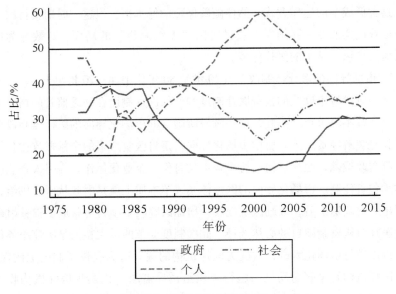

图4-5 我国卫生总费用占比

从图4-5可以看出，我国卫生总费用构成中，政府卫生支出占比从1982年的38.43%下降至2000年的15.5%。政府支出占比下降的同时，社会支出的占比也在下降，这就导致个人支出的占比大幅提高。此后卫生总费用的政府支出占比开始逐渐上升，到2014年这一占比达到29.96%，但仍然远低于1982年的38.43%。这一阶段的问题集中体现为医疗服务价格偏高、居民医疗消费支出负担较重。尽管国家多个部门发布众多的文件（如：1998 年 4 月 13 日国家工商行政管理局、卫生部等部门关于印发《关于全国整治药品回扣违法行为的工作情况和意见的报告》的通知）以遏制医疗服务价格不断上涨的趋势，然而时至今日这一现象仍未能得到有效的缓解。对于医疗服务价格偏高的原因，有学者认为是医疗机构形成的激励机制尚未改变①。正如黄丽湘、余智萍②所指出的，医疗消费结构失衡的突出表现是药价太高，而药价高的原因主要在于政府对医疗机构投入不足导致医院产生逐利行为，进而造成"大处方"、高价药、高回扣药泛滥，持类似观点的还包括胡玲丽、刘竞③等。虽然政府财政资金的退出是居民医疗消费负担上涨的主要原因，但政府在卸下财政包袱的同时在管理上也卸去了监管职责，这进一步加剧了医疗市场供求双方在地位上的失衡，医疗机构进而可以利用自身的强势地位来谋求其团体利益。居民医疗支出负担越来越大进而在全社会形成普遍压力，就必然促使决策者进行制度变革。自 1997 年《中共中央、国务院关于卫生改革与发展的决定》正式确定"建立社会统筹与个人账户相结合的医疗保险制度"以来，我国城市居民新的医疗保障体系开始建立。1998 年国务院发布《国务院关于建立城镇职工基本医疗保险制度的决定》，决定在全国范围全面推进职工医疗保障制度改革并逐步在全国范围内建立城镇职工基本医疗保险，用以取代原有的公费医疗和劳保制度。2007 年国务院发布《国务院关于开展城镇居民基本医疗保险试点的指导意见》，以大病统筹为主的城镇居民基本医疗保险制度开始实施。至此，我国城市基本建立了以城镇职工基本医疗保险和城镇居民基本医疗保险为基础的医疗保障网。

而这一阶段的农村医疗保障体系也出现了反复。在经历了长达十余年的自费医疗模式后，农村医疗保障体系又陷入了"健康保险"和"合作医疗"两种模式的反复争论，直到 20 世纪 90 年代中期我国中央才确立了农村"走合作医疗"的道路。但这时期的合作医疗缺乏农村集体经济的支撑，仅靠农民自己集资来兴办合作医疗显然是没有足够的经济支撑的。这也导致了 20 世纪 90 年代中后期，政府为恢复农村合作医疗动作频频，但结果并不理想。此外，这

---

① 高春亮，毛丰付，余晖. 激励机制、财政负担与中国医疗保障制度演变：基于建国后医疗制度相关文件的解读 [J]. 管理世界，2009（4）：70.

② 黄丽湘，余智萍. 我国居民当前医疗消费结构的分析与思考 [J]. 消费经济，2009（4）：13-15.

③ 胡玲丽，刘竞. 我国居民医疗消费中存在的主要问题与对策 [J]. 消费经济，2008（4）：10-12.

一时期国家对农村合作医疗的财政投入太少也是导致合作医疗雷声大雨点小的重要原因。根据刘雅静的研究，1999年国家财政用于农村合作医疗的补助费仅为3 500万元，农村居民每人平均不到0.5元①。这表明，欲在广大农村建立广泛覆盖的农村合作医疗体制，政府的财政投入是必不可少的。2002年10月，《中共中央、国务院关于进一步加强农村卫生工作的决定》中明确提出要"逐步建立新型农村合作医疗制度"，并承诺"从2003年起，中央财政对中西部地区除市区以外的参加新型合作医疗的农民每年按人均10元安排合作医疗补助资金，地方财政对参加新型合作医疗的农民补助每年不低于人均10元"。至此，我国农村新型合作医疗制度才进入了发展的正轨。

从上述我国医疗保障制度的变迁和发展过程可以看出，无论是城市还是农村，医疗保障体制的建立均不能离开政府的大力支持。我国城乡居民医疗消费必然是在我国医疗保障体制的制度安排下进行的。可以认为，在居民医疗消费支出的影响因素中，政府的作用是绝对的。国外有学者在研究医疗消费支出时甚至指出：医疗支出是政治选择的结果，与人口、发病率、医疗技术发展等因素无关②。因此在研究我国城乡居民医疗消费支出时如果将政府的作用排除在外将是十分不明智的。

4.2.3　城乡居民医疗消费支出状况

表4-1显示了1992—2014年我国城乡居民人均年生活消费支出及人均年医疗保健支出的数据（按当年价格）。由于我国是发展中国家，人民生活水平与发达国家相比还有一定差距，因此此表4-1中城乡居民的医疗保健支出的绝大部分为基本医疗消费支出，用这一数据来考察我国城乡居民的医疗消费支出情况比较客观。从表4-1可以看出，无论是在城市还是在农村，随着我国居民人均消费支出的增加，人均医疗保健支出也在增加。增加的原因主要来自两个方面：其一，随着人民生活水平的提高，人民对生活质量和健康状况的重视程度也越来越高，潜在的医疗消费需求被释放；其二，正如前文分析的那样，20世纪90年代，我国财政从医疗领域退出的迹象十分明显，这必然造成居民的医疗消费支出负担加重，因此，居民人均医疗消费支出增加是财政从医疗领域退出的必然结果。从表4-1提供的数据可以看出，城乡居民在医疗消费水平上

---

①　刘雅静. 我国农村合作医疗保障制度的历史思考及政策建议 [J]. 社区医学杂志，2004(6)：38-41.

②　GETEN T E. Population aging and the growth of health expenditures [J]. Journal of gerontolgy：social science，1992 (9)：95-110.

存在较大差距。以 2014 年为例，城镇居民人均医疗保健支出为 1 305.6 元，而农村居民人均医疗保健支出为 753.9 元，城镇居民的人均医疗消费水平是农村居民的 1.73 倍。

表 4-1　我国城乡居民人均年生活消费支出及人均年医疗保健支出

年份	城镇		农村	
	家庭全年人均消费支出/元	人均医疗保健支出/元	家庭全年人均消费支出/元	人均医疗保健支出/元
1992	1 672.0	41.5	659.0	24.1
1993	2 110.8	56.9	769.7	27.2
1994	2 851.3	82.9	1 016.8	32.1
1995	3 537.6	110.1	1 310.4	42.5
1996	3 919.5	143.3	1 572.1	58.3
1997	4 185.6	179.7	1 617.2	62.5
1998	4 331.6	205.2	1 590.3	68.1
1999	4 615.9	245.6	1 577.4	70.0
2000	4 998.0	318.1	1 670.1	87.6
2001	5 309.0	343.3	1 741.1	96.6
2002	6 029.9	430.1	1 834.3	103.9
2003	6 510.9	476.0	1 943.3	115.8
2004	7 182.1	528.2	2 184.7	130.6
2005	7 942.9	600.9	2 555.4	168.1
2006	8 696.6	620.5	2 829.0	191.5
2007	9 997.5	699.1	3 223.9	210.2
2008	11 242.9	786.2	3 660.7	246.0
2009	12 264.6	856.4	3 993.5	287.5
2010	13 471.5	871.8	4 381.8	326.0
2011	15 160.9	969.0	5 221.1	436.8
2012	16 674.3	1 063.7	5 908.0	513.8
2013	18 022.6	1 118.26	6 625.5	614.2
2014	19 968.1	1 305.6	8 382.6	753.9

注：数据来源于《中国统计年鉴》各年相关数据。

本书根据表4-1数据绘制了城乡居民人均医疗消费占比图（见图4-6）。从图4-6可以看出，我国城乡居民人均医疗消费占比的总体趋势是上升的。从2009年开始农村居民人均医疗消费在总消费额中占比就超过了城镇居民，这反映出农村居民的医疗消费支出负担重于城镇居民。同时，正如本书之前的分析，现阶段我国居民医疗保健支出绝大部分为基本医疗消费支出，保健性医疗消费支出很少，因此农村居民人均医疗消费支出占比高于城镇居民，还反映出农村居民的健康状况比城镇居民差的现实。

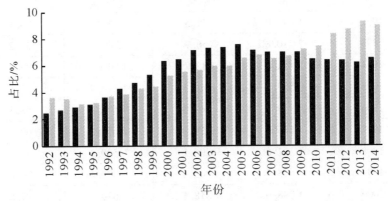

图4-6　城乡居民人均医疗消费占比

4.3　医疗消费支出对居民消费产生影响的状况分析

从居民医疗消费支出在整个居民消费中的占比来看，这一比值与居民消费中的食品类支出、文化教育类支出以及居住类支出等大项相比，其份额绝对值并不高。那么医疗消费这一并非居民消费中的主要部分为何会对整个居民消费产生影响呢？笔者认为原因主要有两个方面：

第一，经济学的基本原则是消费者在预算约束内实现自身效用最大化。在家庭资源总量一定的情况下，医疗消费和其他消费（用于健康支出部分）的增长必定会降低非健康性的消费支出[①]。同时，由于医疗消费存在紧迫性，一

---

① 罗楚亮. 健康风险、医疗保障与农村家庭内部资源配置 [J]. 中国人口科学，2007（2）：34-42.

旦患病，居民医疗消费就成为刚性的消费需求。正常的消费者都不会甘愿冒损失健康的风险，这就使医疗消费的需求弹性很小，可以看成是人的基本生理需求。因此，消费者只能通过降低其他消费的方式来满足医疗消费的需求。显然这就降低了居民进行其他消费的预算约束。

第二，由于医疗消费具有不可预见性，这就使得消费者必须提前进行储蓄，也就是说医疗消费的不确定性将延迟或降低居民的当期消费、增加储蓄。正如基托利奥夫（Kitolioff）① 所指出的，健康支出的不确定性有可能导致居民储蓄动机的增强。如果居民的储蓄动机被普遍增强，这显然对于扩大国内需求、提升居民消费潜力是不利的。

笔者认为在上述两个原因当中，第二个原因应该是制约我国居民医疗消费发展的关键因素。正如前文所分析的那样，虽然医疗消费对于居民个体来说具有紧迫性和刚性，但医疗消费所花费的实际金额在居民消费支出的总金额中所占的比重并不高。以 2011 年为例，我国城镇居民人均消费支出总额为15 160.9元，其中医疗保健类支出金额为 969 元，医疗保健类支出在城镇居民消费支出中的占比为 6.4%；我国农村居民人均消费支出总额为 5 221.1 元，其中医疗保健类支出金额为 436.8 元，医疗保健类支出在农村居民消费支出中的占比为 8.4%。2011 年我国城镇居民和农村居民的可支配收入分别为21 809.8元和6 977.3 元。由此可见，即便是在医疗消费弹性为 0、医疗消费具有绝对刚性的情况下，由于城乡居民医疗消费的绝对数额与可支配收入相比并不高，因此其对我国居民消费预算约束的影响并不大。然而，医疗消费的特征决定了，其除了在当期对预算约束进行影响以外，还会影响整个社会的居民储蓄动机，进而影响居民的总体消费情况。凯恩斯的绝对收入理论就明确指出了居民对货币的"流动性偏好"，其中的预防性动机正好为这一现象提供了分析的理论基础。之后，无论是杜森贝利的相对收入理论还是生命周期和永久收入理论都秉承着这一理论前提，后来的预防性储蓄假说、流动性约束假说以及缓冲存货假说更是将研究的重心或出发点聚焦于居民储蓄动机。接下来本书将在上述理论框架下对我国城乡居民医疗消费对居民消费需求的影响进行分析。

① KITOLIOFF. Health expenditures and precautionary savings ［Z］. New York：NBER，2008：3 -5.

5 医疗消费支出对居民消费的影响的实证分析

5.1 医疗消费支出对居民消费产生影响的机制分析

医疗消费支出对居民消费产生重要影响，主要是由医疗消费的特征所决定的。医疗消费具有不确定性和紧迫性的特点，对于不特定消费者个体而言，无法对医疗消费支出做出较为准确的预算估计。此外，医疗消费往往具有大额一次支付的特征，这就使得消费者在发生医疗消费时支付困难的可能性增大。而正常的消费者都不愿冒损失健康的风险，这就促使消费者做出增加储蓄的决策来防范未来可能出现的支付困难。在消费者财富和收入既定的前提下，消费者增加储蓄就必然会使消费需求降低。

由于我国金融市场发展程度不高，消费者利用金融产品平滑消费的可及性和便利性较弱。因此我国居民在进行消费决策时，除了受不确定性因素影响外，还要考虑流动性约束。已有研究表明消费的不确定性和流动性约束往往具有相互强化的作用[①]。因此，居民医疗消费支出的普遍上涨必然会导致居民做出减少当期消费和增加储蓄的决策，这反映在宏观经济层面就是整个居民消费率的下降。

接下来本书将在上述理论分析的基础上对我国居民医疗消费支出对居民消费需求产生的影响进行实证分析。由于我国城乡二元体制仍未消除，因此本书拟将城镇居民和农村居民分开来讨论。

---

① 万广华，张茵，牛建高. 流动性约束、不确定性与中国居民消费 [J]. 经济研究，2001 (11)：35.

5.2 医疗消费支出对城镇居民消费的影响分析

当前，我国城镇居民的医疗消费支出压力呈逐年增大的趋势，以 2013 年为例，我国城镇居民人均医疗保健支出为 1 118 元，在人均消费支出中的占比为 6.2%，而这一占比水平在 1990 年仅为 2%。2013 年，综合医院门诊病人人均医疗费为 206.4 元，约为 1990 年（10.9 元）的 18.9 倍；出院病人人均医药费 7 442.3 元，约为 1990 年（473.3 元）的 15.7 倍。城镇居民医疗消费支出逐年上涨，使得"看病难、看病贵、因病致贫、因病返贫"的问题十分突出。预防性储蓄理论认为，未来预期的不确定性会导致居民减少消费而增加储蓄。医疗费用的普遍上涨，必然会增强居民的储蓄动机，从而降低居民的消费率。那么医疗消费支出究竟在多大程度上制约了城镇居民消费？本节的实证分析将试图回答这个问题。下文将运用 1999—2014 年的省际面板数据对医疗消费支出和我国城镇居民消费的关系进行实证分析。

5.2.1 文献回顾

既有关于居民医疗消费支出对居民消费影响的文献较少，其中有代表性的是 Meng[1] 以及白重恩等[2]的研究，上述文献均是沿着预防性储蓄理论的思路间接地指出了不确定性的存在会增强居民的储蓄动机。也有学者在研究我国消费率偏低的原因时提到了医疗消费支出增长过快对居民整体消费的抑制作用，如：许敏兰[3]、胡玲丽和刘竞[4]以及李丹[5]等，但这类研究大多仅给出了一个粗略的定性结论，缺乏定量分析的支撑。Meng 以及白重恩等的研究，主要采用微观入户调查数据作为分析对象。微观入户调查在数据收集和指标选取等方面的差异导致了不同研究结论的可比较性较弱。此外，采用入户调查数据的另一个局限在于其结论对单个总体对象的解释较为精准，但却很难对全社会的总

① MENG X. Unemployment, consumption smoothing, and precautionary saving in urban China [J]. Journal of comparative economics, 2003, 31（3）：465-485.

② 白重恩，李宏彬，吴斌珍. 医疗保险与消费：来自新型农村合作医疗的证据 [J]. 经济研究，2012（2）：41.

③ 许敏兰. 个人医疗消费支出上涨的经济学分析 [J]. 消费经济，2006（4）：62-65.

④ 胡玲丽，刘竞. 我国居民医疗消费中存在的主要问题与对策 [J]. 消费经济，2008（4）：10-12.

⑤ 李丹. 我国医疗保障制度对医疗消费的影响研究 [J]. 消费经济，2008（3）：78-80.

体样本进行推广。因此，运用全国数据从宏观上对医疗消费支出不确定性对居民整体消费所产生的效果和机理进行探讨是十分有必要的。

5.2.2 医疗消费支出对城镇居民消费的影响分析的研究设计

5.2.2.1 模型设定

基于上述文献的梳理和理论推导，结合本章研究目的，本节将城镇居民消费在 GDP 中的占比作为被解释变量，重点考察在控制各因素的情况下，城镇居民医疗消费支出对被解释变量的影响情况。模型设定如下：

$$\left(\frac{C}{Y}\right)_{it} = \beta_0 + \beta_1\,\text{goeratio}_{it} + \beta_2\,\text{medratio}_{it} + \beta_3\,\text{eduratio}_{it} + \beta_4\,\text{medpric}_{it} + \sum \sigma_i Z_{it} + \mu_{it}$$

其中：$\left(\frac{C}{Y}\right)_{it}$ 城镇居民消费在 GDP（支出法）中的占比；

goeratio_{it} 为省际政府财政支出中医疗支出占比（决算数）；

medratio_{it} 为城镇居民人均医疗消费支出在人均总消费支出中的占比；

eduratio_{it} 为居民人均教育消费支出在人均总消费支出中的占比；

medpric_{it} 为医疗消费价格指数；

bed_{it} 为各地区卫生机构床位数；

staff_{it} 为各地区卫生从业人员数；

hospital_{it} 为各地区医疗机构数；

medc_p_{it} 为各地区城镇家庭人均实际医疗卫生消费支出。

Z_{it} 为其他控制变量，包括：

growth_{it} 为各省份年度地区生产总值增长率；

infla_{it} 为通货膨胀率（居民消费价格指数）；

dinco_{it} 为城镇居民人均可支配收入；

loandep_{it} 为地区金融发展程度（省际金融机构人民币存款贷款余额之和）；

depratio_{it} 为抚养比（少儿抚养比+老年抚养比）；

avgdp_{it} 为各地区人均生产总值。

模型中，被解释变量 $\left(\frac{C}{Y}\right)_{it}$ 为城镇居民消费在 GDP 中的占比。之所以选择这一指标作为被解释变量是因为中国的这一指标在国际比较中处于明显偏低的状况。此外，扩大内需尤其是提振居民消费，其目标就是要提高居民消费需求在 GDP 中的占比。本节选取的解释变量包括：省际政府财政支出中医疗支出的占比 goeratio$_{it}$。从现代国家的角度来看，医疗消费问题实际上是全社会医疗支出成本在不同主体之间的分配问题，政府的医疗卫生支出增加可能会导致公众（社会和个人）的医疗支出减少进而提高居民消费其他类物品的预算。此外政府的医疗卫生支出的增加还会减弱居民预防性储蓄的动机。medratio$_{it}$为城镇居民人均医疗消费支出在人均总消费支出中的占比，本节重点关注变量 medratio$_{it}$前的系数 β_2。根据前文的论述和本书的理论假设，居民人均医疗消费支出的增加会导致居民对医疗消费不确定性的认识加深，进而减少当期消费和增加储蓄来应对未来可能出现的支付风险。如果本书的假设成立则意味着该变量的估计系数应显著大于 0 且与被解释变量 $\left(\dfrac{C}{Y}\right)_{it}$ 负相关。eduratio$_{it}$为居民人均教育消费支出在人均总消费支出中的占比。既有文献表明居民教育消费支出是影响居民消费的重要因素，本节将该变量纳入模型除了提高模型估计精度外，还能将该变量的系数估计值与 medratio$_{it}$的系数估计值进行直观的对比。medpric$_{it}$为医疗消费价格指数。一般认为，居民医疗消费具有一定的紧迫性，因此如果医疗消费价格指数较高，那么居民未来预期的不确定性就会提高，进而强化居民的谨慎动机。此外，为了检验模型的稳健性，本节还将卫生机构床位数（bed$_{it}$）、卫生从业人员数（staff$_{it}$）、医疗机构数（hospital$_{it}$）以及各地区城镇家庭人均实际医疗卫生消费支出（medc_p$_{it}$）纳入模型中。

Z_{it}为其他控制变量，包括：各省份的地区生产总值增长率 growth$_{it}$。生命周期理论认为，经济的快速增长会导致储蓄的增加和消费需求的相对减少，本书用地区生产总值增长率来衡量各地区的经济增长速度。infla$_{it}$为通货膨胀率，根据传统消费理论，通货膨胀率的增加将会导致居民减少储蓄进而增加消费。该指标采用《中国统计年鉴》中各地区居民消费价格指数的数据来作为代理变量。dinco$_{it}$为城镇居民人均可支配收入。一般来说，随着居民人均可支配收入的增加，其消费也会增加。Z_{it}中还包括既有文献已经识别出的会对被解释变量产生较大影响的因素，包括：地区金融发展程度指标 loandep$_{it}$用以度量居民消费的流动性约束。根据前文的分析，由于医疗消费支出对于居民个体而言具有大额一次性支出的紧迫性，因此居民医疗消费支出会提高居民的流动性约束，此时如果居民能够从本地金融市场便利地获得融资，那么这将极大地缓解居民的支出压力，进而提升居民的安全感。反之，如果居民通过融资来平滑消费的便利性以及可及性较差，那么这必然会提高整个社会对医疗消费支出的焦虑，进而增加居民的预防性储蓄动机。关于流动性约束的量化指标一般采用戈德史密斯（Goldsmith）[1] 提出的以全社会金融资产在 GDP 中的占比或者麦金农（Mckinnon）[2] 提出的以货币供应量（如 M2）在 GDP 中的占比来度量，但由于无法获得省际金融资产数据，且货币供应量的数据在国内范围内区分的意义不大，本书借鉴周立、王子明[3]的方法，采用各地区金融机构人民币存款金额与人民币贷款金额的总和与地区生产总值的比值来作为替代变量。此外，控制变量 Z_{it} 中还包括抚养比 $depratio_{it}$，关于抚养比对居民消费的影响存在一定的争议。根据生命周期理论，更高的抚养比将导致更多的消费，然而 Qi 等[4]的研究指出，较高的抚养比会导致居民储蓄增加。最后，本书的控制变量还包括人均 GDP 变量 $avgdp_{it}$，用以反映各省份的经济发展情况。

5.2.2.2 样本数据来源

根据本书的研究目的和数据的可得性，本节采用 1999—2014 年中国 31 个省级行政区（不含港澳台地区）的面板数据对模型进行估计。本节使用的数据中，各省份的城镇居民消费在地区生产总值中的占比数据、年度地区生产总值增长率数据、居民消费价格指数、居民人均可支配收入数据、居民人均医疗消费支出在人均总消费支出中的占比、居民人均教育消费支出在人均总消费支出中的占比、抚养比数据均由《中国统计年鉴》相关数据计算而来。其中，各省份的人均可支配收入数据以及人均实际医疗卫生消费支出数据分别根据各省份的居民消费价格指数和医疗消费价格指数，以 1999 年为 100 进行了调整。各省份的政府医疗卫生支出在财政支出中的占比数据根据《中国统计年鉴》和《中国财政年鉴》中各年决算数计算获得。各省份的金融机构存款贷款余额数据根据各地区统计年鉴相关数据计算而来。各地区卫生机构床位数、卫生从业人员数、医疗机构数来自相关年份的《中国城市统计年鉴》。各地区人均生产总值数据根据《中国统计年鉴》和各地区年鉴相关数据计算而来。本节实证分析所用数据的描述性统计如表 5-1 所示。

① GOLDSMITH R. Financial structure and development ［M］. New Haven：Yale University Press，1969.

② MCKINNON RONALD I. Money and capitial in economic development ［M］. Washington：Brokings Institution Press，1973.

③ 周立，王子明. 中国各地区金融发展与经济增长实证分析：1978—2000 ［J］. 金融研究，2002（10）：4-5.

④ QI L，PRIME P B. Market reforms and consumption puzzles in China ［J］. China economic review，2009，20：393-399.

表 5-1　样本描述性统计

Variable		Mean	Std. Dev.	Min	Max	Observations
$\left(\dfrac{C}{Y}\right)$	overall	0. 244 034 4	0. 052 440 9	0. 119	0. 417 324 1	$N = 496$
	between		0. 038 338 4	0. 167 830 1	0. 346 832 8	$n = 31$
	within		0. 036 397 2	0. 159 485 1	0. 355 485 1	$T = 16$
goeratio	overall	0. 053 529 2	0. 015 318 7	0. 027 371 1	0. 102 111 4	$N = 496$
	between		0. 006 939	0. 038 412 6	0. 066 751 3	$n = 31$
	within		0. 013 710 3	0. 029 388 7	0. 094 557 3	$T = 16$
medratio	overall	0. 068 727 2	0. 016 120 9	0. 030 525 8	0. 107 157 2	$N = 496$
	between		0. 013 967 9	0. 039 578 4	0. 092 481 1	$n = 31$
	within		0. 008 407 9	0. 037 050 3	0. 090 759 9	$T = 16$
medpric	overall	1. 071 518	0. 116 364 8	0. 872 199 5	1. 534 731	$N = 496$
	between		0. 076 720 4	0. 961 877 7	1. 534 731	$n = 31$
	within		0. 088 504 8	0. 778 277 1	1. 346 165	$T = 16$
medc_p	overall	634. 809 3	317. 068 8	107. 9	2 158. 302	$N = 496$
	between		187. 232 9	321. 061 8	1 095. 545	$n = 31$
	within		257. 951 1	−148. 219 2	1 897. 403	$T = 16$
eduratio	overall	0. 061 964 2	0. 017 127 5	0. 019 006 8	0. 110 668 9	$N = 496$
	between		0. 008 742 5	0. 036 156 8	0. 080 199 6	$n = 31$
	within		0. 014 806 6	0. 027 857	0. 098 383 5	$T = 16$
loandep	overall	2. 512 46	0. 866 837	1. 21	6. 66	$N = 496$
	between		0. 806 275 1	1. 587 5	5. 87	$n = 31$
	within		0. 347 888 4	0. 972 459 7	4. 718 71	$T = 16$
growth	overall	111. 392 7	2. 509 68	104. 9	123. 8	$N = 496$
	between		0. 965 115 6	110. 181 2	114. 493 7	$n = 31$
	within		2. 322 772	104. 699	120. 699	$T = 16$
infla	overall	1. 159 798	0. 151 725 3	0. 97	1. 67	$N = 496$
	between		0. 029 865 8	1. 111 875	1. 258 75	$n = 31$
	within		0. 148 847 7	0. 901 048 4	1. 571 048	$T = 16$

表5-1(续)

Variable		Mean	Std. Dev.	Min	Max	Observations
depratio	overall	38. 410 02	7. 558 385	19. 27	64. 49	$N=496$
	between		6. 274 834	25. 639 05	51. 342 91	$n=31$
	within		4. 353 02	28. 620 85	57. 660 35	$T=16$
dinco	overall	11 320. 01	5 348. 314	4 342. 61	36 004. 56	$N=496$
	between		3 313. 482	8 072. 341	21 035. 88	$n=31$
	within		4 237. 688	797. 125 2	27 618. 93	$T=16$
avgdp	overall	24 315. 14	20 098. 46	2 545	105 231. 3	$N=496$
	between		13 074. 05	9 779. 375	60 941. 13	$n=31$
	within		15 433. 64	$-12\ 483. 53$	77 342. 76	$T=16$
bed	overall	115 637. 7	81 181. 25	1 564	450 245	$N=456$
	between		74 617. 45	2 184. 5	282 156	$n=31$
	within		36 517. 02	15 406. 69	285 245. 3	$T=14. 709\ 7$
staff	overall	64 353. 06	42 831. 4	1 045	238 557	$N=456$
	between		41 013. 58	1 477. 5	155 003. 4	$n=31$
	within		15 734. 81	19 441	147 906. 7	$T=14. 709\ 7$
hospital	overall	2 016. 162	1 299. 138	65	6 501	$N=456$
	between		1 248. 774	110. 133 3	5 312. 2	$n=31$
	within		450. 766 3	160. 095 6	5 167. 629	$T=14. 709\ 7$

5.2.3 医疗消费支出对城镇居民消费产生影响的实证分析过程

5.2.3.1 模型参数估计

面板数据模型根据估计方法对截面效应的假设不同而分为固定效应模型和随机效应模型,因此在估计面板数据时首先要确定是使用固定效应模型还是使用随机效应模型。本书采用 Hausman(豪斯曼)检验结果来判断,其检验的基本思想为:在随机效应假设成立的前提下,固定效应和随机效应的估计结果都是一致的,但随机效应的估计结果比固定效应更有效;如果随机效应的假设不成立则固定效应的估计结果仍然是一致的,随机效应的估计结果不一致。因此可以通过判断固定效应模型估计结果与随机效应模型估计结果是否存在统计意义上的显著差异来判断该使用固定效应模型还是随机效应模型。本书中的

Hausman 检验结果为：Prob>chi2 = 0.000 9，因此应放弃 Hausman 检验的原假设而选择固定效应模型。

首先对模型采用固定效应回归的方法来对模型参数进行估计。这一方法的优势在于可以控制那些不随时间变化但在省际存在差异的不可观测因素。如各省份之间经济发展情况、财政支出情况以及要素禀赋等的差异很可能会影响居民的消费行为，而这些因素并不随着时间而改变。因此，对每一个省份赋予一个截距项能够很好地控制省份之间的这些个体差异。此后，我们在固定效应回归的基础上增加时间固定效应来控制那些不随省际差异而改变，但在不同时期有较大变化的因素，比如全国性的福利制度的变更、法定最低工资的变化等因素。以上两种估计方法获得的结果如表 5-2 所示，其中固定效应的估计结果为 model1，加入时间效应后的估计结果为 model2。Model1 显示了用固定效应估计的模型的结果。其中固定效应的 F 统计量为 14.91，显著大于 0，说明模型在省际存在显著的个体差异，直接采用混合 OLS（普通最小二乘法）估计是不合适的，而通过采用固定效应估计方法，对每一个截面个体组赋予不同的截距项能有效地识别面板数据中各组之间的差异情况。在 model1 中 goeratio 的系数为 0.478 且在 5% 的显著性水平上显著，说明政府对医疗卫生投入的增加能够提高城镇居民消费在 GDP 中的占比，这与本书的假设相符。growth 的系数估计值不显著。loandep 的系数为 0.028 且在 1% 的显著性水平上显著，说明金融发展程度与城镇居民消费之间正相关。

表 5-2　估计结果汇总

变量	Model1	Model2	Model3	Model4	Model5
goeratio	0.478 **	1.307 ***	1.307 ***		1.292 ***
	（0.208）	（0.244）	（0.285）		（0.278）
medratio	−0.333	−0.709 ***	−0.709 ***	−0.593 ***	
	（0.204）	（0.227）	（0.224）	（0.214）	
eduratio	0.082	−0.287	−0.287 **	−0.310 *	−0.233
	（0.193）	（0.203）	（0.137）	（0.176）	（0.137）
medpric	−0.016	0.018	0.018	−0.028	−0.024
	（0.040）	（0.037）	（0.050）	（0.035）	（0.069）
loandep	0.028 ***	0.036 ***	0.036 ***	0.057 ***	0.031 ***
	（0.006）	（0.006）	（0.006）	（0.006）	（0.005）
growth	0.001	−0.001	−0.001	−0.001	−0.001

表5-2(续)

变量	Model1	Model2	Model3	Model4	Model5
	(0.001)	(0.001)	(0.001)	(0.001)	(0.001)
infla	−0.061	0.025	0.025	−0.147*	0.092
	(0.042)	(0.076)	(0.102)	(0.077)	(0.114)
depratio	0.000	0.000	0.000	−0.001	0.000
	(0.001)	(0.001)	(0.001)	(0.001)	(0.001)
dinco	0.000***	0.000***	0.000***	0.000**	0.000***
	(0.000)	(0.000)	(0.000)	(0.000)	(0.000)
avgdp	−0.000***	−0.000***	−0.000**	−0.000***	−0.000*
	(0.000)	(0.000)	(0.000)	(0.000)	(0.000)
bed				0.000***	
				(0.000)	
staff				0.000**	
				(0.000)	
hospital				0.000	
				(0.000)	
medc_p					−0.000**
					(0.000)
_cons	0.104	0.181	0.181*	0.447***	0.121
	(0.110)	(0.139)	(0.093)	(0.115)	(0.110)
Proveffects	Yes	Yes	Yes	Yes	Yes
Time effects	No	Yes	Yes	Yes	Yes
F test all u_i=0	14.91				
N	496	496	496	456	496
adj.R^2	0.140	0.318			
R^2	0.210	0.394			
Within−R^2	0.210	0.394	0.394	0.482	0.403

注: 括号中为标准误。* 为 $p<0.1$, ** 为 $p<0.05$, *** 为 $p<0.01$。

此后, 本书在上述固定效应模型中加入了时间固定效应, 即双向固定效应。所谓双向固定效应就是允许估计模型的截距项随着个体和时间的变化而变化。固定效应模型虽然控制了样本中由不同截面所产生的不随时间变化的异质性，但由于本书所采用的面板数据横跨了 1999—2014 年的十余年时间，在此期间中国经济体制改革仍然在不断深入，制度的变革无论是对宏观环境还是微观个体的决策都产生着较大的影响；因此为了进一步提高模型估计的准确性，除了控制不同截面所产生的异质性以外，还应对不同时期所产生的异质性进行控制。双向固定效应的优点在于不仅控制了不同截面间的异质性，还能有效地控制组内不同时期所产生的异质性。本书在接下来的 Model2 将详细讨论加入时间效应后的估计结果。

由于 Model2 加入了时间固定效应，因此有必要对时间效应的整体显著进行检验。通过构建时间虚拟变量的 F 统计量，其检验结果表明［时间效应 F (13, 381) = 7.86, Prob > F = 0.000 0］，时间虚拟变量整体显著。Model2 报告了在加入时间固定效应后的模型估计结果。goeratio 的系数为 1.307 且在 1% 的显著性水平上显著，这与 Model1 的估计结果相比不仅在显著性水平上有所提高，其估计系数较 Model1 也有很大的提高，说明政府对医疗卫生领域的投入增加能够有效提高城镇居民消费在 GDP 中的占比，这与模型假设相符。growth 的系数为负，其系数估计值的绝对值相较于 Model1 也有所降低，且并不显著，因此本书尚无法对 GDP 增长率对城镇居民消费的影响情况进行判断。infla 的系数为 0.025 且不显著，这与 Model1 的结论相异。loandep 的系数为 0.036，与 Model1 相比其系数绝对值更大且仍在 1% 的显著性水平上显著，尽管其系数的绝对值不大，但依然说明更高的金融发展程度对我国城镇居民的消费有促进作用，这也与本书的理论假设相符。本书认为 loandep 系数绝对值不高的原因可能与我国金融市场整体发展程度不高有关，但随着时间效应的加入，该估计结果相较于 Model1 呈现出上升的趋势，从侧面说明加入时间效应的合理性。dinco 与 avgdp 系数估计值仍然在 1% 显著性水平上显著，但是与 Model1 的估计结果类似，其系数绝对值太小，这说明目前城镇居民人均可支配收入的大小与各地区人均生产总值对城镇居民消费在 GDP 中的贡献没有实质性影响。在 Model2 中，本书重点关注的变量 medratio 的系数为 -0.709，且在 1% 的显著性水平上显著，这相较于 Model 1 来说，不仅系数绝对值有较大增加，且显著性水平也明显提高。这一估计结果说明，城镇居民人均医疗消费支出在整个城镇居民人均消费支出中的占比越大，城镇居民消费对 GDP 的贡献越小。这一估计值与本书的理论假设也是相符的。在 Model2 中，变量 eduratio 的系数为 -0.287，其系数绝对值相较于 Model1 也有较大提高，但仍不显著。由于消费和储蓄是一个问题的两个方面，因此本书的估计结果也说明了城镇居民医疗消费支出的增加会导致城镇居民储蓄率的上升，这一结果也从另一个侧面反映出我国城镇居民基于支出不确定性所产生的预防性储蓄动机的存在。

5.2.3.2 稳健性分析

基于 Model2 的估计结果，首先本书对其进行异方差检验。由于本书采用的是固定效应模型，因此重点关注各组数据间的组间异方差问题。对于异方差的检验，本书采用怀特（White）[1] 的检验方法，检验结果详见表 5-3。从表 5-3 可以看出，检验结果强烈拒绝了同方差假定，说明模型存在显著异方差问题。其次本书对模型进行了相关性检验。根据实证研究的一般经验，面板数据在大 N 小 T 的情况下出现截面相关的可能性较大，而出现序列相关的情况相对较少。因此本书先采用弗里斯（Frees）[2] 的方法对模型进行截面相关检验。检验结论如表 5-3 所示，检验结果大于 1% 显著性水平的临界值，故拒绝无截面相关的原假设，表明模型存在截面相关。最后本书根据伍尔德里奇（Wooldridge）[3] 的方法对模型进行了序列相关检验（结果见表 5-3）。检验结果强烈拒绝了没有一阶自相关的原假设，因此有必要对模型的估计结果进行序列相关修正。表 5-2 中 Model3 的估计结果是在 Model2 的基础上进行了异方差、截面相关以及序列相关修正，Model3 的估计方法来自丹尼尔·霍奇勒（Daniel Hoechle）[4]。可以看出，Model3 相较于 Model2 其估计系数未发生实质性改变，仅部分估计系数的显著性水平发生了改变。其中 eduratio 的估计系数显著性水平由不显著变为在 5% 的显著性水平上显著。由于 Model3 的结果较 Model2 更为稳健，因此，可以看出居民医疗消费支出的增加和居民教育消费支出的增加均会对居民消费产生负面影响，而本书模型的估计结果也表明居民医疗消费支出对居民消费的影响要大于居民教育消费支出。

---

① WHITE H. A heteroskedasticity-consistent covariance matrix estimator and a direct test for heteroskedasticity [J]. Econometrica, 1980, 48 (4): 821-827.

② HOYOS R D, SARAFIDIS V. Testing for cross-sectional dependence in panel-data models [J]. Stata journal, 2006, 6 (4): 488-496.

③ WOOLDRIDGE J M. Econometric analysis of cross section and panel data [M]. Cambridge, Massachusetts: The MIT Press, 2002: 319-320.

④ HOECHLE D. Robust standard errors for panel regressions with cross-sectional dependence [J]. Stata journal, 2007 (3): 282-285.

表 5-3　稳健性检验结果

项目	检验方法	原假设	检验结果	结论
组间异方差	Modified Wald test	H0：sigma（i）^2 = sigma^2 for all i	Prob > chi2 = 0.000 0	存在组间异方差
截面相关	Frees' test	H0： cross-sectional independence	5.561 > alpha = 0.01：0.36	存在截面相关
序列相关	Wooldridge test for autocorrelation in panel data	H0： no first order autocorrelation	Prob > F = 0.000 0	存在一阶序列相关

为了进一步检验政府医疗卫生支出（goeratio）与居民医疗消费支出（medratio）对被解释量影响的稳健性，本书在 Model3 的基础上对政府医疗卫生支出变量进行了替换，用卫生机构床位数（bed）、卫生从业人员数（staff）以及医疗机构数（hospital）来替换医疗卫生支出在政府财政支出中的占比数（goeratio），估计结果如表 5-2 中 Model4 所示。各地区医疗基础设施投入情况的数据来自《中国城市统计年鉴》，由于该年鉴数据截至本书写作时仅公布至 2013 年，且西藏自治区部分数据有所缺失，因此 model4 中的样本个数由 496 个减少为 456 个。上述数据的缺失并不影响面板数据的回归分析，由于本书采用宏观视角，且 model4 的估计结果主要是作为模型稳健性检验的参考，因此 model4 中样本个数的减少不会对整个模型的估计结论产生实质性影响。此外，本书用城镇家庭人均医疗卫生消费支出实际数（medc_p）替换了城镇居民人均医疗消费支出在人均总消费支出中的占比数，估计结果如表 5-2 中 Model5 所示。

作为衡量政府医疗卫生投入的代理变量 bed 和 staff，其估计系数由于估计值太小因此均显示为 0.000，但二者分别在 1% 和 5% 的显著性水平上显著。由于卫生机构床位数和卫生从业人员数的投入只是政府医疗卫生投入的一个部分，因此其估计系数绝对值较小也在情理之中。此处本书重点关心的是参数的估计符号而非估计的绝对值。此外，医疗机构数（hospital）的估计系数也为正，但并不显著。Model4 的估计结果表明，政府医疗卫生投入的增加对城镇居民消费具有积极作用。而在 Model5 中，虽然城镇居民人均医疗卫生支出实际数的系数估计值绝对值较小，但仍然与被解释变量负相关，且在 5% 的水平上显著。Model4 与 Model5 中变量替换后的估计结果印证了 Model3 中的估计结果是稳健的。

5.2.3.3　估计结果分析

从 Model3 的估计结果可以看出：首先，政府增加对医疗卫生领域的投入可以有效提高城镇居民的消费需求。具体在本书的估计模型中，政府医疗卫生支出在财政总支出中的占比每增加一单位，可使 GDP 中城镇居民消费的贡献提高 1.307 个百分点，而且在本书的模型中该结论十分显著，也就是说政府增加医疗卫生方面的投入能够有效地优化城镇居民的消费环境。城镇居民人均医疗消费占比的估计系数为-0.709 并在 1% 的显著性水平上显著，这说明城镇居民人均医疗消费支出的增加会抑制居民整体消费支出。其次，根据本书模型的估计结果，城镇居民人均教育消费支出的增加同样具有抑制居民整体消费的效果，其估计系数为-0.287 并在 5% 的水平上显著。这不仅反映出我国城镇居民具有预防性储蓄的动机，还间接表明，城镇居民对医疗消费支出的不确定性比对教育支出的不确定性更为敏感。另外，医疗消费价格指数变量的估计结果并不显著，这说明在本书的模型中医疗消费价格指数对居民消费的影响不明显，造成这一结果的可能的原因是我国对医疗产品和服务价格的管制较严。但这并不意味着我国社会的医疗成本低，而实际情况很可能是我国医疗消费价格指数本身并不高，但由于我国以药养医现象的存在，医疗服务供给方可以通过诱导消费、过度治疗等方法来增加居民的医疗消费成本。最后，在宏观因素控制变量中，金融发展程度对城镇居民消费的影响也十分显著，这表明流动性约束对我国居民消费的影响效果较为明显。其他宏观控制变量的估计系数，除了居民人均可支配收入、各地区人均生产总值的估计系数显著外，其余变量均不显著。

5.2.4　基于医疗消费视角对提升城镇居民消费需求的思考

本节对我国城镇居民医疗消费支出对居民整体消费情况的影响进行了研究，并采用我国 1999—2014 年的省际面板数据进行了实证分析。本节研究结果表明，我国城镇居民的医疗消费支出的增加会抑制居民整体消费支出，这主要是由于随着城镇居民医疗消费支出的增加，其对未来医疗消费支出的不确定性关注大幅提高，为了预防未来可能出现的支出不确定性，居民会通过减少当期消费和增加储蓄的方式来应对。研究结论同时表明，政府对医疗卫生支出的增加可以有效增加居民消费支出，这主要有两方面原因：一方面是政府对医疗保健的支出分担了原本应由居民承担的医疗成本，从而提高了居民增加其他消费的预算；另一方面是政府通过对居民医疗成本的分担客观上减轻了社会对未来医疗消费支出不确定性的担忧，进而提高了居民的消费信心。此外，本书的研究结论还表明，较高的金融发展程度能缓解居民的流动性约束，对于居民消费提升具有积极作用。此外，本节通过对城镇居民医疗消费支出和教育消费支出的比较研究发现，城镇居民医疗消费支出对居民消费的影响要大于教育消费支出。

上述研究表明，提升我国城镇居民消费需求可从以下几个方面着手：

第一，政府应加大对医疗卫生领域的投入力度。本节的研究表明，居民医疗消费的增加会增强居民的储蓄动机，进而不利于我国居民消费的提升。政府增加医疗卫生的投入除了能分担居民的医疗消费成本外还可以起到减弱居民储蓄动机的作用，进而使我国居民的消费环境得到优化。因此，欲启动我国居民消费使其成为我国经济增长新的动力引擎，我国政府需要继续增加对医疗卫生等民生领域的投入，扩大我国社会保障体系的覆盖范围、提高社会保障体系的保障水平，这样才能减弱居民由于医疗消费支出波动而产生的谨慎动机，进而营造良好的消费环境。

第二，完善我国金融市场，大力发展消费信贷。当前，我国城镇居民消费受流动性约束的影响显著，而医疗消费往往具有大额一次性支付的特点，加上医疗消费具有不确定性的特征，这使得居民在面对未来可能出现的支付风险时，由于无法通过融资来平滑消费，因此只能通过增加储蓄的方式来应对未来可能出现的支付风险。如果我国消费信贷的便利性和可及性能够大幅提高，就能够有效地缓解医疗消费大额一次支付所导致的"因病致贫""因病返贫"的问题。此外，消费信贷的发展还能降低居民的流动性约束，进而减弱居民的储蓄动机，提振国内消费。

第三，加强对医疗消费相关问题的调研和研究，提高宏观决策的科学性和预见性。从本章的实证分析结论来看，我国城镇居民基于医疗消费支出的储蓄动机要强于基于教育消费支出的储蓄动机。虽然这一结论可能存在巧合，但正如本书之前分析的那样，居民医疗消费已经具有了成为我国居民储蓄第一动因的可能性。随着我国经济社会的不断发展，人民群众对健康的重视程度越来越高，未来城镇居民的医疗消费支出压力可能会呈现出逐步释放的过程。城镇居民医疗消费支出的增长不仅会在预算约束内挤占其他消费的份额，还会增强居民的储蓄动机。此外，由于示范效应的存在，城镇居民医疗消费支出的增长会使整个社会的消费率降低。因此政府在制定扩大内需政策时应充分考虑未来医疗消费支出增长对城镇居民消费需求的影响，加强医疗卫生投入，积极引导卫生行业有序发展，确保我国经济转型过程中"换挡不失速"。

5.3　医疗消费支出对农村居民消费的影响分析

在居民消费中，农村居民的消费与城市居民相比在量和质方面都存在较大差距，因此农村居民消费具有很大的提升空间。2009年中央经济工作会议指出，扩内需、保增长的潜在市场在农村。其后，"十二五"规划也将扩大农村居民消费需求作为工作的重点。我国农村人口占全国人口的一半以上，但我国农村消费长期处于低迷状态，农村居民消费在我国居民消费的占比从1978年的62.1%下降到2013年的22.2%，下降趋势明显，使得农村消费成为我国扩大内需战略的一块短板。这与我国《国民经济和社会发展第十二个五年规划纲要》提出的"扩大内需""建立扩大消费需求的长效机制"的要求不符。因此在《中共中央关于制定国民经济和社会发展第十三个五年规划的建议》中提出要"发挥消费对增长的基础作用，着力扩大居民消费"，而要实现这一要求就必须在补齐农村消费短板上取得突破性进展。

制约农村消费增长的因素有很多，其中医疗保障体系不健全以及农村居民对医疗消费预期不确定性的担忧是不容忽视的问题。这一方面是由于医疗消费关系着人民群众的身心健康，医疗体制改革过程中不断上升的医疗消费价格会引起广大农村居民对"看病难、看病贵"等问题的关注；另一方面是随着我国经济社会的不断发展，人民群众对自身的健康关注度越来越高，这必然使农村居民医疗消费需求逐渐增大，而由于医疗消费具有不确定性和紧迫性的特点，医疗消费需求的增加对农村居民整体消费产生的影响也将越来越大。

虽然我国城乡二元体制导致了我国农村和城镇在经济社会各方面均存在差异，但医疗消费自身固有的特征不会因为地域的不同而改变。因此，医疗消费支出对我国农村居民消费的影响在机理上与城市相比并无差异，当然城乡二元体制的存在必然使得医疗消费支出对城乡居民消费的影响在程度和显著性等方面存在一定的差异，但具体差异究竟如何还需要通过实证分析来得出结论，这也是本节的研究目的所在。接下来本节将运用1999—2014年我国省级面板数据来分析医疗消费支出对我国农村居民消费的影响。

5.3.1　文献回顾

既有关于农村医疗消费的文献主要关注两个方面。第一，农村医疗消费支出的影响因素，如：谭涛等①分析了农村居民家庭医疗消费支出的影响因素及需求弹性，完成类似研究的还有黄小平、刘海②。赵振然③实证研究了区域间医疗保健消费水平影响因素的作用效果。周先波、田凤平④分析了城乡居民医疗保健消费的差异性。上述研究虽然对影响农村居民医疗消费的各因素进行了系统分析，但并未将医疗消费作为影响居民消费的因素来考虑。第二，农村医疗保障体制的作用，如：白重恩等⑤通过对"新农合"政策的分析研究了医疗保险对农村居民消费的影响。丁继红等⑥的研究也强调了基本医疗保障制度对提振农村消费的重大意义。这部分研究主要采用微观调查数据作为分析对象。目前，从提高农村居民消费需求的角度来研究医疗消费支出和农村居民消费需求的关系的文献还较少。与既有研究相比，本节的研究是以改善农村居民消费为出发点，聚焦农村居民医疗消费对其整体消费的影响，运用我国1999—2014年省级面板数据，通过实证分析来寻找农村居民医疗消费与农村居民整体消费间的经验证据，进而从宏观的角度对优化农村消费环境、提振农村消费水平提出建议。

5.3.2　医疗消费支出对农村居民消费的影响分析的研究设计

5.3.2.1　模型设定

与城镇情况类似，医疗消费支出对农村居民消费的影响主要表现在两个方面：第一，医疗消费会在预算总约束下挤占居民其他消费的份额；第二，医疗消费支出的预期会使人们增强谨慎动机，这会促使居民预防性储蓄的增加，进而不利于我国内需的启动。从启动内需的角度来看，医疗消费支出对居民预期的影响要大于其对居民当期预算总约束的影响。这是由医疗消费自身特点决定的。首先，医疗行业专业性强，居民在进行医疗消费时很难掌握主动权，因此

① 谭涛，张燕媛，何军.中国农村居民家庭医疗消费支出的影响因素及弹性分析［J］.上海财经大学学报，2014（3）：63-69.

② 黄小平，刘海.中国农村居民医疗消费的影响因素分析［J］.消费经济，2011（4）：77-80.

③ 赵振然.我国农村居民医疗保健消费影响因素的区域差异研究［J］.消费经济，2014（3）：24-29.

④ 周先波，田凤平.中国城镇和农村居民医疗保健消费的差异性分析：基于面板数据恩格尔曲线模型的非参数估计［J］.统计研究，2009（3）：51-58.

⑤ 白重恩，李宏彬，吴斌珍.医疗保险与消费：来自新型农村合作医疗的证据［J］.经济研究，2012（2）：41-53.

⑥ 丁继红，应美玲，杜在超.我国农村家庭消费行为研究：基于健康风险与医疗保障视角的分析［J］.金融研究，2013（10）：154-166.

居民对医疗消费的时间、金额都很难预判。其次，医疗消费往往涉及消费者的人身健康乃至生命安全，其消费往往具有紧迫性。最后，由于我国农村地区社会保障制度还不健全，加上我国农村金融供给不足，农村居民消费的流动性约束较大，因此农村居民在面对未来不确定性时的主要应对措施就是减少当期消费而增加储蓄，这势必造成农村居民消费低迷。为了增加与城镇部分的估计结果的可比性，本节参照本章城镇部分实证分析的研究设计，将农村居民消费需求在 GDP 中的占比作为被解释变量，重点考察在控制各因素的情况下，农村居民医疗消费支出对农村居民消费在 GDP 中的占比的影响。本节将解释变量设定如下：

$\left(\dfrac{C}{Y}\right)_{it}$ 为农村居民消费需求在各地区生产总值中的占比；

medratio$_{it}$ 为农村居民人均医疗消费支出在人均总消费支出中的占比；

goeratio$_{it}$ 为政府财政支出中农村医疗卫生支出的占比（决算数）；

loandep$_{it}$ 为地区金融发展程度；

P_i，D_t 为截面和时间虚拟变量。

Z_{it} 为其他控制变量：

growth$_{it}$ 为各省份年度地区生产总值增长率；

dinco$_{it}$ 为农村居民家庭人均纯收入；

depratio$_{it}$ 为抚养比（少儿抚养比+老年抚养比）；

eduratio$_{it}$ 为居民人均教育消费支出在人均总消费支出中的占比。

模型中，被解释变量 $\left(\dfrac{C}{Y}\right)_{it}$ 为农村居民消费在各地区生产总值中的占比。之所以选择居民消费在地区生产总值中的占比来作为被解释变量是因为我国内需不足，尤其是居民消费低迷的主要表现就是这一比值明显偏低；而在居民消费中，农村居民的消费占比又长期处于下降趋势。因此从宏观的角度来看，构建拉动农村居民消费的长效机制就是要以提高农村居民消费在地区生产总值中的占比为目标。

本节选取的解释变量包括：农村居民人均医疗消费支出在人均总消费支出中的占比medratio$_{it}$，政府财政支出中农村医疗卫生支出的占比goeratio$_{it}$，以及地区金融发展程度指标loandep$_{it}$，用以度量居民消费的流动性约束。根据既有文献的研究结论以及前文的论述，本节提出假设一：农村居民人均医疗消费支出的增加会提高居民医疗消费的不确定性，迫使农村居民通过减少消费、增加储蓄的方式来应对未来的支付风险。如果本书的假设成立，则意味着该变量的系数应显著大于 0 且与被解释变量 $\left(\dfrac{C}{Y}\right)_{it}$ 负相关。

从现代国家的角度来看，医疗消费问题实际上是全社会医疗支出成本在不同主体之间的分配问题。理论上讲，政府的医疗支出增加必然会使公众的医疗支出减少进而提高居民消费其他类别物品的预算，此外政府的医疗支出增加还会减弱居民预防性储蓄的动机，因此本节提出假设二：政府财政支出中医疗支出的占比 $goeratio_{it}$ 与被解释变量正相关。

根据前文的论述，医疗消费支出对于居民个体而言具有紧迫性，如果农村居民能够从金融市场便利地获得融资，就能缓解农村居民支出的流动性约束。反之，如果农村居民通过融资来平滑消费的便利性和可及性较差，那么这必然会促使农村居民通过增加储蓄的方式来缓解流动性约束。因此，本节提出假设三：地区金融发展程度指标 $loandep_{it}$ 与被解释变量正相关。关于流动性约束一般采用金融发达程度这一指标，根据 Goldsmith[1] 提出的以全社会金融资产在GDP 中的占比，或者根据 Mckinnon[2] 提出的以货币供应量（如 M2）在 GDP中的占比来度量，但由于无法获得省际金融资产数据，且货币供应量的数据在国内范围内区分的意义不大，此处借鉴周立、王子明[3]的方法，采用各地区金融机构人民币存款金额与人民币贷款金额的总和与地区生产总值的比值来作为替代变量。

Z_{it} 为其他控制变量，包括：$growth_{it}$ 为各省份的年度地区生产总值增长率，用以反映各省份的经济发展情况；$dinco_{it}$ 为农村居民家庭人均纯收入。此外，Z_{it} 中还包括既有文献已经识别出的会对被解释变量产生较大影响的因素，包括：各地区的抚养比 $depratio_{it}$ 和居民人均教育消费支出在人均总消费支出中的占比 $eduratio_{it}$ 这两个变量。其中关于抚养比对居民消费的影响存在一定的争议，根据生命周期理论，更高的抚养比将导致更多的消费，然而 Qi 等[4]的研究指出，较高的抚养比会导致居民储蓄增加。教育消费支出在居民消费支出中的占比一直被认为是影响居民储蓄动机的重要因素。将该指标纳入估计模型的

① GOLDSMITH R W. Financial structure and development ［M］. New York：Yale University Press，1969.

② MCKINNON R I. Money and capital in economic development ［Z］. Washington：Brookings Institution，1973.

③ 周立，王子明. 中国各地区金融发展与经济增长实证分析：1978—2000 ［J］. 金融研究，2002（10）：1-13.

④ QI L, PRIME P B. Market reforms and consumption puzzles in China ［J］. China economic review，2009，20（3）：388-401.

目的除了控制相关因素以提高估计的准确性以外，更在于比较其与居民医疗消费支出占比对居民整体消费情况的影响孰大孰小。

5.3.2.2 样本数据来源

根据本书的研究目的和数据的可得性，本节采用 1999—2014 年中国 31 个省级行政区的面板数据对模型进行估计。本节使用的数据中，各省份的农村居民消费在地区生产总值中的占比数据、年度地区生产总值增长率数据、农村居民人均纯收入数据、农村居民人均医疗消费支出在人均总消费支出中的占比、农村居民人均教育消费支出在人均总消费支出中的占比、抚养比数据均由《中国统计年鉴》相关数据计算而来。其中，农村人均纯收入数据根据各省份居民消费价格指数以 1999 年为基年进行了调整，各省份政府医疗卫生支出在财政支出中的占比根据《中国统计年鉴》《中国财政年鉴》《中国农村统计年鉴》中各年决算数相关数据计算获得。本节实证分析数据的描述性统计结果如表 5-4 所示。

表 5-4 样本描述性统计

Variable		Mean	Std. Dev.	Min	Max	Observations
$\left(\dfrac{C}{Y}\right)$	overall	0.126 745 5	0.069 420 3	0.018 451 9	0.375 276 9	$N = 496$
	between		0.049 183 4	0.029 607	0.230 086 7	$n = 31$
	within		0.049 734	0.032 936 3	0.280 538 1	$T = 16$
medratio	overall	0.069 707 4	0.022 985 4	0.014 392	0.139 862 4	$N = 496$
	between		0.016 509 6	0.024 626 6	0.099 028 9	$n = 31$
	within		0.016 248 8	0.020 006 7	0.138 102 4	$T = 16$
loandep	overall	2.512 46	0.866 837	1.21	6.66	$N = 496$
	between		0.806 275 1	1.587 5	5.87	$n = 31$
	within		0.347 888 4	0.972 459 7	4.718 71	$T = 16$
eduratio	overall	0.095 777 9	0.029 281 1	0.009 949 9	0.184 053 8	$N = 496$
	between		0.021 958 6	0.021 231	0.129 626 8	$n = 31$
	within		0.019 743 7	0.042 166 9	0.156 459 9	$T = 16$
depratio	overall	38.410 02	7.558 385	19.27	64.49	$N = 496$
	between		6.274 834	25.639 05	51.342 91	$n = 31$
	within		4.353 02	28.620 85	57.660 35	$T = 16$

表5-4(续)

Variable		Mean	Std. Dev.	Min	Max	Observations
goeratio	overall	0.053 529 2	0.015 318 7	0.027 371 1	0.102 111 4	$N=496$
	between		0.006 939	0.038 412 6	0.066 751 3	$n=31$
	within		0.013 710 3	0.029 388 7	0.094 557 3	$T=16$
dinco	overall	4 194.361	2 530.796	1 309.46	15 478.31	$N=496$
	between		1 805.425	2 213.065	9 355.961	$n=31$
	within		1 801.15	-59.969 58	10 777.12	$T=16$

5.3.3 医疗消费支出对农村居民消费产生影响的实证分析过程

5.3.3.1 模型参数估计

本书采用混合回归对样本数据进行估计。估计结果详见表5-5。表5-5中 model1 即混合回归的结果，回归结果显示：medratio 的系数为-0.595 且在 1% 的显著性水平上显著，这表明农村居民医疗消费占比的增加会减少农村居民消费在 GDP 中的占比，这一结果与本节之前的假设一相符；goeratio 的系数估计值为-0.037，与本节之前的假设二不符，且不显著；loandep 的系数估计值为-0.010且在 1% 的水平上显著，这与本节的假设三不相符。我国幅员辽阔、各地区差异较大，加之本节采用的是全国 31 个省份的面板数据来进行分析，因此在对模型估计时有必要考虑对各地区之间的个体差异进行控制。model1 中由于采用的是混合回归的估计方法，未对各地区的个体差异进行控制，可能会导致模型估计结果出现偏误。因此笔者考虑用固定效应回归来对模型进行估计，这一方法的优势在于可以控制那些不随时间变化但在省份之间存在差异的不可观测因素，如各省份之间经济发展情况、财政支出情况以及要素禀赋等的差异很可能会对被解释变量产生影响，对每一个省份赋予一个截距项能够很好地控制省份之间的这些个体差异。回归结果如表5-5中 model2 所示。

表5-5 估计结果一览表

变量	model1	model2	model3	model4	model5
medratio	-0.595 ***	-0.440 ***	-0.440 **	-0.216 *	-0.356 ***
	(0.096)	(0.109)	(0.209)	(0.119)	(0.102)
goeratio	-0.037	-1.232 ***	-1.232 ***	-1.163 ***	
	(0.138)	(0.130)	(0.351)	(0.215)	

表5-5(续)

变量	model1	model2	model3	model4	model5
eduratio	0.284 ***	0.204 ***	0.204	0.120 *	0.236 *
	(0.061)	(0.075)	(0.125)	(0.070)	(0.123)
growth	−0.008 ***	−0.009 ***	−0.009 ***	−0.005 ***	−0.005 ***
	(0.001)	(0.001)	(0.001)	(0.001)	(0.001)
loandep	−0.010 ***	−0.015 ***	−0.015 **	−0.017 ***	−0.013
	(0.002)	(0.004)	(0.007)	(0.006)	(0.008)
depratio	0.004 ***	0.002 ***	0.002 ***	0.000	0.000
	(0.000)	(0.000)	(0.000)	(0.000)	(0.000)
dinco	−0.000 ***	−0.000 ***	−0.000 ***	0.000	0.000
	(0.000)	(0.000)	(0.000)	(0.000)	(0.000)
yr04_07				−0.046 ***	−0.041 ***
				(0.012)	(0.013)
yr08_14				−0.056 ***	−0.057 ***
				(0.013)	(0.010)
lnhospital					0.033 *
					(0.018)
lnbeds					−0.031 ***
					(0.009)
lnmedstaff					0.005
					(0.005)
_cons	0.949 ***	1.214 ***	1.214 ***	0.837 ***	0.744 ***
	(0.086)	(0.074)	(0.167)	(0.142)	(0.129)
N	496	496	496	496	482
adj. R^2	0.732	0.744			
R^2	0.736	0.763			
Within−R^2		0.763	0.763	0.820	0.810

注：括号中为标准误。* 为 $p < 0.1$，** 为 $p < 0.05$，*** 为 $p < 0.01$。

在固定效应估计结果中，各地区的个体效应 F 统计量为 F（30，458）=
16.25，Prob>F=0.0。因此，可以判断面板数据的个体效应整体显著，采用固
定效应回归效果更佳。此外，面板数据模型根据估计方法对截面（个体）效

应的假设不同而分为固定效应模型和随机效应模型。因此还应确定是使用固定效应模型还是使用随机效应模型。与城镇部分的估计相同，此处采用 Hausman 检验结果来判断，其检验的基本思想为：在随机效应假设成立的前提下，固定效应和随机效应的估计结果都是一致的，但随机效应的估计结果比固定效应更有效；如果随机效应的假设不成立则固定效应的估计结果仍然是一致的，随机效应的估计结果不一致。因此可以通过判断固定效应模型估计结果与随机效应估计结果是否存在统计意义上的显著差异来判断该使用固定效应模型还是随机效应模型。本节研究中的 Hausman 检验结果为：Prob>chi2 = 0.00，因此应拒绝 Hausman 检验的原假设而选择固定效应模型。Model2 显示了用固定效应估计的模型结果。在 Model2 中，本节重点关注的变量 medratio 的系数为-0.44，且在 1% 的显著性水平上显著。这一估计结果说明，农村居民人均医疗消费支出在整个农村居民人均消费支出中的占比越大，农村居民消费需求对 GDP 的贡献就越小。Model2 中这一变量的参数估计值与本节的假设一也相符。model2 中 goeratio 的系数估计值为-1.232，并在 1% 的显著性水平上显著。该估计结果说明政府对医疗卫生支出的增加与农村居民消费需求在 GDP 中的占比负相关，这与本节的假设二不相符。loandep 的系数估计值为-0.015 并在 1% 的水平上显著，与 Model 1 的估计类似，该结果与本节的假设三不相符。变量 eduratio 的系数估计值为 0.204 且在 1% 的显著性水平上显著，这表明，农民居民人均教育消费占比与农村居民消费需求在 GDP 中的占比正相关。

Model2 中的其他控制变量的估计参数均在 1% 水平上显著，其中抚养比变量 depratio 与被解释变量正相关，各地区生产总值增长率变量 growth 以及农村人均纯收入变量 dinco 与被解释变量负相关，但这三个变量的系数估计值均较小，对被解释变量的影响不大。

5.3.3.2　稳健性分析

基于 Model2 的估计结果，首先本书对其进行异方差检验。由于本节采用的是固定效应回归，因此重点关注各组数据间的组间异方差问题。对于异方差的检验，本节采用 White[①] 的检验方法，检验结果详见表 5-6。从表 5-6 可以看出，检验结果强烈拒绝同方差假定，说明模型存在显著异方差问题。其次本书对模型进行了相关性检验。根据实证研究的一般经验，面板数据在大 N 小 T 的情况下出现截面相关的可能性较大，而出现序列相关的情况相对较少。因此

① WHITE H. A heteroskedasticity-consistent covariance matrix estimator and a direct test for heteroskedasticity [J]. Econometrica, 1980, 48 (4)：817-838.

本节仍然先采用 Frees[①] 的方法对模型进行截面相关检验。检验结论如表 5-6 所示，检验结果大于 1% 显著性水平的临界值，故拒绝无截面相关的原假设，表明模型存在截面相关。最后本书根据 Wooldridge[②] 的方法对模型进行了序列相关检验（结果见表 5-6）。检验结果强烈拒绝了没有一阶自相关的原假设，因此有必要对模型的估计结果进行序列相关修正。表 5-5 中 Model3 的估计是在 Model2 的基础上进行了异方差、截面相关以及序列相关修正，Model3 的估计方法来自 Daniel Hoechle[③]。可以看出，Model3 与 Model2 相比其估计系数未发生实质性改变，仅部分估计系数的显著性水平发生了改变。其中农村居民教育消费支出占比变量（eduratio）系数估计值的显著性水平由 model2 的 1%，变为不显著；金融发展程度变量（loandep）的系数估计值的显著性水平由原来的 1% 下降为 5%。但 model3 的估计结论与 model2 相比没有实质变化。

表 5-6　稳健性检验结果

项目	检验方法	原假设	检验结果	结论
组间异方差	Modified Wald test	H0：sigma（i）^2 = sigma^2 for all i	Prob > chi2 = 0.000 0	存在组间异方差
截面相关	Frees' test	H0: cross-sectional independence	5.679 > alpha = 0.01：0.31	存在截面相关
序列相关	Wooldridge test for autocorrelation in panel data	H0: no first order autocorrelation	Prob > F = 0.000 0	存在一阶序列相关

本节在上述固定效应模型中加入了时间固定效应，形成双向固定效应。所谓双向固定效应就是允许估计模型的截距项随着个体和时间的变化而变化。固定效应模型虽然控制了样本中由不同截面所产生的不随时间变化的异质性，但由于本节所采用的面板数据横跨了 1999—2014 十余年时间，在此期间中国经济体制改革仍然在不断深入，制度的变革无论是对农村宏观环境还是微观个体的决策都产生了较大的影响，因此有必要对不同时期所产生的异质性进行控

①　HOYOS R D, SARAFIDIS V. Testing for cross-sectional dependence in panel-data models [J]. Stata journal, 2006, 6（4）：482.

②　WOOLDRIDGE J M. Econometric analysis of cross section and panel data [M]. Cambridge：MIT press, 2010.

③　HOECHLE D. Robust standard errors for panel regressions with cross-sectionaldependence [J]. Stata journal, 2007, 7（3）：282-285.

制。双向固定效应的优点在于其不仅控制了不同截面间的异质性，还能有效地控制组内不同时期所产生的异质性。我国农村于 2003 年开始试点推广新型农村合作医疗制度，并于 2007 年基本实现全国推广。新农合制度的推广无疑会对农村居民的消费环境产生重大影响，因此本节基于新农合制度的试点和推广时间将样本的时间跨度分为三个时间段。考虑到政策的滞后性，本书将 1999—2004 年作为第一个时间段，2005—2007 年作为第二个时间段，这一时期内新农合制度逐渐在全国范围推广；2008 年以后新农合制度基本实现了在全国范围内的推广，因此将 2008—2014 年作为第三个时间段。本节通过在 model3 的估计基础上加入"04—07"和"08—14"两个时间虚拟变量的方式来实现双向固定效应回归，回归结果如表 5-5 中 model4 所示。

从 model4 的估计结果可以看出：加入时间虚拟变量后，medratio 即农村居民人均医疗消费占比系数估计值的绝对值较 model3 有所下降，变为 -0.216，但仍然在 10% 的显著性水平上显著。这说明在控制了随时间变化的异质性后，农村居民医疗消费占比与农村居民消费需求在 GDP 中的占比仍然保持负相关的关系。goeratio 即政府医疗卫生投入的财政占比的系数，估计值为 -1.163，且在 1% 的显著性水平上显著。这一结论与 Model2 和 Model3 基本相同。但与本节的假设二不符。loandep，即金融发展程度变量的系数，估计值为 -0.017，并在 1% 的显著性水平上显著，这一估计结果的基本结论与 Model2 和 Model3 相同，但仍然与本节的假设三不符。从理论上来看，金融发展程度应与居民消费成正相关。但本节的估计结果却与理论假设相反，笔者认为造成这一现象的原因可能是我国的金融发展与农村金融环境的脱离。换言之，我国的金融发展并未缓解农村居民的流动性约束。

考虑到 model4 中 goeratio 即政府医疗卫生投入占比变量的系数估计值与本书之前的假设不符，本节在 model5 用各地区农村医疗资源供给情况的变量（包括各地区乡镇卫生机构数、卫生机构床位数以及卫生人员数）替代 goeratio 作为政府农村卫生投入的代理变量。为了消除异方差，本节对上述变量均做取对数处理，处理后各地区乡镇卫生机构数、卫生机构床位数以及卫生人员数分别用 lnhospital、lnbed、lnmedstaff 来表示。各地区乡镇医疗资源供给情况的数据来自《中国农村统计年鉴》，由于该年鉴中北京和上海两个地区因统计口径变化导致部分年份的数据有所缺失，因此 model5 的样本总个数较之前略少，但上述样本数据的缺失并不影响面板数据的估计。表 5-5 中 model5 的估计结果显示，medratio 的系数估计值为 -0.356，且在 1% 的显著性水平上显著，其结论与本节前文的分析一致，都表明农村居民人均医疗消费占比的增加会导致农村居民消费需求在 GDP 中的占比减少。在农村医疗资源供给情况变量中，乡镇卫生机构数 lnhospital 的系数估计值为 0.033，并在 10% 的显著性水平上显著；乡镇卫生机构床位数变量 lnbeds 的系数估计值为 -0.031，并在 1% 的显著性水平上显著；乡镇卫生人员数 lnstaff 的系数估计值与被解释变量正相关，但并不显著。上述估计结果表明，农村医疗资源供给种类的不同对农村居民医疗消费支出的影响结果也不尽相同。其中，乡镇卫生机构数与被解释变量显著正相关，乡镇卫生机构床位数与被解释变量负相关。这说明本书 model4 中政府医疗卫生投入占比变量 goeratio 的系数估计值与被解释变量负相关。虽然这与本节之前的理论假设不同，但也有其存在的合理因素。笔者认为，造成这一现象的原因可能是，医疗机构之于我国农村，其主要功能在于缓解我国农村地区医疗资源欠缺的现状，解决农村居民就医的便利性。乡镇卫生机构的收费标准一般较城镇医疗机构更低，因此，乡镇卫生机构的增加能够减轻农村居民医疗消费支出的负担，从而增加居民其他消费的预算和增强居民其他消费的动机。乡镇卫生机构床位的主要作用在于满足农村居民住院治疗的需要，而住院治疗的费用一般高于门诊的费用，加之医疗供给固有的内部激励机制使得医疗消费消费过程无论在城镇还是在农村均存在"诱导消费"的现象。因此，乡镇卫生机构床位数的增加会导致农村居民医疗消费支出负担的加重，进而减少农村居民其他消费的预算和减弱其他消费的动机。

5.3.3.3　估计结果分析

通过前文的实证分析可以得出以下结论：

第一，农村居民人均医疗消费支出占比与被解释变量为负相关关系。换言之，农村居民医疗消费支出的增加会导致农村居民整体消费的减少。这一结论与本章城镇部分的估计结果大致吻合，同时该结论也从侧面证明了我国农村居民预防性储蓄动机的存在。

第二，政府对农村医疗卫生投入的占比与被解释变量负相关。造成这一现象的原因可能是农村居民的医疗消费由于受卫生资源便利性、可及性较差等因素的影响而被抑制，当政府增加对农村医疗卫生的投入后使得原本被抑制的医疗消费需求获得释放，此外政府投资的增加还可能引起农村医疗消费价格指数的上涨。这两方面因素都可能会引起农村居民对医疗消费支出不确定性的提高，进而做出减少当期消费、增加储蓄的应对决策。

第三，我国金融发展程度对农村居民的流动性约束并未产生显著的缓解作用。我国农村金融供给严重不足，由于医疗消费往往伴随一次性的大额支付，容易使农村居民在医疗消费支出时产生流动性约束，加上农村金融供给严重匮乏，农村居民无法通过融资来平滑消费，这会进一步强化农村居民的储蓄动机。

第四，农村教育消费所导致的预防性储蓄效果在本研究中并不明显。这可能与政府长期重视教育领域的投入，使得农村教育消费支出金额和支出时间相对确定以及农村居民收入有所提高等因素有关。其他控制变量，如农村居民人均纯收入、GDP 增长率、人口抚养比等虽然估计结果显著，但其估计系数绝对值太小，且并非本书关注的重点，不再赘述。

5.3.4　基于医疗消费视角对提升农村居民消费需求的思考

综上所述，欲建立启动我国农村消费的长效机制，就必须通过优化农村消费环境、减弱农村居民的储蓄动机来实现。医疗消费由于其自身所具有的不确定性和紧迫性等特点，往往成为抑制农村居民消费需求的重要因素。这就要求政府加大对农村医疗卫生事业的投入，这不仅是政府保障人民基本权利应尽的义务，更是增强农村居民消费信心、提升农村消费潜力的有效手段。此外，本章的研究结果还表明，政府增加农村卫生供给的投入并未达到减弱农村居民储蓄动机的目的。本书无意探讨政府在农村医疗卫生投入方式上选择"补贴供方"和选择"补贴需方"之间孰优孰劣的问题，但仅就优化农村消费环境、减弱农村居民储蓄动机这个层面来看，在总资源既定的情况下，适当增加对医疗消费需求方的投入或许是一个值得尝试的选项。因为，在农村金融供给不足的情况下，增加对医疗消费需求方的投入不仅可以缓解单个农村居民医疗消费的支付压力，还能减弱整个农村社会的预防性储蓄动机，具有明显的杠杆效应。最后，从本书的实证分析结论来看，农村居民基于医疗消费所产生的储蓄动机较为明显，而基于教育消费所产生的储蓄动机并不显著。虽然仅凭本书的研究结果尚不能得出上述确定的结论，但随义务教育国策的不断普及和落实以及大学升学率的提高，农村居民对教育消费支出的预期必然愈发趋于稳定。因此，从提振广大农村居民消费、优化农村消费环境的角度来看，应重点解决农村居民的医疗保障和流动性约束问题。

通过本章的实证分析可以看出，医疗消费支出对于我国城乡居民的消费均具有显著的影响。无论是城镇居民还是农村居民，其整体消费需求都随着医疗消费支出的上升而降低。这与本书之前的理论分析相吻合，说明医疗消费支出压力的增大对我国城乡居民的消费需求具有抑制作用；同时也表明，未来支出预期不确定性的提高会导致我国城乡居民储蓄动机的增强。因此，要想提高我国居民消费需求就必须降低居民未来支出预期的不确定性、优化居民消费环境。从本章的实证研究结论来看，通过减小城乡居民医疗消费支出压力，缓解全社会对医疗费用不断上涨的不安情绪是可行的路径。当然，为了有效缓解居民医疗消费支出压力，有必要对城乡居民医疗消费支出的影响因素进行分析。本书将在下一章对这一问题进行详细的探讨。

6 居民医疗消费支出的影响因素分析

改革开放以来，我国医疗卫生事业取得了长足的进步，但也存在医疗费用上涨过快、人民医疗消费支出负担过重等问题。居民医疗消费支出的快速上涨趋势无法得到有效的抑制，不仅会使人民群众无法正常享有健康的权利，居民快速上涨的医疗消费支出还会提高居民未来预期的不确定性，进而降低整个社会的消费率。因此，本章将对影响我国城乡居民医疗消费支出的因素进行分析。鉴于我国城乡在经济社会发展程度等方面的不同，本章将对城镇和农村进行分别讨论。

6.1 城镇居民医疗消费支出的影响因素实证分析

6.1.1 文献回顾

2013 年我国城镇居民人均医疗保健支出为 1 118 元，在人均消费支出中的占比为 6.2%，而这一占比水平在 1990 年仅为 2%，这反映出了近年来我国城镇居民医疗消费支出的上涨趋势。医疗消费作为消费的一个种类必然具有消费品的共性特征，因此，有学者对医疗消费品的弹性问题进行了研究，并从消费品弹性的视角来分析医疗费用上涨的成因。如：Newhouse[1] 对欧美国家的医疗支出进行了研究并认为医疗消费品的弹性大于 1，为奢侈品，因此，收入的增加会促使医疗消费的增加。尽管 Newhouse 的研究具有开创性，但后续研究表明，认定医疗消费品是奢侈品的证据仍然显得不充分，如：Getzen[2] 对 2000 年

---

[1] NEWHOUSE J P. Medical-care expenditure：a cross-national survey [J]. The journal of human resource，1977，12（1）：115-125.

[2] GETZEN T E. Health care is an individual necessity and a national luxury：applying multilevel decision models to the analysisi of health care expenditures [J]. Journal of health economics，2000（19）：259-270.

之前关于医疗支出收入弹性的研究进行了归纳，认为医疗服务对个人而言是必需品而对国家而言是奢侈品。Sen 就指出对医疗消费品收入弹性的研究可能会因遗漏变量而得出错误结论，他用双向固定效应进行回归后认为医疗支出的收入弹性大致为 0.21~0.51，即医疗消费品为必需品。国外关于医疗消费品弹性的争论大多是建立在对 OECD 国家进行分析的基础上的，我国的经济社会发展水平与 OECD 国家存在显著差异，因此国内学者就我国的实际情况也进行了论证。徐伟实证分析了我国医疗卫生的收入弹性为 0.954。叶明华[①]的测算表明，2004—2009 年城乡医疗需求的收入弹性分别为 0.49 和 0.79。张颖熙[②]运用我国 1996—2013 的省际面板数据估计了城镇居民医疗消费支出的收入弹性，认为我国医疗服务对城镇居民而言是必需品。就既有研究结论而言，医疗消费品究竟是奢侈品还是必需品尚无定论，但我国居民医疗消费支出的快速上涨却是不争的事实。因此，国内学者从其他视角入手，对医疗消费上涨过快的成因进行了广泛的探讨，其中有代表性的有：何平平[③]运用统计数据对我国经济增长、人口老龄化与医疗费用之间的关系进行分析后认为，经济增长、人口老龄化与我国医疗费用之间存在长期关系，同时医疗价格的变动也是我国医疗费用快速增长的原因。顾卫兵、张东刚[④]的研究认为，居民收入与医疗保健支出之间存在明显的相关关系。余央央运用我国 2002—2008 年的省际面板数据研究老龄化对城乡医疗费用的影响后指出，老龄化与实际人均医疗支出呈显著正向关系。王学义、张冲[⑤]运用广义矩估计法考察中国人口年龄结构变化对居民医疗保健支出的影响后指出，人口老龄化会导致居民医疗保健支出费用上涨。于洪帅等[⑥]强调，卫生费用增长是社会经济发展的必然结果，但其研究同时也强调收入和老龄人口增加对推高卫生费用的作用。叶小青、徐娟[⑦]运用 2000—

---

① 叶明华. 医疗服务于农民：奢侈品还是必需品：基于 1990—2009 年城乡医疗需求收入弹性的比较研究 [J]. 农业经济问题，2011 (6)：31.

② 张颖熙. 医疗服务是必需品还是奢侈品：基于中国城镇居民家庭医疗卫生支出弹性的实证研究 [J]. 经济学动态，2015 (10)：101.

③ 何平平. 经济增长、人口老龄化与医疗费用增长：中国数据的计量分析 [J]. 财经理论与实践，2006 (2)：92.

④ 顾卫兵，张东刚. 城乡居民收入与医疗保健支出关系的实证分析 [J]. 消费经济，2008 (2)：46.

⑤ 王学义，张冲. 中国人口年龄结构与居民医疗保健消费 [J]. 统计研究，2013 (3)：59.

⑥ 于洪帅，谭英华，史健勇. 我国人均卫生总费用增长的实证分析 [J]. 社会保障研究，2012 (5)：43-48.

⑦ 叶小青，徐娟. 人口结构、环境质量与居民健康支出 [J]. 中国卫生经济，2014 (1)：48 -50.

2010省际面板数据对人口结构、环境质量对居民医疗消费支出的影响进行了研究，其研究结论表明：老年抚养比上升和少年抚养比下降均促使医疗消费支出增加；同时，环境质量恶化会加大医疗消费的需求，而政府卫生经费投入有利于减轻居民医疗消费支出的负担。

从既有文献的研究结论来看，首先，人口结构、收入以及医疗服务价格等是公认的主要影响因素。但同时也应该看到，由于各个研究在数据选取、时间跨度、计量方法以及控制变量选取上的区别也导致了上述研究之间可比性较差。其次，既有研究医疗支出的文献大多重点选取一到两个影响因素作为重点关注的对象，而对医疗支出上涨因素进行全面分析的文献较少。最后，医疗费用的上涨并非个别现象，其之所以引起全社会的广泛关注是因为整个社会的医疗费用支出总量在增加。因此，从宏观的角度对居民医疗消费支出上涨因素进行全面分析是必要的。

6.1.2　城镇居民医疗消费支出的影响因素分析的研究设计

6.1.2.1　模型设定

与既有研究大多采用居民医疗消费支出的绝对数值作为被解释变量不同，本节采用城镇居民医疗消费占比 medratio 作为被解释变量（城镇居民医疗消费占比＝城镇居民人均医疗消费支出/城镇居民人均消费支出）。采用居民医疗消费占比作为被解释变量的优点在于：第一，医疗消费占比数据能有效地避免物价指数变动所带来的估计误差；第二，医疗消费占比数据包含居民收入变动信息，在反映居民医疗支出负担上具有更直观的效果。基于此，本节的实证分析将模型设定如下：

$$\text{medratio}_{it} = \alpha + \beta_i \, \text{Explanvar}_{it} + \sum \sigma_i \, Z_{it} + \mu_{it}$$

medratio_{it} 为城镇居民人均医疗消费支出在人均总消费支出中的占比。

Explanvar_{it} 为解释变量：

old_{it} 为省际老年抚养比；

youth_{it} 为省际少儿抚养比；

urbgoe_{it} 为省际政府医疗卫生支出；

medpric_{it} 为省际医疗消费价格指数；

medinsur_{it} 为省际医疗保险参保率。

Z_{it} 为其他控制变量：

infla_{it} 为省际通货膨胀率（居民消费价格指数）；

growth_{it} 为省际年度地区生产总值增长率；

$dinco_{it}$ 为省际居民人均可支配收入。

模型中，i、t 分别表示地区和年份。被解释变量 medratio 为各省份城镇居民人均医疗消费支出在人均总消费支出中的占比。本书选取的解释标量包括：

old 为各省份的老年抚养比，youth 为各省份少儿抚养比。虽然年龄本身并不会必然引起医疗消费，但一般认为，人在少年时由于心智和身体均未发育成熟，因此自身抵抗力和抗风险能力较弱，容易引起健康状况的波动；同样随着人们年龄步入老年阶段，各项机能开始退化，同样增加了疾病的风险。年龄所代表的健康状况很可能会引起居民医疗消费支出的变动，本节将少儿抚养比和老年抚养比同时纳入模型解释变量，这样就能更为全面地解释人口结构对居民医疗消费支出的影响。urbgoe 为各地区政府医疗卫生支出。从现代国家的角度来看，医疗消费问题实际上是全社会医疗支出成本在不同主体之间的分配问题，政府的医疗卫生支出增加必然会减轻公众（社会和个人）的医疗支出负担。基于同样的原因，本节也将医疗保险参保率，即 medinsur（各省份城镇职工医疗保险参保率）纳入模型的解释变量。根据既有文献的分析，医疗保险能够有效降低参保人在发生医疗消费时的支付压力，因此宏观来看，医疗保险参保率能够对居民人均医疗消费支出产生显著的影响。既有研究同时指出，医疗消费价格指数也是影响居民医疗消费支出的因素，因此，本节将医疗消费价格指数 medpric 纳入模型的解释变量中。此外，为了控制宏观因素，模型还加入了宏观因素控制变量，包括：各省份居民消费价格指数 infla，用以衡量地区的通货膨胀率；各省的地区生产总值增长率 growth，以控制各地区的经济增长情况；由于多数研究都证实了收入与医疗消费支出之间存在正向关系，因此本节还将城镇居民人均可支配收入变量 dinco 纳入了控制变量当中。

6.1.2.2 样本数据来源

根据本章的研究目的和数据的可得性，本节的实证分析采用 2005—2014 年中国 31 个省级行政区的面板数据对模型进行估计。本节使用的数据，除了特别说明之外，均来自《中国统计年鉴》或根据《中国统计年鉴》相关数据计算而来。其中，各省份人均可支配收入数据根据各省居民消费价格指数，以 1999 年为 100 进行了调整。由于《中国统计年鉴》仅公布了各地区政府医疗卫生支出的总数据，未公布各地区政府医疗卫生支出在农村和城镇的分配比例，因此本节采用各地区城镇人口占比数对政府医疗卫生支出数据进行粗略的划分。为了消除模型估计过程中可能出现的异方差问题，本节对政府医疗卫生支出变量 urbgoe 做了对数处理。取对数后该变量用 lnurbgoe 表示。本节所用数据的描述性统计如表 6-1 所示。

表 6-1　样本描述性统计

Variable		Mean	Std. Dev.	Min	Max	Observations
medratio	overall	0.070 017	0.015 868	0.035 26	0.107 157	$N=310$
	between		0.014 771	0.039 656	0.098 518	$n=31$
	within		0.006 323	0.053 161	0.092 304	$T=10$
lnurbgoe	overall	3.667 473	1.081 441	0.593 327	5.977 898	$N=310$
	between		0.779 941	1.500 872	4.981 876	$n=31$
	within		0.760 87	1.926 004	4.887 32	$T=10$
medinsur	overall	0.333 865	0.116 133	0.131 598	0.781 201	$N=310$
	between		0.105 536	0.208 306	0.639 013	$n=31$
	within		0.051 704	0.154 826	0.481 85	$T=10$
old_all	overall	12.323 58	2.434 387	6.71	20.04	$N=310$
	between		2.221 627	8.319	17.372	$n=31$
	within		1.065 068	7.246 581	16.456 58	$T=10$
youth_all	overall	23.858 03	7.074 11	9.64	44.65	$N=310$
	between		6.749 936	10.68	37.821	$n=31$
	within		2.410 07	17.937 03	31.967 03	$T=10$
medpric	overall	1.111 19	0.125 817	0.878 098	1.534 731	$N=310$
	between		0.102 227	0.950 007	1.393 93	$n=31$
	within		0.075 392	0.889 464	1.287 985	$T=10$
dinco	overall	14 576.37	6 602.042	7 099.72	48 841.4	$N=310$
	between		4 301.53	10 355.44	27 168	$n=31$
	within		5 061.889	4 947.502	37 315.81	$T=10$
growth	overall	111.979 4	2.499 843	104.9	123.8	$N=310$
	between		1.276 97	109.6	115.42	$n=31$
	within		2.160 106	104.359 4	120.359 4	$T=10$
infla	overall	1.246 871	0.127 341	1.03	1.67	$N=310$
	between		0.043 443	1.185	1.391	$n=31$
	within		0.119 931	0.965 871	1.525 871	$T=10$

6.1.3　城镇居民医疗消费支出影响因素实证分析过程

6.1.3.1　模型参数估计

首先，本节对模型采用混合回归的方式进行估计，估计结果如表6-3中model1所示。从model1的估计结果可以看出，政府医疗卫生支出、城镇职工参保率、老年抚养比、少儿抚养比与被解释变量负相关，且其系数估计值的显著性水平均在10%以上的水平上显著。医疗保健价格指数与被解释变量正相关，并在10%的显著性水平上显著。模型的宏观控制变量中，城镇居民可支配收入和各地区生产总值增长率均与被解释变量负相关。此外，居民消费价格指数与被解释变量负相关，但其系数估计值并不显著。模型估计的可决系数 R^2 为0.349 2，调整后的 R^2 为 0.331 9。虽然model1的估计系数与本书预期基本一致，且无论是变量显著性水平还是模型整体显著性水平都较为理想，但由于我国幅员辽阔、各地区差异较大加之本书采用全国 31 个省份的面板数据来进行分析，因此在对模型估计时有必要考虑对各地区之间的个体差异进行控制。其次，本节对模型采用固定效应回归的方法来对模型参数进行估计。这一方法的优势在于可以控制那些不随时间变化但在省际存在差异的不可观测因素。如各省份之间经济发展情况、财政支出情况以及要素禀赋等的差异很可能会对被解释变量产生影响，对每一个省份赋予一个截距项能够很好地控制省份之间的这些个体差异。

本节中，采用固定效应的估计结果如表6-3中model2所示。在固定效应估计结果中，个体效应的F统计量为F（30，271）= 38.58，Prob>F = 0.000 0。这表明，模型中省际个体效应是显著的，在这种情况下使用混合 OLS 估计方法是不合适的[①]。此外，面板数据模型根据估计方法对个体效应的假设的不同而分为固定效应模型和随机效应模型。因此在估计面板数据时还应确定是使用固定效应模型还是使用随机效应模型。本书采用 Hausman 检验结果来判断，其检验的基本思想为：在随机效应假设成立的前提下，固定效应和随机效应的估计结果都是一致的，但随机效应的估计结果比固定效应更有效；如果随机效应的假设不成立则固定效应的估计结果仍然是一致的，随机效应的估计结果不一致。因此可以通过判断固定效应模型估计结果与随机效应估计结果是否存在统计意义上的显著差异来判断该使用固定效应模型还是随机效应模型。本书中的

---

① BAUM C F. An introduction to modern econometrics using stata［M］. Austin：Stata Press，2006：224.

Hausman 检验结果为负。根据经验判断，Hausman 检验的原假设不成立，也就是说应采用固定效应对模型进行估计。为了进一步验证这一判断，本书继续在 Hausman 检验时运用固定效应的方差-协方差矩阵和随机效应的方差-协方差矩阵来计算卡方统计量，Hausman 检验的详细结果如表 6-2 所示。表 6-2 的系列检验结果表明，应拒绝 Hausman 检验的原假设而选择固定效应模型。

表 6-2　Hausman 检验结果汇总表

检验方法	卡方统计量	P 值
Hausman 检验	chi2（7）= -97.79	—
使用固定效应方差-协方差矩阵的 Hausman 检验	chi2（7）= 30.97	Prob>chi2 = 0.000 1
使用随机效应方差-协方差矩阵的 Hausman 检验	chi2（7）= 28.65	Prob>chi2 = 0.000 2

根据表 6-3 中 model2 的估计结果，政府医疗卫生支出与被解释变量负相关，但其变量估计值并不显著。城镇职工参保率与被解释变量负相关，其估计系数为 -0.19，且在 5% 显著性水平上显著。这说明医疗保险覆盖率的提高能在宏观上减少居民人均医疗消费支出。此外，老年抚养比的估计系数与被解释变量正相关，且不显著，但少儿抚养比的估计系数与被解释变量负相关，且在 5% 的显著性水平上显著。医疗保健价格指数与被解释变量负相关，且在 1% 的显著性水平上显著。在宏观控制变量中，除了地区生产总值增长率外，其余变量均不显著。如前文所述，model2 所采用的固定效应估计方法相较于混合 OLS 估计方法和随机效应估计方法更为合适，因此本书将在 model2 的基础上进行稳健性检验。

表 6-3　估计结果汇总

变量	modle1	model2	model3	model4	model5
lnurbgoe	-0.003***	-0.002	-0.002*		
	（0.001）	（0.002）	（0.001）		
medinsur	-0.046***	-0.019**	-0.019**	-0.017**	-0.015**
	（0.010）	（0.009）	（0.009）	（0.008）	（0.006）
old	-0.001*	0.000	0.000	0.000	-0.000
	（0.000）	（0.000）	（0.000）	（0.000）	（0.000）
youth	-0.002***	-0.000**	-0.000***	-0.000***	-0.001***

表6-3(续)

变量	modle1	model2	model3	model4	model5
	(0.000)	(0.000)	(0.000)	(0.000)	(0.000)
medpric	0.016*	−0.043***	−0.043***	−0.045***	−0.035*
	(0.009)	(0.015)	(0.011)	(0.010)	(0.018)
dinco	−0.000***	−0.000	−0.000	0.000	−0.000
	(0.000)	(0.000)	(0.000)	(0.000)	(0.000)
growth	−0.001***	−0.000*	−0.000*	−0.000**	−0.001***
	(0.000)	(0.000)	(0.000)	(0.000)	(0.000)
infla	−0.002	0.010	0.010	0.013	0.020
	(0.009)	(0.013)	(0.008)	(0.008)	(0.012)
avgoe				−0.0001***	−0.0003***
				(0.000)	(0.000)
avhospital					−0.037***
					(0.007)
avbed					0.001
					(0.001)
avstaff					−0.001
					(0.001)
_cons	0.286***	0.172***	0.172***	0.171***	0.189***
	(0.049)	(0.032)	(0.032)	(0.033)	(0.030)
N	310	310	310	310	270
adj.R^2	0.332	0.113			
R^2	0.349	0.222			
Within−R^2		0.222	0.222	0.224	0.378

注：括号中为标准误。*为 $p < 0.1$，**为 $p < 0.05$，***为 $p < 0.01$。

6.1.3.2 稳健性分析

基于 Model2 的估计结果，本节首先对模型进行异方差检验。由于本节中采用的是面板数据的固定效应回归，因此重点关注各组数据间的组间异方差问题。对于异方差的检验，此处采用 White[①] 的检验方法，检验结果详见表 6-4。从表 6-4 可以看出，检验结果强烈拒绝了原假设：同方差假定，说明模型存在显著异方差问题。本节随后对模型进行了相关性检验。

根据实证研究的一般经验，面板数据在大 N 小 T 的情况下出现截面相关的可能性较大，而出现序列相关的情况相对较少。因此本节中先采用 Frees[②] 的方法对模型进行截面相关检验。检验结论如表 6-4 所示，检验结果大于 1% 显著性水平的临界值，故拒绝无截面相关的原假设，认为模型存在截面相关。最后本节根据 Wooldridge[③] 的方法对模型进行了序列相关检验（结果见表 6-4）。检验结果强烈拒绝了没有一阶自相关的原假设，因此有必要对模型的估计结果进行序列相关修正。

表 6-4 稳健性检验结果

项目	检验方法	原假设	检验结果	结论
组间异方差	Modified Wald test	H0：sigma (i) ^ 2 = sigma^2 for all i	Prob > chi2 = 0.000 0	存在组间异方差
截面相关	Frees' test	H0：cross - sectional inde- pendence	1.462 > alpha = 0.01：0.519 8	存在截面相关
序列相关	Wooldridge test for autocorrelation in panel data	H0：no first order autocorrela- tion	Prob > F = 0.000 0	存在一阶序列相关

表 6-3 中 Model3 的估计是在 Model2 的基础上进行了异方差、截面相关以及序列相关修正后的估计结果，Model3 的估计方法来自 Daniel Hoechle[④]。可以看出 Model3 与 Model2 相比其估计系数未发生实质性改变，仅部分估计系数的显著性水平发生了改变。其中，本章重点关注的政府医疗卫生支出变量在 10% 的显著性水平上显著。这表明，政府医疗卫生支出会降低居民医疗消费支出，

① WHITE H. A heteroskedasticity-consistent covariance matrix estimator and a direct test for heteroskedasticity [J]. Econometrica, 1980, 48 (4)：821-827.

② HOYOS R D, SARAFIDIS V. Testing for cross-sectional dependence in panel-data models [J]. Stata journal, 2006, 6 (4)：488-496.

③ WOOLDRIDGE J M. Econometric analysis of cross section and panel data [M]. Cambridge, Massachusetts：The MIT Press, 2002：319-320.

④ HOECHLE D. Robust standard errors for panel regressions with cross-sectional dependence [J]. Stata journal, 2007, 7 (3)：282-285.

这与本书之前的假设相符。老年抚养比的估计系数仍然为正，且不显著。少儿抚养比的系数估计值为负，且在1%的显著性水平上显著。同时医疗保健价格指数仍然显著，且与被解释变量负相关。

随后本节对模型进行了变量替换。在model4[①] 中本书用各地区政府人均医疗卫生支出变量替换了各地区政府医疗卫生支出变量，通过平均化处理可以进一步消除各地区在人口规模上的差异。本节model5是在model4的基础上加入了各地区医疗卫生资源供给情况的变量，包括各地区城镇卫生机构数、卫生机构床位数以及卫生人员数。为了消除地区间的规模差异，对上述变量均以人口规模进行平均化处理，处理后各地区城镇卫生机构数、卫生机构床位数以及卫生人员数分别用avhospital、avbed、avstaff来表示。各地区医疗基础设施投入情况的数据来自《中国城市统计年鉴》，由于该年鉴数据截至本书写作时仅公布至2013年，且西藏地区的数据有所缺失，因此model5的估计是建立在2005—2013年全国30个省份（西藏自治区除外）的面板数据之上的。model5中的样本个数由model1—model4中310个，减少为270个。由于本章是从宏观的角度分析居民人均医疗消费支出的影响因素，且model5的估计结果主要是作为模型稳健性检验的参考，因此model5中样本个数的减少不会对整个模型的估计结论产生实质性影响。

6.1.3.3 估计结果讨论

从model3的估计结果可以看出，政府医疗卫生支出估计系数为-0.002，且在10%的显著性水平上显著，这表明政府医疗卫生支出与居民医疗消费支出之间存在一定的替代关系。医疗保险覆盖率变量的估计系数为-0.019，且在5%的显著性水平上显著，说明医疗保险在宏观层面能显著降低居民医疗消费支出。老年抚养比的估计系数并不显著，因此本书暂时无法对该变量对被解释变量的影响做出判断。少儿抚养比的估计系数与被解释变量负相关，且在1%的显著性水平上显著，但由于该变量估计系数的绝对值较低，因此在model3中的显示为-0.000***。从本书的估计结果来看，既有文献在分析当前我国城镇居民医疗消费支出压力上涨的成因时，年龄结构因素的作用可能被夸大了。此外，医疗消费价格指数变量的估计结果与被解释变量负相关，且在1%的显著性水平上显著，这说明医疗消费价格指数的上升会引起城镇居民医疗消费支出的减少。这一结论与传统观点相左，如何平平的研究结论[②]。这一估计结果

---

① model4和model5的估计方法与model3相同。

② 何平平. 经济增长、人口老龄化与医疗费用增长：中国数据的计量分析 [J]. 财经理论与实践，2006 (2)：91-92.

意味着居民医疗消费支出的增加可能与医疗消费价格指数关系不大，王学义、张冲①的研究也得出类似结论。他们认为，这主要是由医疗消费的不确定性造成的。医疗消费不同于居民的其他消费，其消费金额、消费时间和消费总量对于消费者而言是无法控制的，在医疗消费过程中起主导作用的是医生或医疗机构。医疗消费价格指数往往只反映医疗消费品和服务的单位价格水平，因此医疗机构可以通过控制医疗消费总量的方式来增加居民的医疗支出负担。

在 model4 中，本书用城镇居民人均政府医疗卫生支出数替代了政府支出数变量。该变量的估计系数为-0.000 1***。这一估计结果印证了政府医疗卫生支出与城镇居民医疗消费支出之间负相关的结论是稳健的。同时，由于 model4 中的这一变量采用了人均化的方式，进一步消除了各地区在规模上的差异，使得 model4 中政府卫生支出变量估计值的显著性水平有所提高。本节在 model5 中，加入了反映各地医疗资源供给情况的变量，包括各地区城镇医疗机构数（医院-卫生院数）、医疗机构床位数（医院-卫生院床位数）以及医生数，并同样对上述变量进行了人均化处理。由于 model5 中加入的变量较多，有必要对 model5 进行共线性检验。model5 中各变量的膨胀因子如表6-5 所示。由表6-5 可以看出，model5 中各变量的 VIF 最大值为 5.19，全部变量的 VIF 平均值为 3.24，因此可以认为模型不存在严重的多重共线性。由表6-3 中 model5 的估计结果可以看出，在加入各地区医疗资源供给情况变量后，各地区人均政府医疗卫生投入量、各地区医疗保险参保率这两个主要变量仍然与被解释变量负相关。其中，各地区人均政府医疗卫生投入量在 1% 的显著性水平上显著，各地区医疗保险参保率在 5% 的显著性水平上显著。在新加入的各地区医疗资源供给情况变量中，人均医疗机构数的系数估计值为-0.037，并在 1% 的显著性水平上显著，而各地区人均医疗机构床位数和各地区人均医生数的估计系数均不显著。老年抚养比变量的估计系数依然不显著，少儿抚养比的估计系数与被解释变量仍然呈负相关关系，且在 1% 的显著性水平上显著。同时医疗消费价格指数变量依然与被解释变量负相关，并在 10% 的显著性水平上显著。宏观控制变量中，居民可支配收入的参数估计值不显著，地区生产总值增长率的参数估计值与被解释变量负相关，且在 1% 的显著性水平上显著。居民消费价格指数的系数估计值不显著。

① 王学义，张冲. 中国人口年龄结构与居民医疗保健消费 [J]. 统计研究，2013（3）：62-63.

表 6-5 model5 中各变量膨胀因子

Variable	VIF
avgoe	5.19
medinsur	4.25
old_all	1.61
youth_all	3.66
medpric	2.95
avhospital	2.6
avbed	4.35
avstaff	2.27
dinco	3.22
growth	1.57
infla	3.95
Mean VIF	3.24

通过对表 6-3 中 model1—model5 的估计结果分析可以得出以下结论：

第一，国家政策选择仍然是影响我国城镇居民医疗消费支出的主要因素。从本书表 6-3 的估计结果来看，政府医疗卫生支出无论是取对数形式还是采用人均化处理，其估计结果都与被解释变量显著负相关。这表明我国政府医疗卫生支出与我国城镇居民医疗消费支出之间的负相关关系是显著的，也就是说，政府医疗卫生支出的增加能有效缓解城镇居民医疗消费支出的压力。同样，城镇职工医疗保险参保率变量的系数估计值在表 6-3 各个 model 中均与被解释变量显著负相关。这表明，医疗保险覆盖率与居民医疗消费支出之间的负相关关系也较为显著。从医疗资源供给情况的角度来看，各地区人均医疗机构数对被解释变量的影响系数为 −0.037，并在 1% 的显著性水平上显著。同时，各地区人均医生数与被解释变量负相关、人均医疗机构床位数与被解释变量正相关但均不显著。

显然，无论是国家医疗卫生投入、医疗保险覆盖率还是各地区医疗资源的供给均受到国家政策选择的影响。换言之，全社会的医疗成本必然在国家、社会以及个人之间进行分配，而在这种分配过程中，国家政策选择起到了关键性作用，Getzen 的研究也持有类似观点。

第二，现阶段老龄化对城镇居民医疗消费支出的影响可能被夸大。根据表

6-3 中的估计结果，老龄化对我国城镇居民医疗消费支出没有显著影响。一般认为，随着年龄的增长，人们患病的概率会增加[1]，但就本书的经验证据来看，宏观上老龄化对城镇居民医疗消费支出的影响并不显著，Dormont、Grignon 等[2]和 Pan、Liu[3] 的研究也得出类似结论。

此外，就本节实证分析的估计结果来看，少儿抚养比与被解释变量负相关，且该变量的估计值在表 6-3 中除了 model2 的参数估计值在 5%的显著性水平上显著外，其估计值均在 1%的显著性水平上显著，这表明该结论是相对可靠的。造成这一现象的原因，一方面可能是随着计划生育政策的推行，城镇居民家庭少子化现象越来越普遍，使得家庭成员对子女的关注度越来越高，进而营养、教育、保健等方面都优先满足子女的需要。另一方面，随着育儿观念的转变，家庭对子女健康的关注由原来注重疾病的治疗，转变为更加重视疾病的预防、心理健康以及卫生保健等方面，从而导致医疗保健支出的增加。

第三，在本节所选择的宏观控制变量中，城镇居民医疗消费价格指数与被解释变量显著负相关。这说明医疗消费价格指数并不是引起居民医疗消费支出上涨的主要原因。城镇居民人均可支配收入变量的估计值除了在 model1 中显著外，其在 model2—model5 中的系数估计值均不显著。这说明，现阶段我国城镇居民的医疗消费仍然以疾病治疗为主，因此其医疗消费需求并不会受收入变动的过多影响。各地区生产总值增速变量在各个 model 中均与被解释变量显著负相关，这表明，现阶段我国城镇居民的医疗消费随着经济的发展而减少，医疗消费品之于城镇居民更偏向于是一种必需品。居民消费价格指数变量的估计值在各个 model 中均不显著。

6.1.4 降低城镇居民医疗消费支出压力的途径分析

本节对我国城镇居民医疗消费支出的影响因素进行了研究，并采用我国 2005—2014 年的省际面板数据进行了实证分析。研究结果表明，政府医疗卫生支出、医疗保险参保率以及地区人均医疗机构数等因素与城镇居民医疗消费支出负相关，而人口年龄结构对我国城镇居民医疗消费支出的影响并不大。基

---

① GETEN T E. Population aging and the growth of health expenditures [J]. Journal of gerontolgy: social science, 1992 (9): 95-110.

② DORMONT B, GRIGNON M, HUBER H. Health expenditure growth: reassessing the threat of ageing [J]. Health economics, 2006, 15 (9): 947-963.

③ PAN J, LIU G G. The determinants of Chinese provincial government health expenditures: evidence from 2002-2006 data [J]. Health economics, 2012, 21 (7): 757-777.

于此，本书对缓解我国城镇居民医疗消费支出压力提出以下对策：

第一，政府应提高对我国医疗卫生事业的重视程度。医疗支出费用的增长是全世界的共性问题，中国也不例外。根据《中国卫生统计年鉴》的相关数据，中国的卫生总费用占 GDP 的比重由 2000 年 4.62% 上升到 2013 年的5.57%。虽然卫生费用不完全等于医疗支出费用，但总卫生费用中如果政府支出部分偏低的话，私人部门支出部分必然较高。从本书的估计结果来看，政府医疗卫生支出对居民医疗消费支出有显著影响。但客观来看，我国政府支出在卫生总费用中的占比偏低。以 2012 年为例，我国政府支出在卫生总费用中的占比为 30%，低于大部分主要发达国家。其中，日本政府卫生支出在卫生总费用中的占比为 80.3%、德国为 76.8%、法国为 76.9%、英国为 83.2%、加拿大为 71.1%，美国为 48.2%①。纵向来看，我国政府支出在卫生费用中的占比在1986 年达到 38.7% 的峰值后就开始大幅下降，2000 年达到谷值 15.5% 后开始缓慢上升，于 2011 年回到 30.7%，之后两年又有所下降。这表明我国政府的医疗卫生投入还有很大的上升空间。政府增加卫生投入的合理性在于：一方面，医疗卫生产品属于公共产品，政府具有提供的义务；另一方面，医疗消费具有不确定性，居民在面对不确定性时往往会做出增加储蓄的决策，而政府对医疗卫生投入的增加能缓解全社会对医疗消费需求不确定性的担忧，进而减弱整个社会的储蓄动机、增加全社会的消费需求，为我国消费升级和产业升级提供内需条件。

第二，积极推进我国城镇居民的医疗保险覆盖范围和保障水平。本节实证分析的结果表明，医疗保险的覆盖率与被解释变量负相关。这说明，宏观上医疗保险覆盖率的提高能减少居民医疗消费支出。截至 2013 年，我国城镇人口为 73 111 万人，城镇职工基本医疗保险的参保人数为 27 416 万人，参保率为37.5%，城镇居民基本医疗保险的参保人数为 29 906 万人，参保率为 40.9%。粗略来看，仅有 20% 左右的城镇人口没有纳入社会医疗保险的覆盖范围。但如果仔细分析，情况并不乐观，主要表现在城镇居民基本医疗保险与城镇职工基本医疗保险的保障水平是不同的，这从二者之间的筹资水平上可见一斑：2014年城镇职工基本医疗保险的筹资水平为 2 841 元，而城镇居民基本医疗保险的筹资水平为 524 元。筹资水平上的巨大差异必然导致保障水平上的不同。实际上，城镇居民基本医疗保险在住院报销、门诊费用、报销范围等方面与城镇职

---

① 邓峰，吕菊红，高建民，等. 我国与发达国家医疗资源和卫生费用比较分析 [J]. 中国卫生经济，2014（2）：92.

工保险均存在较大差异。因此，我国城镇居民医疗保险的工作重点除了扩大医疗保险的覆盖范围外，还应着力缩小城镇居民医疗保险与城镇职工医疗保险在保障水平上的差异。

第三，优化医疗消费价格体系。目前我国医疗消费价格并非通过市场决定，而是由政府行政手段代替。由于观念的偏差，价格政策的制定者出于保护患者的角度将医疗服务和医疗产品的价格压得过低，忽视了医疗市场的供求关系。这使得医疗消费价格指数往往不能反映居民医疗消费的真实成本。本节估计结果中，医疗消费价格指数与居民医疗消费支出之间存在负相关关系就是一个很好的证明。由于医疗服务价格过低，医疗服务提供方的劳动得不到合理的承认，必然诱使其通过其他方式来弥补，这就使得过度医疗、诱导消费、使用高价药等现象层出不穷。医疗产品的价格过低必然导致产品的供给方放弃生产低价产品，这就使得低价药在市场上出现供小于求甚至退出市场的现象。由于常见低价药往往有价无货，使得居民在医疗消费时被迫选择高价药，反而增加了居民医疗消费的成本。虽然国家卫计委于 2014 年出台的《关于做好常用低价药品供应保障工作的意见》明确了对进入清单的药品取消原来制定最高零售限价的方式，改为由生产经营者在日均费用标准内自主制定购销价格，但这与医疗消费价格体系的市场定价机制仍相去甚远。显然，对医疗市场的行政不当干预是导致医疗市场失灵的主要原因，虽然医疗消费价格指数被人为控制在了合理的水平，但居民医疗消费的其他成本却因此而上升，政府低价管制的初衷并没有实现。因此，梳理并重构医疗市场的价格体制，提高政府价格决策的科学性，引导市场有序竞争是降低居民医疗消费成本的重要途径。

第四，正确对待我国人口年龄结构变化对医疗消费的影响。从本节的实证结果来看，老龄化对我国城镇居民医疗消费支出没有显著影响，这说明现阶段年龄与医疗消费之间并没有直接的必然联系。但如果据此忽略了人口老龄化对居民医疗消费的影响也是不严谨的。首先，人口老龄化虽然与患病概率没有直接联系，但随着年龄的增长，身体各项机能的退化是不可逆的自然规律，这至少意味着患病风险的增加。其次，本节是从宏观角度对居民医疗消费支出进行考察，受统计数据的限制，本节中老龄人口定义为 65 岁及以上人口，而我国第一次"婴儿潮"始于 20 世纪 50 年代，这意味着我国人口老龄化对医疗消费的影响才刚刚开始，其结果要等若干年后才能充分显现。因此，政府在决策时必须提高前瞻性，相应的社会保障制度设计应对整个社会人口结构的变迁有所预见。此外，根据本书的实证结果，少儿抚养比的下降会导致城镇居民医疗消费支出的增加。随着我国社会现代化的推进，我国少儿抚养比下降的趋势短时间内不会改变。因此政府应加大对少年儿童医疗保健需求的调研，结合当前我国社会发展水平建立科学的少年儿童医疗保健体系，既要保障少年儿童的身心健康，又要适当减轻家庭负担。

6.2 农村居民医疗消费支出的影响因素的实证分析

本章第 1 节对城镇居民医疗消费影响因素进行了分析。我国城乡二元经济制度的存在，使得我国城乡在消费环境、消费水平以及相应的制度环境等方面存在一定的差异。因此本节将对农村居民医疗消费的影响因素进行分析，进而为比较城乡居民医疗消费支出影响因素的异同提供分析基础。

6.2.1 农村居民医疗消费支出的影响因素分析的研究设计

6.2.1.1 模型设定

为了使农村部分的分析与城镇部分具有可比性，本节在模型设定时借鉴本章城镇部分的研究设计，仍然将农村居民医疗消费占比 medratio 作为被解释变量（农村居民医疗消费占比 = 农村居民人均医疗消费支出/农村居民人均消费支出）。由于医疗消费是居民消费中的一类，因此采用医疗消费占比能够很好地反映出农村居民医疗消费在预算约束内的变化情况，同时还避免了物价指数变动所带来的估计误差。结合农村居民消费实际情况，本节将解释变量设定如下：

$medratio_{it}$ 为城镇居民人均医疗消费支出在人均总消费支出中的占比。

$Explanvar_{it}$ 为解释变量：

old_{it} 为省际老年抚养比；

$youth_{it}$ 为省际少儿抚养比；

goe_{it} 为省际政府医疗卫生支出；

$medpric_{it}$ 为省际医疗消费价格指数；

$insurat_{it}$ 为省际医疗保险参保率。

Z_{it} 为其他控制变量：

$infla_{it}$ 为省际通货膨胀率（居民消费价格指数）；

$growth_{it}$ 为省际年度地区生产总值增长率；

$dinco_{it}$ 为省际农村居民人均纯收入。

模型中，i、t 分别表示地区和年份。被解释变量 medratio 为各地区农村居民人均医疗消费支出在人均总消费支出中的占比。本节选取的解释标量包括：

old 为各省份的老年抚养比，youth 为各省份的少儿抚养比。虽然年龄本身并不必然引起医疗消费，但一般认为，人在少年时由于心智和身体均未发育成熟，因此自身抵抗力和抗风险能力较弱，容易引起健康状况的波动；同样随着人们年龄步入老年阶段，各项机能开始退化，这同样增加了疾病的风险。年龄所代表的健康状况很可能会引起居民医疗消费支出的变动。与本章城镇部分的研究设计相同，本节将少儿抚养比和老年抚养比同时纳入模型解释变量。在城镇居民医疗消费影响因素的估计中，年龄变化对被解释变量的影响并不显著。本节将老年抚养比和少儿抚养比纳入模型，除了分析年龄结构对农村居民医疗消费的影响，同时还可以将估计结果与城镇对照，寻找年龄结构变动对城乡居民医疗消费支出影响的差异。goe 为各地区政府医疗卫生支出。理论上来说，医疗消费问题实际上是全社会医疗支出成本在不同主体之间的分配问题，政府的医疗卫生支出增加必然会减轻公众（社会和个人）的医疗支出负担。根据既有文献的研究结论，医疗消费价格指数也是影响居民医疗消费支出的因素。此外，农村居民无论是收入水平还是消费水平相较于城镇居民都更低，因此农村居民对医疗消费价格的变动可能会更敏感，本章医疗消费价格指数变量仍为 medpric。与本章城镇部分的分析类似，为了控制宏观因素，模型还加入了其他宏观因素控制变量，包括各省份居民消费价格指数 infla，用以衡量地区的通货膨胀率；各省份的地区生产总值增长率 growth，以控制各地区的经济增长情况；由于多数研究都证实了收入与医疗消费支出之间存在正向关系，因此本书也将农村居民人均纯收入变量 dinco 纳入了控制变量当中。

本书在城镇居民医疗消费影响因素的分析模型中纳入了各省份城镇职工医疗保险参保率变量。根据本书第 4 章的分析，我国农村在 20 世纪 80 年代推广家庭联产承包责任制后，由于集体经济的不断衰退，原有的合作医疗保障体系也随之瓦解。因此我国广大农村实际上长期处于自费医疗的状态，直到 2003 年新型农村合作医疗开始试点，原有的自费医疗状态才逐步得到缓解；而新型农村合作医疗 2003 年开始试点后，直到 2007 年才在全国普及，因此农村居民新型农村合作医疗参保人数的全国数据只能从 2007 年后才能获得。有鉴于此，本章在分析农村居民医疗消费影响因素时将新农合参保率作为被解释变量，但该数据的时间跨度仅为 2007—2014 年。

6.2.1.2 样本数据来源

根据本章的研究目的和数据的可得性，本节采用 1999—2014 年中国 31 个省级行政区的面板数据对模型进行估计。本节使用的数据中，除了特别说明之外，均来自《中国统计年鉴》或根据《中国统计年鉴》相关数据计算而来。其中，农村居民人均纯收入数据根据各省份居民消费价格指数，以1999年为100进行了调整。此外，由于《中国统计年鉴》统计口径调整，该变量2014年数据为农村居民人均可支配收入。政府医疗卫生支出数变量goe，也根据居民消费价格指数以1999年为100进行了调整。为了消除模型估计过程中可能出现的异方差问题，本书对政府医疗卫生支出变量goe做取对数处理。取对数后该变量用lngoe表示。本节所用数据的描述性统计如表6-6所示。

表6-6 样本描述性统计

Variable		Mean	Std. Dev.	Min	Max	Observations
medratio	overall	0. 069 707 4	0. 022 985 4	0. 014 392	0. 139 862 4	$N = 496$
	between		0. 016 509 6	0. 024 626 6	0. 099 028 9	$n = 31$
	within		0. 016 248 8	0. 020 006 7	0. 138 102 4	$T = 16$
lngoe	overall	3. 769 866	1. 188 545	0. 688 134 6	6. 363 562	$N = 496$
	between		0. 666 501 4	2. 240 754	4. 901 32	$n = 31$
	within		0. 990 896 7	1. 553 007	5. 562 359	$T = 16$
old	overall	11. 805 52	2. 559 088	6. 27	21. 88	$N = 496$
	between		2. 103 715	8. 343 75	16. 107 5	$n = 31$
	within		1. 502 473	5. 088 024	17. 578 02	$T = 16$
youth	overall	26. 604 35	8. 266 459	9. 64	57. 78	$N = 496$
	between		6. 908 131	12. 188 12	39. 384 37	$n = 31$
	within		4. 696 616	16. 734 35	47. 514 35	$T = 16$
medpric	overall	1. 071 518	0. 116 364 8	0. 872 199 5	1. 534 731	$N = 496$
	between		0. 076 720 4	0. 961 877 7	1. 293 241	$n = 31$
	within		0. 088 504 8	0. 778 277 1	1. 346 165	$T = 16$
growth	overall	111. 392 7	2. 509 68	104. 9	123. 8	$N = 496$
	between		0. 965 115 6	110. 181 2	114. 493 7	$n = 31$
	within		2. 322 772	104. 699	120. 699	$T = 16$
dinco	overall	4 194. 361	2 530. 796	1 309. 46	15 478. 31	$N = 496$
	between		1 805. 425	2 213. 065	9 355. 961	$n = 31$
	within		1 801. 15	−59. 969 58	10 777. 12	$T = 16$

表6-6（续）

Variable		Mean	Std. Dev.	Min	Max	Observations
avgdp	overall	24 315.14	20 098.46	2 545	105 231.3	$N=496$
	between		13 074.05	9 779.375	60 941.13	$n=31$
	within		15 433.64	−12 483.53	77 342.76	$T=16$
avbed	overall	11.770 22	4.873 329	1.714 286	50.061 86	$N=485$
	between		2.370 793	6.062 392	16.752 36	$n=31$
	within		4.273 788	−0.776 105 8	47.571 46	$T=15.645 2$
avhospital	overall	0.719 412 2	0.504 868 1	0.028 571 4	3.460 091	$N=484$
	between		0.499 289 3	0.182 178 4	3.095 731	$n=31$
	within		0.106 718	0.415 403 9	1.390 849	$T=15.612 9$
avstaff	overall	15.560 7	5.307 79	1.933 333	43.840 34	$N=486$
	between		3.622 074	8.977 472	22.204 47	$n=31$
	within		3.955 607	0.793 210 7	47.227 56	$T=15.677 4$
avgdp	overall	24 315.14	20 098.46	2 545	105 231.3	$N=496$
	between		13 074.05	9 779.375	60 941.13	$n=31$
	within		15 433.64	−12 483.53	77 342.76	$T=16$
insurat	overall	1.209 168	0.430 043 8	0.244 193 1	6.563 105	$N=239$
	between		0.229 593 6	0.614 708 8	1.774 102	$n=31$
	within		0.363 454 7	0.395 676 1	5.998 171	$T=7.709 68$

6.2.2 农村居民医疗消费支出影响因素实证分析过程

6.2.2.1 模型参数估计

由于本节实证分析采用的是面板数据，首先本节对模型采用混合回归的方式进行估计，估计结果如表6-8中model1所示。从model1的估计结果可以看出，老年抚养比、少儿抚养比、政府医疗卫生投入、各地区生产总值增长率以及农村居民人均纯收入与被解释变量显著负相关，而医疗消费价格指数以及通货膨胀率与被解释变量显著正相关。模型估计的可决系数 R^2 为0.54，调整后的 R^2 为0.53。虽然model1的估计结果较为理想，且无论是变量显著性水平还是模型整体显著性水平都较为显著，但由于我国幅员辽阔、各地区差异较大加之本书采用全国31个省份的面板数据来进行分析，因此在对模型估计时有必要考虑对各地区之间的个体差异进行控制。model1 中由于采用的是混合回归的估计方法，未对各地区的个体差异进行控制，因此可能会导致模型估计结果的偏误。

其次，本节对模型采用固定效应回归的方法来进行估计。这一方法的优势在于可以控制那些不随时间变化但在省际存在差异的不可观测因素。如各省份之间经济发展情况、财政支出情况以及要素禀赋等的差异很可能会对被解释变量产生影响，对每一个省份赋予一个截距项能够很好地控制省份之间的这些个体差异。本节中，采用固定效应的估计结果如表 6-8 中 model2 所示。在固定效应估计结果中，各地区的个体效应 F 统计量为 F（30，458）= 26.11，Prob>F=0.000 0。这表明模型中各地区的个体效应是显著的，在这种情况下使用混合 OLS 估计方法是不合适的①。

最后，由于面板数据模型根据估计方法对个体效应假设的不同而分为固定效应模型和随机效应模型。因此在估计面板数据时除了检验个体效应是否显著以外，还应确定是使用固定效应模型还是使用随机效应模型。本节采用 Hausman 检验结果来判断，其检验的基本思想为：在随机效应假设成立的前提下，固定效应和随机效应的估计结果都是一致的，但随机效应的估计结果比固定效应更有效，如果随机效应的假设不成立则固定效应的估计结果仍然是一致的，随机效应的估计结果不一致。因此可以通过判断固定效应模型估计结果与随机效应估计结果是否存在统计意义上的显著差异来判断该使用固定效应模型还是随机效应模型。本研究中的 Hausman 检验结果为负。根据经验判断，Hausman 检验的原假设不成立，也就是说应采用固定效应对模型进行估计。为了进一步验证这一判断，本节继续在 Hausman 检验时运用固定效应的方差-协方差矩阵和随机效应的方差-协方差矩阵来计算卡方统计量，Hausman 检验的详细结果如表 6-7 所示。表 6-7 的系列检验结果表明，应拒绝 Hausman 检验的原假设而选择固定效应模型。因此表 6-8 中 model2 选择固定效应回归来对模型进行估计是合适的。

表 6-7 Hausman 检验结果汇总表

检验方法	卡方统计量	P 值
Hausman 检验	chi2（23）= -80.28	—

① BAUM C F. An introduction to modern econometrics using stata［M］. Austin：Stata Press，2006：224.

表6-7(续)

检验方法	卡方统计量	P值
使用固定效应方差－协方差矩阵的 Hausman 检验	chi2（11）= 102.06	Prob>chi2 = 0.000 0
使用随机效应方差－协方差矩阵的 Hausman 检验	chi2（11）= 85.16	Prob>chi2 = 0.000 0

根据表6-8中model2的估计结果，在加入个体效应后模型的可决系数较model1有所上升，model2中的 Within－R^2 为 0.66。model2 中的估计系数与model1也有所不同，其中老年抚养比的估计系数为 0.001 6 且在1%的显著性水平上显著；少儿抚养比的估计系数为 -0.000 1 但不显著；政府医疗卫生支出的系数估计值为 0.01 且在1%的显著性水平上显著；医疗消费价格指数的系数估计值为 0.028 并在5%的显著性水平上显著。在宏观控制变量中，地区生产总值增长率、居民消费价格指数与被解释变量负相关，农村居民人均纯收入与被解释变量正相关，但宏观控制变量的估计系数均不显著。

表6-8　估计结果汇总

变量	model1	model2	model3	model4	model5	model6	model7	model8
old	-0.001 **	0.001 6 ***	0.001 **	0.001 ***	0.001 ***	0.001 ***	0.002 ***	0.001 **
	(0.000)	(0.000)	(0.000)	(0.000)	(0.000)	(0.000)	(0.000)	(0.001)
youth	-0.002 ***	-0.000 1	0.000 **	0.000 *	0.000	0.000 *	0.000	0.000
	(0.000)	(0.000)	(0.000)	(0.000)	(0.000)	(0.000)	(0.000)	(0.000)
lngoe	-0.001	0.010 ***	0.012 ***	0.012 ***			0.012 ***	0.027 ***
	(0.001)	(0.002)	(0.003)	(0.003)			(0.003)	(0.005)
medpric	0.022 **	0.028 **	0.021 *	0.021 **	0.013 **	0.016 **	0.023 ***	0.126 ***
	(0.009)	(0.011)	(0.011)	(0.008)	(0.006)	(0.007)	(0.006)	(0.025)
growth	-0.001 ***	-0.000	-0.001 ***	-0.001 **	-0.001 *	-0.001 *	-0.001 ***	-0.001 ***
	(0.000)	(0.000)	(0.000)	(0.000)	(0.000)	(0.000)	(0.000)	(0.000)
dinco	-0.000 ***	0.000	-0.000 **	-0.000 **	-0.000	-0.000 ***	-0.000 ***	-0.000 ***
	(0.000)	(0.000)	(0.000)	(0.000)	(0.000)	(0.000)	(0.000)	(0.000)
infla	0.064 ***	-0.006	-0.031	-0.031	0.007	-0.030 *	-0.055 ***	-0.146 ***
	(0.009)	(0.015)	(0.024)	(0.018)	(0.022)	(0.016)	(0.015)	(0.033)
goeratio					0.419 ***			
					(0.063)			
lnrugoe						0.002		
						(0.002)		

表6-8(续)

变量	model1	model2	model3	model4	model5	model6	model7	model8
avstaff							−0.000 **	−0.000
							(0.000)	(0.000)
avbed							0.000	−0.000
							(0.000)	(0.000)
avhospital							0.011 ***	−0.001
							(0.004)	(0.010)
insurat								0.005 ***
								(0.001)
_cons	0.143 ***	0.034	0.105 **	0.105 **	0.065 *	0.122 ***	0.134 ***	0.144 **
	(0.038)	(0.034)	(0.042)	(0.040)	(0.038)	(0.040)	(0.037)	(0.066)
proveffect	NO	YES	YES	YES	YES	YES	YES	YES
time effect	NO	NO	YES	YES	YES	YES	YES	YES
N	496	496	496	496	496	496	484	227
adj. R^2	0.530	0.630	0.680					
R^2	0.536	0.658	0.714					
Within−R^2		0.658	0.714	0.714	0.729	0.704	0.755	0.701

注：括号内为标准误。 * 为 $p< 0.1$， ** 为 $p<0.05$， *** 为 $p< 0.01$。

model2 所采用的固定效应模型虽然控制了样本中由不同截面所产生的不随时间变化的异质性，但由于本节所采用的数据横跨了 1999—2014 年十余年时间，在此期间中国经济体制改革仍然在不断深入，制度的变革无论是对宏观环境还是微观个体的决策都产生着较大的影响；因此为了进一步提高模型估计的准确性，除了控制不同截面所产生的异质性以外，还应对不同时期所产生的异质性进行控制。基于此本节将在 model2 的基础上加入时间固定效应即双向固定效应，估计结果如表 6-8 中 model3 所示。双向固定效应的优点在于其不仅控制了不同截面间的异质性，还能有效地控制组内不同时期所产生的异质性。由于 model3 加入了时间固定效应，因此有必要对时间效应的整体显著性进行检验。通过构建时间虚拟变量的 F 统计量，其检验结果表明［时间效应 $F(15, 443) = 5.78$, $Prob > F = 0.000\ 0$］，时间效应整体显著。这说明在模型估计时控制时间效应是合理的。表 6-8 中 model3 的估计结果显示，老年抚养比与少儿抚养比均与被解释变量正相关，其估计系数均在 5% 的显著性水平上显著。政府医疗卫生支出与被解释量正相关且在 1% 的显著性水平上显著。医疗消费价格指数与被解释变量正相关并在 10% 的显著性水平上显著。宏观控制变量中，各地区生产总值增长率和农村居民人均纯收入与被解释变量负相关，且在 5% 以上的显著性水平上显著，而居民消费价格指数的系数估计值不显著。此外，model3 的 Within-R^2 相较于 model2 也有所提升，由 model2 中的 0.658 上升为 0.714。随后本书在 model3 的基础上进行稳健性分析。

6.2.2.2 稳健性分析

基于 Model3 的估计结果，首先本节对模型进行异方差检验。由于本节采用固定效应估计面板数据，因此重点关注各组数据间的组间异方差问题。对于异方差的检验，此处采用 White[1] 的检验方法，检验结果详见表 6-9。从表 6-9 可以看出，检验结果强烈拒绝了原假设：同方差假定，说明模型存在显著异方差问题。其次本节对模型进行了相关性检验。根据实证研究的一般经验，面板数据在大 N 小 T 的情况下出现截面相关的可能性较大，而出现序列相关的情况相对较少。因此先采用 Frees[2] 的方法对模型进行截面相关检验。检验结论如表 6-9 所示，检验结果大于 1% 的显著性水平的临界值，故拒绝无截面相关的原假设，认为模型存在截面相关。最后本节根据 Wooldridge[3] 的方法对模型进行了序列相关检验（结果见表 6-9）。检验结果无法在 1% 的显著性水平上拒绝没有一阶自相关的原假设，因此有必要对模型的估计结果进行序列相关修正。

表 6-8 中 Model4 的估计是在 Model3 的基础上进行了异方差、截面相关以及序列相关修正后的估计结果，Model3 的估计方法来自 Daniel Hoechle[4]。可以看出，model4 与 model3 相比其估计系数未发生实质性改变，仅部分估计系数的显著性水平发生了改变。其中，政府医疗卫生支出的估计系数仍与被解释变量正相关，且在 1% 的显著性水平上显著。老年抚养比系数估计值的显著性水平由 model3 中的在 5% 的显著性水平上显著上升为在 1% 的显著性水平上显著，而少儿抚养比系数的估计值的显著性水平则有所下降，仅在 10% 的显著性水平上显著。同时，医疗消费价格指数变量系数估计值的显著性水平也由 model3 中的 10% 上升为 model4 中的 5%。各地区生产总值增长率的显著性水平有所下降，由 model3 中的 1% 下降为 model4 中的 5%。model4 的估计结果表明，政府

① WHITE H. A heteroskedasticity-consistent covariance matrix estimator and a direct test for heteroskedasticity [J]. Econometrica, 1980, 48 (4): 821-827.

② HOYOS R D, SARAFIDIS V. Testing for cross-sectional dependence in panel-data models [J]. Stata journal, 2006, 6 (4): 488-496.

③ WOOLDRIDGE J M. Econometric analysis of cross section and panel data [M]. Cambridge, Massachusetts: The MIT Press, 2002: 319-320.

④ HOECHLE D. Robust standard errors for panel regressions with cross-sectional dependence [J]. Stata journal, 2007, 7 (3): 282-285.

医疗卫生支出的增加会增加农村居民医疗消费支出，这可能是我国农村医疗卫生事业长期缺乏投入，导致农村居民医疗消费由于受医疗条件限制而被长期抑制，因此在政府增加对医疗卫生的投入后，农村居民原来被抑制的医疗消费需求得到释放，进而导致农村居民医疗消费支出增加。model4 中老年抚养比和少儿抚养比的估计系数均为正，且不显著。这与本节之前的预判相符，65 岁以上人群由于年龄步入老年阶段，各项机能开始退化，因此疾病的风险会上升；同样少年儿童由于心智和身体均未发育成熟，因此其自身抵抗力和健康意识较差，也会导致患病风险的增加。由于我国农村居民的医疗消费基本为患病后的治疗支出，保健类消费很少，因此患病概率的增加必然导致医疗消费支出的增加。医疗消费指数的估计系数在 model4 中与被解释变量正相关，这表明农村居民的医疗消费支出受医疗消费价格指数的显著影响，医疗服务和药品的价格上升会导致农村居民医疗消费支出压力的增大。在宏观控制变量中，各地区生产总值增长率和农村居民人均纯收入两个变量的系数估计值均与被解释变量负相关，且都在 5% 的显著性水平上显著，这说明随着经济的发展和农村居民收入的提高，其医疗消费支出的占比会下降。model4 中的另一个宏观控制变量居民消费价格指数的系数估计值不显著。

表 6-9　稳健性检验结果

项目	检验方法	原假设	检验结果	结论
组间异方差	Modified Wald test	H0：sigma（i）^2 = sigma^2 for all i	Prob > chi2 = 0.000 0	存在组间异方差
截面相关	Frees' test	H0：cross-sectional independence	1.781 > alpha = 0.01：0.312 5	存在截面相关
序列相关	Wooldridge test for autocorrelation in panel data	H0：no first order autocorrelation	Prob > F = 0.052 3	存在一阶序列相关

由于居民医疗消费与政府的卫生投入息息相关，为了检验该变量对被解释变量影响的稳健性，本节在接下来的 model5 和 model6 中重点对政府卫生支出变量进行变量替换。在 model5[①] 中本书用各地区政府医疗卫生投入占比变量 goeratio 替换了各地区政府医疗卫生支出变量 lngoe。政府医疗卫生投入占比变量由于采用了政府医疗卫生支出与政府财政总支出的比值，相较于政府医疗卫

---

① model4—model8 的估计方法与 model3 相同。

生支出变量来说消除了各地区政府卫生投入在规模上的差异。从 model5 的估计结果可以看出，在采用了各地区政府医疗卫生投入占比变量 goeratio 后，该变量的估计值仍然与被解释变量正相关，且在 1% 的显著性水平上显著。此外，model5 中的老年抚养比仍然与被解释变量正相关，且在 1% 的显著性水平上显著，而少儿抚养比虽然也和被解释变量正相关但其估计系数不显著。医疗消费价格指数与被解释仍然显著正相关，各地区生产总值增长率与被解释变量显著负相关，其余变量的系数估计值不显著。

由于我国统计年鉴仅公布了各地区政府医疗卫生支出的总数据，未公布各地区政府医疗卫生支出在农村和城镇的分配比例，因此本节在 model6 中采用各地区农村人口占比数对政府医疗卫生支出数据进行了粗略的划分，并在此基础上对该变量取对数，该变量用 lnrugoe 表示。从 model6 的估计结果可以看出，lnrugoe 的估计系数仍然与被解释变量正相关，但并不显著。model6 中老年抚养比和少儿抚养比仍然与被解释变量正相关，其估计系数分别在 1% 和 10% 的显著性水平上显著。医疗消费价格指数与被解释变量正相关，且在 5% 的显著性水平上显著。此外，宏观控制变量均与被解释变量负相关，且其系数估计值均显著。

从 model5 和 model6 的估计结果可以看出，虽然本书对政府医疗卫生支出的变量形式进行了替换，但该变量始终与被解释变量正相关；因此可以认为，政府医疗卫生支出的增加会使农村居民医疗消费支出增加这一结论是稳健的。

农村居民医疗消费支出除了受政府医疗卫生投入的影响较大外，还受到医疗基础设施建设情况的影响。因此本书在 model4 的基础上加入了各地区医疗资源供给情况的变量，包括各地区乡镇卫生机构数、卫生机构床位数以及卫生人员数，估计结果如 model7 所示。为了消除地区间的规模差异，本书对上述变量均以各地区农村人口规模进行平均化处理，处理后各地区乡镇卫生机构数、卫生机构床位数以及卫生人员数分别用 avhospital、avbed、avstaff 来表示。各地区乡镇医疗资源供给情况的数据来自《中国农村统计年鉴》，由于该年鉴中北京和上海两个地区统计口径变化导致部分年份的数据有所缺失，因此 model7 的样本个数较之前略少，但上述样本数据的缺失并不影响面板数据的估计。model7 的估计结果显示，各地区乡镇人均卫生机构数与被解释变量正相关，并在 1% 的显著性水平上显著；而各地区乡镇人均卫生人员数与被解释变量负相关，并在 5% 的显著性水平上显著；而各地区乡镇人均床位数的估计值不显著。这一估计结果表明，乡镇卫生机构的增加会使农村居民医疗消费支出增加。造成这一现象的原因可能是卫生机构的增加使得农村居民获得医疗资源的便利性得到提升，进而使原本被抑制的医疗消费需求得到释放，这与政府医疗卫生投入与农村居民医疗消费支出之间正相关的原因类似。各地区乡镇人均卫生人员数与被解释变量负相关的原因可能是乡镇卫生人员与原来农村医疗保障体系中的"赤脚医生"类似，在解决农村居民常见的医疗需求时，其成本必然低于正规的医疗机构。从宏观层面看，在患病概率既定的情况下，农村居民日常的医疗消费需求仍然集中于常见疾病的预防和治疗。乡镇卫生人员的增加可以使农村居民在面对大量常见疾病时能够就近且低价地购买到其需要的医疗服务，这降低了农村居民的医疗消费支出。

由于我国从 2003 年开始在农村推广新型农村合作医疗，根据既有文献的研究结论，医疗保障制度的建立对居民医疗消费具有显著影响。因此在分析农村居民医疗消费影响因素时有必要将新型农村合作医疗这一因素纳入模型之中。本书选择的变量是各地新农合参合率，即各地区新农合参合人数与农村常住人口的比值。加入新农合参合率变量后的模型估计结果如 model8 所示。我国新型农村合作医疗虽然于 2003 年开始试点，但直到 2007 年才在全国普及，因此 model8 所使用的数据的时间跨度仅为 2007—2014 年。此外，由于天津、山东和广东部分年份的新农合参合人数数据缺失，model8 的样本观测值为 227个。由于本节是从宏观的角度分析农村居民人均医疗消费支出的影响因素，因此 model8 中样本观测值的缺失不会对模型的估计结论产生实质性影响。model8 的估计结果显示，政府医疗卫生支出变量与医疗消费价格指数仍然与被解释变量正相关且在 1%的显著性水平上显著。老年抚养比与被解释变量显著正相关，而少儿抚养比的系数估计值不显著。model8 中新加入的新农合参合率变量与被解释变量正相关，且在 1%的显著性水平上显著。这表明医疗保障体制的加入也会使农村居民的医疗消费支出增加。笔者认为，造成这一现象的原因很可能是农村居民由于收入水平偏低，使得部分医疗消费需求得不到满足，而新农合的推广使得农村居民医疗支付水平有了一定的提升，因此原本被限制的医疗消费需求得到了释放，进而使农村居民人均医疗消费支出增加，这点与政府医疗卫生投入与被解释变量正相关的原因类似。model8 中各地区生产总值增长率变量、农村居民人均纯收入变量以及居民消费价格指数变量均与被解释变量显著负相关。医疗资源供给变量，包括各地区乡镇人均卫生机构数、卫生机构床位数以及卫生人员数变量的系数估计值均不显著。由于 model8中加入的变量较多，有必要对 model8 各变量间是否存在严重的多重共线性进行检验。Model8 中各变量的膨胀因子（VIF）如表 6-10 所示。

表 6-10　model8 中各变量膨胀因子

Variable	VIF
old	2.07
youth	1.72
lngoe	3.28
medpric	2.08
growth	1.89
dinco	2.92
infla	3.02
avstaff	1.76
avbed	3.24
avhospital	1.68
insurat	1.23
Mean VIF	2.26

由表 6-10 可以看出，model8 中各变量的 VIF 最大值为 3.28，全部变量的 VIF 平均值为 2.26，因此可以认为模型不存在严重的多重共线性。

6.2.2.3　估计结果讨论

从 model4 的估计结果可以看出，政府医疗卫生的投入变量估计系数为 0.012，且在 1% 的显著性水平上显著，这表明政府医疗卫生支出与农村居民医疗消费正相关。本节在 model5 和 model6 中分别采用各地区政府医疗卫生投入占比数据和经过各地区农村人口占比数调整后的政府医疗卫生投入数据，作为政府医疗卫生投入的代理变量来对模型进行估计。其中，model5 中的政府医疗卫生投入占比数据的系数估计值为 0.419，且在 1% 的显著性水平上显著；而 model6 中经过各地区农村人口占比数调整后的政府医疗卫生投入数据仍与被解释变量正相关，但并不显著。

老年抚养比变量和少儿抚养比变量在 model4 中均与被解释变量正相关，并分别在 1% 和 10% 的显著性水平上显著。说明年龄结构的变化对我国农村居民医疗消费支出是有显著影响的。具体来说，老年抚养比和少儿抚养比的上升会导致农村居民医疗消费支出的增加。这与本节之前的假设相符。在年龄结构变量中，老年抚养比在 model5—model8 中的系数估计值均显著，而少儿抚养比的系数估计值仅在 model6 中显著。

医疗消费价格指数在 model4 中的参数估计值为 0.021，并在 5%的显著性水平上显著。这说明医疗消费价格指数的上升会导致农村居民医疗消费支出压力的增加。一般来说，商品价格上升会降低人们对该商品的需求程度。但正如本书第四章所分析的那样，医疗消费品不是一般的商品，其具有不确定性和紧迫性的特点，一旦居民产生了医疗消费的需求，只要其预算允许，就会优先满足医疗消费需求，而这时居民只能通过挤占其他消费需求预算的方式来满足医疗消费需求。从本书的估计结果来看，医疗消费价格指数的系数值在 model1—model8 中均与被解释变量显著正相关，因此医疗消费价格指数上升会导致农村居民医疗消费支出压力提高这一结论是相对稳健的。

从 model4 的估计结果来看，本节所选取的宏观控制变量中，各地区生产总值增长率变量和农村居民人均纯收入变量与被解释变量显著负相关。这表明，随着经济的发展和农村居民收入的增加，农村居民医疗消费支出的占比会降低，农村居民更倾向于把医疗消费品看作必需品。由于各地区生产总值增长率变量在 model5—model8 中均显著，而农村居民人均纯收入变量在 model5—model8 的估计中除了 model5 中的系数估计值不显著外其余均显著，因此，本节关于各地区生产总值增长率变量和农村居民人均纯收入变量与被解释变量负相关的结论是相对稳健的。

本节在 model7 中加入了医疗资源供给情况的变量，包括各地区乡镇人均卫生机构数、人均卫生机构床位数以及人均卫生人员数。从 model7 的估计结果来看，乡镇人均卫生机构数的系数估计值为 0.011，并在 1%的显著性水平上显著；各地区乡镇人均卫生人员数的系数估计值为 -0.000 3，并在 5%的显著性水平上显著；各地区卫生机构床位数的系数估计值不显著。此外，本书在 model8 中加入的新农合参合率变量的系数估计值为 0.005，并在 1%的显著性水平上显著。

通过对表 6-8 中 model1—model8 的估计结果的分析，本书得出以下结论：

第一，在我国农村居民医疗消费支出影响因素中，国家政策扮演着重要角色。从表 6-8 的估计结果来看，政府医疗卫生支出无论是取对数形式还是采用与政府财政总支出比值的形式，其估计结果均与被解释变量显著正相关。这表明，我国农村居民人均医疗消费支出的增加与政府医疗卫生投入的增加有关。从医疗资源供给情况的角度来看，各地区乡镇人均医疗机构数与被解释变量显著正相关，而人均卫生人员数与被解释变量显著负相关。除此之外，新型农村合作医疗参合率的系数估计值也显著为正。无论是国家医疗卫生投入、各地区乡镇医疗资源的供给还是新农合参合的推广，都是由政府主导并受国家政策选择影响的。换言之，全社会的医疗成本在国家、社会以及个人之间分配的过程必然由国家政策选择所主导，Getzen 的研究也持有类似观点。

第二，年龄结构的变化对农村居民医疗消费支出也会产生影响。根据表6-8中的估计结果，老年抚养比和少儿抚养比对我国农村居民人均医疗消费支出有显著影响，其中老年抚养比的系数估计绝对值较少儿抚养比更大，显著性水平也更高。这意味着，随着我国农村老龄化程度的提高，医疗消费负担将会加重。

第三，经济发展水平的提高和农村居民收入的增加会降低农村居民医疗消费支出的占比。从本书模型的估计结果来看，各地区生产总值增长率变量和农村居民人均纯收入变量均与被解释变量显著负相关。这表明，医疗消费之于农村居民是必需品而非奢侈品。

第四，农村居民医疗消费需求将有一个释放的过程。从本节模型的估计结果来看，农村居民由于受医疗服务的可及性和便利性的制约，其医疗消费需求被长期抑制。随着我国农村社会保障体系的进一步健全以及国家对医疗卫生事业的持续投入，农村居民的医疗消费需求将由原来的被抑制转变为被逐步释放。此外，由于农村居民消费往往受城镇居民消费示范作用的影响，现阶段我国农村居民医疗消费水平在质和量上均与城镇居民存在一定差距。因此，可以预见，随着我国经济社会的发展，我国农村居民的医疗消费需求将出现一个快速增长的过程。根据本书第5章的分析，农村居民医疗消费对农村居民整体消费具有影响，农村居民医疗消费需求的快速增长过程必然对农村居民的整体消费需求产生一定的冲击。此外，由于消费需求对资源配置具有引导作用，农村居民占我国人口一半以上，因此如何通过宏观调控对农村医疗资源和医疗市场进行优化，从而满足广大农村居民的基本医疗服务需求，避免供需失衡造成农村医疗市场的大幅波动，是我国政府在制定宏观经济政策时需要考虑的问题。

7 居民医疗消费支出的城乡差异分析

本书在第 5 章和第 6 章分别探讨了医疗消费对城乡居民消费的影响以及城乡居民医疗消费支出的影响因素。可以看出，医疗消费由于其自身具有不确定性、紧迫性以及大额一次支付等特点，其对于我国城乡居民整体消费的影响必然存在某些共性特点。同时也应看到，由于城乡二元体制的存在，医疗消费对我国居民消费的影响在城镇和农村又具有各自的特性。同样，我国居民医疗消费支出的决定因素在城镇和农村也存在一定的差异。由于我国城乡二元体制短期内不会快速消失，因此，有必要对上述差异进行对比分析，以便在制定相关行业政策和健全我国医疗保障制度时，能够根据我国居民在医疗消费上的城乡差异进行有针对性的制度设计。

7.1 医疗消费支出的城乡差异对比

7.1.1 医疗消费支出对居民消费的影响的城乡比较

根据本书第 4 章的分析，居民医疗消费虽然与居民其他消费一样具有某些居民消费的共性特征，但医疗消费往往具有不确定性、紧迫性以及大额一次支付等个性特点。正是医疗消费的上述特点使得居民医疗消费支出变化除了影响居民其他消费的预算约束外，还会使居民的储蓄动机发生改变，进而引起居民整体消费情况的波动。此外，由于我国城乡二元体制的存在，我国城乡居民在消费环境、社会保障程度以及公共产品供给方面均存在一定差异，因此，医疗消费对居民整体消费的影响势必也存在城乡差异。由于本书第 5 章是从宏观的角度来分析医疗消费对居民消费的影响的，且本书在分析医疗消费对城镇居民消费的影响以及医疗消费对农村居民消费的影响时，均选择居民消费需求在GDP 中的占比作为被解释变量，因此本书第 5 章中关于医疗消费对城乡居民消费影响的分析结论具有一定的可比性。医疗消费对城乡居民消费影响实证结果的比较分析，可以较为直观地反映出医疗消费对居民消费所产生的影响在城乡二元体制下的差异。根据本章的研究目的，下面选择第 5 章表 5-2 中 model3、model4 以及表 5-5 中 model4、model5 的估计结果来进行医疗消费对我国城乡居民消费影响的差异分析，对比详情如表 7-1 所示。

表 7-1 医疗消费影响城乡对比表

城镇			农村		
vars	model3	model4	vars	model4	model5
goeratio	1. 307 ***		goeratio	− 1. 163 ***	
	(0. 285)			(0. 215)	
medratio	− 0. 709 ***	− 0. 593 ***	medratio	− 0. 216 *	− 0. 356 ***
	(0. 224)	(0. 214)		(0. 119)	(0. 102)
eduratio	− 0. 287 **	− 0. 310 *	eduratio	0. 120 *	0. 236 *
	(0. 137)	(0. 176)		(0. 070)	(0. 123)
loandep	0. 036 ***	0. 057 ***	loandep	− 0. 017 ***	− 0. 013
	(0. 006)	(0. 006)		(0. 006)	(0. 008)
dinco	0. 000 ***	0. 000 **	dinco	0. 000	0. 000
	(0. 000)	(0. 000)		(0. 000)	(0. 000)
bed		0. 000 ***	lnbeds		− 0. 031 ***
		(0. 000)			(0. 009)
staff		0. 000 **	lnmedstaff		0. 005
		(0. 000)			(0. 005)
hospital		0. 000	lnhospital		0. 033 *
		(0. 000)			(0. 018)

注：括号内为标准误。* 为 $p<0.1$，** 为 $p<0.05$，*** 为 $p<0.01$。

从表 7-1 可以看出，政府医疗卫生支出占比变量 goeratio 对我国城乡居民消费的影响明显不同，其中：政府医疗卫生投入占比变量与城镇居民消费正相关，但与农村居民消费负相关，这表明政府增加医疗卫生的投入预算能够对城镇居民的整体消费产生促进作用；而在宏观控制变量大致相同的情况下，农村部分的估计结果却显示，政府增加医疗卫生的投入会降低农村居民整体消费需求。一般来说，现代国家的医疗成本会在政府、社会和个人之间进行分配，在医疗成本既定的情况下，政府医疗支出的增加必然会使社会和个人的医疗成本降低，进而一方面增加居民其他消费的预算，另一方面降低居民为医疗消费而进行的预防性储蓄，而政府医疗卫生支出在上述两方面均能够起到增加居民消费需求的作用。然而，根据本书的估计结果，这个一般性结论虽已被本书城市部分的估计结果验证，但我国广大农村的情况有所不同。根据本书第4章的论述，农村居民在家庭联产承包责任制推广后，集体经济由于名存实亡，无法再承担农村居民的医疗保障职能，使得农村居民长期处于自费医疗的状态，医疗消费负担沉重。由于农村居民相对于我国城镇居民而言，无论是收入水平还是消费水平均偏低，因此在沉重的医疗消费负担下，很多农村居民只能被迫选择放弃医疗消费。此外，农村集体经济名存实亡还导致了原本由集体经济负责维持的农村卫生室也难以为继，这使得农村医疗资源可及性与城镇相比具有较大差距。从本书所选择的变量来看，农村居民人均卫生机构数的均值为0.7/万人，农村居民人均卫生机构床位数和人均卫生人员数的均值分别为11.51/万人以及15.25/万人；而城镇居民人均卫生机构数的均值为1.3/万人，城镇居民人均卫生机构床位数和人均卫生人员数的均值分别为58.9/万人和33.4/万人。由于卫生资源可及性较差，农村居民无法就近满足医疗消费需求而只能依赖城镇的医疗资源，这进一步增加了农村居民获得医疗服务的成本。农村居民医疗消费过程中的费用负担过重和医疗资源可及性较差等原因使得我国农村"小病不去医，大病医不起"的情况层出不穷，一场病看到倾家荡产的情况也时有发生。2008年卫生部第四次国家卫生服务调查显示，农村居民患病应就诊而未去就诊的比例达37.8%，2003年这一比例为45.8%；而患病应住院而未住院的农村居民占比达24.7%，2003年这一比例为30.3%。基于以上分析，本书认为，政府医疗卫生投入占比变量与农村居民消费需求负相关的原因是农村居民医疗消费需求长期被抑制，随着政府医疗卫生投入的增加，农村居民医疗卫生资源可及性得到改善，使得农村居民原本被抑制的医疗消费需求得到释放。由于医疗消费需求往往具有不确定性和大额一次性支付等特点，因此农村居民不得不通过增加储蓄的方式来满足自身健康的需求，因此农村居民医疗消费需求被释放反而造成了农村居民整体消费需求的下降。

从居民医疗消费占比变量medratio对居民消费的影响来看，医疗消费占比变量与居民消费需求为显著负相关关系，这一点无论是城镇还是农村都是相同的。这表明现阶段无论是城镇还是农村，医疗消费的增长对居民整体消费的确存在一定的抑制作用。不同之处在于，medratio变量的系数估计值在城镇和农村之间存在较大差距。从表7-1的对比结果可以看出，医疗消费对城镇居民的影响要大于对农村居民的影响。这一方面是由于城镇居民的收入水平和消费水平较农村居民更高，在谨慎动机的影响下其预算约束可被压缩的空间更大；另一方面，由于我国城镇的医疗设施较农村更为完备，其医疗消费水平也更高，导致城镇居民必须进行更多的储蓄才能应对未来可能出现的由医疗消费支出不确定性所导致的支付困难。

从表7-1中城乡居民教育消费支出占比的估计结果来看，城镇居民教育消费支出对城镇居民整体消费需求的抑制作用明显，而农村居民教育消费支出对农村居民整体消费需求没有明显的抑制作用。这一结果表明，无论是城镇还是农村，医疗消费支出所产生的不确定性对居民消费的影响都大于教育消费支出。居民医疗消费支出和居民教育消费支出都是居民消费中的一类。改革开放以来，随着我国渐进式改革的不断推进，居民医疗消费和教育消费的价格不断上涨，人们对医疗消费和教育消费原有的支出预期被打破，加之居民医疗消费支出和居民教育消费支出都存在一定的支出刚性，这就使得居民未来支出的不确定性逐渐提高。根据预防性储蓄理论，居民在面对未来预期不确定时会产生谨慎动机，并倾向于通过增加储蓄的方式来预防未来可能出现的支付风险。因此，本书表7-1中城镇部分模型的解释变量 medratio 以及 eduratio 的系数估计值为负，表明我国城镇居民基于医疗消费和教育消费所产生的预防性储蓄动机是存在的。此外，表7-1中农村部分 eduratio 变量的系数估计值为正。从本书所选择的样本来看，农村居民教育消费支出占比变量的均值为 0.096，最大值为 0.18；而城镇居民教育消费支出占比变量的均值为 0.062，最大值为 0.11；同时农村居民医疗消费支出占比变量的均值为 0.069，最大值为 0.13。可以看出，农村居民教育消费支出占比变量无论是与城镇居民相比还是与农村居民医疗消费占比变量相比，都具有更大的比重。这有可能导致其对被解释变量的影响权重更大，加之居民教育消费支出占比并非本书重点关注的变量，文中也未对其进行进一步的稳健性检验，因此并不能由此得出农村居民基于教育消费支出的预防性储蓄动机不存在的结论。

金融发展程度指标 loandep 与城镇部分所选择的模型被解释变量显著正相关而与农村部分所选择的模型被解释变量显著负相关。这说明，金融发展程度能够对城镇居民的流动性约束起到一定的缓解作用，但对农村居民的流动性约束没有明显的缓解作用。造成这一现象的原因是，随着我国金融业的不断发展，城镇居民通过金融市场来平滑消费的便利性和可及性都有所提高，但我国的金融发展存在城乡脱节的现象，农村居民消费无法享受我国金融发展所带来的便利。金融发展程度指标的系数估计值在城乡上的差异从侧面反映了我国金融资产朝城市集中的现象。

医疗卫生资源供给情况变量的系数估计值也反映出了城乡的差异。根据表7-1的对比结果：卫生机构床位数、卫生机构人员数以及卫生机构数变量均与城市部分 model4 的被解释变量正相关，其中卫生机构床位数变量和卫生机构人员数变量的系数估计值显著，卫生机构数变量的系数估计值不显著。在农村部分的 model5 中，卫生机构床位数变量与被解释变量显著负相关，卫生机构数变量与被解释变量显著正相关，而卫生机构人员数变量与被解释变量正相关但并不显著。从医疗卫生资源供给情况变量的系数估计值来看，城镇医疗卫生资源供给的增加能对城镇居民消费需求产生促进作用。农村医疗卫生资源供给的增加对农村居民消费需求的影响却因医疗资源供给种类的不同而有所不同，其中医疗机构床位数变量与被解释变量显著负相关，而医疗机构数与医疗机构人员数和被解释变量正相关，但仅医疗机构数变量的系数估计值显著而医疗机构人员数变量的系数估计值不显著。

总体来看，医疗消费与我国城乡居民消费均存在负相关关系，然而我国城乡二元体制所导致的城镇和农村在经济发展程度、公共服务水平等方面的差异，使得医疗消费对居民消费的影响也表现出一定的城乡差异。

7.1.2 医疗消费支出影响因素的城乡比较

根据本书之前的分析，医疗消费对于我国居民消费需求的影响因我国城乡二元体制的存在而表现出城乡差异。同样，居民医疗消费的影响因素也存在城乡差异。主要表现在以下几个方面：

第一，年龄结构对居民医疗消费影响的城乡差异。根据本书第 6 章城镇部分的估计结果，少儿抚养比与城镇居民的医疗消费显著负相关，而老年抚养比对城镇居民的医疗消费影响并不显著。在本书第 6 章农村部分的估计中，老年抚养比和少儿抚养比均与农村居民医疗消费支出显著正相关。老年抚养比对居民医疗消费影响的城乡差异反映出我国医疗保障体系在城乡上的失衡，而老年人口健康状况的差异也可能是造成上述差异的原因。此外，少儿抚养比对我国居民医疗消费支出影响的城乡差异也值得关注。从本书的估计结果来看，少儿抚养比与城镇居民的医疗消费显著负相关，这说明随着我国城镇居民生育率的下降，我国城镇居民的消费观念和抚养观念也发生了改变，城镇居民更加注重少年儿童身心的健康和疾病的预防投入。本书第 6 章农村部分的估计结果显示，少儿抚养比与农村居民医疗消费支出显著正相关。由于我国农村居民的医疗消费基本为患病后的治疗支出，保健类消费很少，而少年儿童由于心智和身体均未发育成熟，其患病风险较高。因此，农村居民的医疗消费支出会与少儿抚养比显著正相关。

第二，医疗保障体制对居民医疗消费影响的城乡差异。从第6章城镇部分的估计结果来看，医疗保险参保率对城镇居民的医疗消费支出有显著的抑制作用。这表明，随着医疗保险覆盖率和保障水平的提高，城镇居民的医疗消费支出压力会得到缓解。相反，我国农村地区，随着新农合参合率的提高，我国农村居民医疗消费支出反而会上升。

第三，政府医疗卫生投入变量对居民医疗消费支出影响的城乡差异。根据本书第6章城镇部分的估计结果，政府医疗卫生投入变量与城镇居民医疗消费支出显著负相关，这表明政府增加医疗卫生投入能够有效缓解城镇居民的医疗消费支出压力。第6章农村部分的估计结果显示，政府医疗卫生投入变量与农村居民医疗消费之间存在显著正相关关系。也就是说，政府医疗卫生投入与城镇居民医疗消费之间可能存在替代关系，而与农村居民医疗消费支出之间可能是引导关系。

第四，医疗消费价格指数对城乡居民医疗消费支出影响的差异。从本书第6章城镇部分的估计结果可以看出，医疗消费价格指数与城镇居民医疗消费支出显著负相关。这表明，随着医疗消费价格指数的上升，城镇居民的医疗消费支出占比会下降。本书第6章农村部分的估计结果则表明，医疗消费价格指数的上升会导致农村居民医疗消费支出压力增大。造成这一现象的原因可能是，医疗消费价格指数往往只反映部分医疗消费品和服务的单位价格水平，而城镇居民医疗消费资源供给丰富，医疗消费的供给方可以通过"过度医疗""诱导消费"以及使用价格较为昂贵但并未纳入医疗消费价格体系的医疗消费品，来规避国家对医疗消费品的价格管制。相应地，我国农村地区由于医疗资源供给相对于城市而言比较匮乏，因此医疗消费供给方所能提供的医疗消费品相对单一，因此医疗消费价格指数能够较为准确地反映出农村居民医疗消费的价格水平。

第五，医疗资源供给情况变量对城乡居民医疗消费支出影响的差异。本书第6章城镇部分的估计结果显示，城镇卫生机构数变量与城镇居民医疗消费支出之间显著负相关，而城镇医疗机构床位数变量和城镇卫生人员数变量的系数估计值不显著。第6章农村部分的估计结果显示，农村卫生机构数变量与农村居民医疗消费支出显著正相关，农村卫生人员数与农村居民医疗消费支出显著负相关，农村卫生机构床位数变量的系数估计值不显著。这表明，不同的医疗资源供给种类，对我国城乡居民医疗消费支出的影响是不同的；同时，现阶段同种类的医疗资源在我国城镇和农村地区所起到的作用也是不同的。这就要求政府在提供医疗资源供给时能够充分考虑城乡间的差异，进行有针对性的资源配置。

总体来看，我国城乡二元体制的存在，使得我国居民医疗消费的影响因素也存在城乡间的具体差异。2009 年，我国拉开了新一轮医疗体制改革的序幕，如果在政策制定过程中忽视了上述城乡差异，则可能导致政策的盲目性和医疗资源配置的无效率。同时我们也应该看到，虽然医疗消费的影响因素在城乡间存在一定的差异，但本书第 6 章关于我国城乡居民医疗消费影响因素的分析还是能够得出一些共性：

首先，从宏观的角度来看，无论是城镇居民还是农村居民，其医疗消费支出都受到国家政策因素的直接干预。无论是政府医疗卫生投入变量、医疗资源供给变量还是医疗保险（农村合作医疗）均是由政府主导实施的政策性行为。回顾我国上一轮医疗体制改革的历程，当政府职能和财政资金逐步退出我国医疗体制时，居民的医疗消费支出就必然呈现出大幅上涨的趋势。近年来，随着我国政府医疗卫生投入的增加以及各项医疗保障制度的逐步建立，居民医疗消费支出的压力总体上呈现缓解的趋势。

其次，经济的快速稳定增长对缓解我国城乡居民医疗消费支出压力具有显著的作用。从本书关于我国居民医疗消费支出影响因素的分析来看，无论是城镇还是农村，各地区生产总值增长率变量作为实证分析所选择的宏观控制变量，均与居民医疗消费支出占比变量显著负相关。这说明，经济的发展仍然是解决我国当前居民医疗消费中存在的各项矛盾的前提。

最后，年龄结构的变化对我国居民医疗消费产生了一定的冲击。当前，我国人口老龄化趋势和出生率降低的趋势明显，随着 20 世纪 50 年代"婴儿潮"出生人口逐渐成为 65 周岁以上老龄人口，我国医疗消费市场可能面临新的冲击。同时，随着人口出生率的下降，社会和家庭对少年儿童群体的身心健康的关注度将越来越高，我国原有的针对少年儿童的卫生服务水平（包括疾病预防、卫生条件、疫苗接种等）将越来越无法满足社会的需求。

7.2　城乡统筹对居民医疗消费的影响分析

正如本书之前的分析结论所指出的那样，我国城乡居民医疗消费支出必然是受国家决策和政策选择所引导的。同时，医疗消费作为居民消费的一个种类，也遵循消费的一般规律。

7.2.1 城镇示范效应与农村居民医疗消费的释放

杜森贝利（Duesenberry）首先提出了"示范效应"这一概念，认为当消费者的收入与周围消费者的收入相比不变时，其收入中用于消费的比例就不会发生变化；而当消费者周围人群的收入和消费增加时，即使消费者自身的收入并没有增加，但由于消费者会顾及其在社会上的对等地位，也会提高自己的消费水平。这种消费行为模式会使短期消费函数随着社会平均收入的提高而整体向上移动。杜森贝利将这种消费者打肿脸充胖子的行为归纳为示范效应。示范效应表明，人们在消费过程中会相互影响、相互作用进而形成一个社会消费发展的一种趋势。一般来说，示范效应的发生需具备几个条件：第一，人民生活基本需求得到满足，消费需求开始从满足生活基本需要向更高级的追求生活品质发展；第二，市场经济高度发展，社会收入差距逐渐扩大；第三，社会合作和社会分工进一步发展，人口流动加剧，消费信息快速散播。

我国城乡二元体制造成了城镇居民与农村居民在收入水平和消费水平上的差距。近年来，随着我国经济的快速增长、社会分工不断细化以及城乡人口流动的加剧，我国居民消费的示范效应也越来越受到学界的关注。周建、杨秀祯[1]指出，城镇对农村消费行为具有显著的示范性作用，同时农村消费行为中的预防性储蓄动机效应和攀附效应也可以通过城乡联动机制表现出来。易行健等[2]也认为，农村消费受到的来自城市的示范效应相当显著，尤其是在文教娱乐和医疗保健等方面，农村消费受到来自城市的示范效应的影响最为显著。总体来看，城镇居民消费对农村居民消费的示范作用主要集中于两个方面：第一，城镇居民较高的消费水平对于农村居民的消费需求变化具有示范效应，随着我国农村居民收入水平的提高，城镇居民较高的生活品质对农村居民具有较强的吸引力和引导作用，尤其在部分经济较为富裕的农村，居民率先提高消费水平后，这一引导和示范作用在农村更好地得到扩散和传播，进而引起其他农村居民打肿脸充胖子进行盲目的攀比；第二，城镇居民面临较高的医疗、教育等支出压力时所产生的预防性储蓄动机，也会对农村居民产生较大的警示作用。本书认为，对于医疗消费而言，由于其具有一定的特殊性，因此其示范效应更为明显。首先，保持健康是人类的基本生存需要，无论是城镇居民还是农

---

① 周建，杨秀祯. 我国农村消费行为变迁及城乡联动机制研究［J］. 经济研究，2009（1）：83-95.

② 易行健，吴庆源，杨碧云. 收入差距与消费行为的城乡示范效应：基于我国省级面板数据的实证研究［J］. 上海财经大学学报，2012（5）：53-59.

村居民恢复并保持身体健康，都是其在满足了温饱需求后的重要消费诉求。其次，随着我国社会发展程度和人口素质的不断提高，我国居民对健康的重视程度和认知水平都有大幅的提升，使得农村居民对卫生条件的要求也逐渐以城镇作为参照标准而越来越高。最后，随着我国经济的发展，无论是企业还是个人都将健康水平和受教育程度视为人力资本要素，因此医疗和教育消费的支出被看作人力资本投资；而随着我国农村劳动力不断参与社会分工，农村居民必然会改变原有的医疗消费观念，并向城市靠拢。因此，我国农村居民的医疗消费支出必然会呈现出一个增长趋势。截至 2014 年年末，我国城镇居民人均医疗保健消费支出为 1 305.6 元，而农村居民人均医疗保健消费支出为 753.9 元。可以看出，我国居民医疗保健人均消费支出的城乡差距巨大，这也意味着，我国农村居民医疗消费支出还有很大的上升空间。

7.2.2 公共卫生服务均等化对我国居民医疗消费的影响

现代国家，政府负有为其公民提供与经济社会发展程度相适应的、大致均等的基本公共服务的职责。卫生服务是公共服务中的一种，因此公共卫生服务是指，在一定的社会发育程度和经济发展水平下，政府利用公共资源，在财政负担能力范围内，为公民提供疾病防治过程中必要的、大致均等的医疗卫生服务。根据我国官方文件的口径，我国基本医疗卫生服务涵盖了包括居民健康档案、预防接种、传染病防治、儿童保健、孕产妇保健、老年人保健、健康教育、慢性病管理以及重性精神疾病管理等十个方面。我国医疗体制沿革的历史以及西方主要发达国家的经验都表明，公共卫生服务作为一种公共产品或准公共产品，不能过多地依靠市场机制来供给，政府在公共卫生服务领域必须发挥主导作用。由于我国幅员辽阔、人口众多，地区差异较大，因此我国公共卫生服务的均等化水平高低是衡量我国公共卫生服务是否达标的关键问题。那么均等化的标准是什么呢？本书认为，衡量公共卫生服务均等化程度的标准主要是以下几个方面：第一，机会均等，即全体公民都有机会获得公共卫生服务。第二，服务水平均等，政府提供的公共卫生服务，其服务性质决定了该服务是基础性的，具有"低标准、广覆盖"的特征，但这种低标准也必须和公民基本医疗卫生需求大致相符。第三，结果均等，即相同情况下，不同居民在接受公共卫生服务后，所达到的效果应是大致相同的。就目前的情况来看，我国公共卫生服务均等化还有很大的提升空间。我国公共卫生服务不均等的问题由来已久，且其形成原因也非常复杂，仅就我国公共卫生服务的城乡差异来看，这种不均等主要表现在：

第一，资源配置不均等。从本书所选择的样本数据来看，2014年我国农村居民人均卫生机构数、人均卫生机构床位数以及人均卫生人员数的均值分别为0.75/万人、18.1/万人和19.9/万人，而截至2013年年末，我国城镇居民人均卫生机构数、人均卫生机构床位数以及人均卫生人员数的均值分别为1.2/万人、71.8/万人以及35.2/万人。可以看出，仅就医疗资源供给情况而言，我国城乡间就存在巨大的差异。

第二，医疗保障不均等。我国现有三个医疗保障制度，其中针对城镇居民的为城镇职工基本医疗保险和城镇居民基本医疗保险，针对农村居民的有新型农村合作医疗制度。虽然经过多年努力，上述医疗保障体制基本达到了较高的覆盖率，截至2013年年末城镇职工基本医疗保险的参保率为37.5%，城镇居民基本医疗保险的参保率为40.9%，而新型农村合作医疗的参合率为99%；但三种保障制度在筹资水平上仍然存在较大的城乡差异。以2014年为例，城镇职工基本医疗保险人均筹资水平为2 841元，城镇居民基本医疗保险的人均筹资水平为524元，新农合人均筹资水平为411元。显然，筹资水平的差异必然导致保障水平的不同。从医疗保障制度的城乡差异来看，城乡医疗保障制度的筹资水平应保持一致。当然，如果要求新农合的筹资水平短期内达到城镇职工基本医疗保险的水平，也不太现实，但让新农合的筹资水平与城保持平还是现实的。2016年1月，国务院印发了《关于整合城乡居民基本医疗保险制度的意见》（以下简称《意见》），就整合城镇居民基本医疗保险和新型农村合作医疗两项制度，建立统一的城乡居民基本医疗保险制度提出了明确要求。《意见》提出要在覆盖范围、筹资政策、保障待遇、医保目录、定点管理以及基金管理六个方面，实现城镇居民基本医疗保险和新型农村合作医疗制度的整合。因此，可以预见，随着《意见》提出的整合要求逐步落实，城乡居民在医疗保障方面的不均等现象可能会缓解。

第三，医疗服务可及性不均等。医疗服务可及性是指，政府在提供了医疗卫生服务的前提下，考虑到地理位置的远近以及费用负担能力的大小等因素，居民利用这些医疗卫生服务的难易程度。目前，通过城乡统筹以及城乡居民医疗保险整合能够部分解决农村居民医疗消费时，费用负担能力上的欠缺所导致的医疗服务可及性不高的问题，但对于消除地理位置所造成的城乡居民在医疗服务可及性上的差异并没有较好的手段。这主要是由于广大农村居民居住分散的客观条件造成的。

根据本书之前的分析结果，农村居民医疗消费由于长期受到收入水平、国家财政投入以及医疗资源供给等因素的制约，其医疗消费需求处于被抑制的状态。但随着我国公共卫生服务均等化进程、农村居民收入的不断提高以及国家财政投入的增加，农村居民的医疗消费需求将被逐步释放。同时我们也必须清醒地看到，农村居民医疗消费的制约因素不可能在短时间内全部消除。

通过对医疗消费对我国城乡居民消费的影响以及我国城乡居民医疗消费的影响因素进行对比分析，可以看出，目前由于城乡二元体制的存在，我国居民医疗消费在消费水平和消费环境等方面存在明显的城乡差异。随着我国经济社会的不断发展，人们对健康的重视程度不断提高这一趋势无法避免，这也预示着医疗消费支出在我国城乡居民的消费支出中的占比会越来越大。同时，随着公共卫生服务均等化程度的进一步提高，农村居民在城镇居民消费示范作用的影响下，其医疗消费支出的增长速度将快于城镇居民。城乡居民不断上涨的医疗消费需求不仅对我国相对匮乏的卫生资源提出了挑战，同时也为我国拉动居民消费制造了难题。因为随着居民医疗消费支出的增加，居民基于医疗消费支出不确定性所产生的预防性储蓄动机必然会随之增强。

8 研究结论及对策建议

8.1 本书的研究发现和结论

8.1.1 本书的研究发现

本书利用我国 1999—2014 年的宏观经济数据，通过实证方法，对医疗消费对我国城乡居民消费的影响以及我国城乡居民医疗消费的影响因素进行了分析，并在上述分析的基础上对我国居民医疗消费情况以及医疗消费对我国居民消费需求的影响进行了城乡比较。本书的实证研究分为三个部分：第一部分是对医疗消费支出对我国城乡居民消费影响的分析，第二部分是对我国城乡居民医疗消费支出影响因素的分析，第三部分是对医疗消费支出对居民消费影响的城乡差异以及我国居民医疗消费支出影响因素的城乡差异进行比较。接下来本书将对实证研究部分的主要发现进行回顾并结合本书实证研究的发现给出本书的研究结论。

本书第 5 章利用 1999—2014 年我国 31 个省份的面板数据对医疗消费对我国城镇居民消费的影响进行了实证分析。实证结果表明，城镇居民人均医疗消费支出占比数据与城镇居民消费需求在 GDP 中的占比数据显著负相关。这表明，城镇居民医疗消费支出的增加会抑制城镇居民的消费需求。城镇居民医疗消费的增加会导致城镇居民预防性储蓄动机增强，进而减少当期消费。与城镇居民医疗消费具有类似效果的还有城镇居民教育消费支出，其与城镇居民消费需求在 GDP 中的占比数据显著负相关。第 5 章的实证结果还表明，城镇居民医疗消费支出所产生的预防性储蓄动机强于城镇居民教育消费支出所产生的预防性储蓄动机。在本书第 5 章的实证结果中，政府医疗卫生支出与城镇居民消费需求在 GDP 中的占比显著正相关，这说明城镇居民医疗消费问题对我国城镇居民的消费环境有较大影响，当政府增加医疗卫生支出后，城镇居民的对未来医疗消费支出不确定的预期得到缓解，进而减少了预防性储蓄，使得城镇居民消费需求增加。此外，本书第5章的实证结果还表明，我国城镇居民的消费需求与金融发展程度有显著的相关关系，具体表现为金融发展程度变量的系数估计值与城镇居民医疗消费在 GDP 中的占比变量显著正相关。这说明我国城镇居民的消费需求受到流动性约束的影响，如果城镇居民通过金融市场来平滑消费的便利性和可及性提高时，城镇居民的消费需求就能得到提升。

在第5章中，本书同时还对医疗消费支出对我国农村居民消费的影响进行了实证分析。实证结果表明，与城镇居民类似，农村居民人均医疗消费支出占比数据与农村居民消费需求在 GDP 中的占比数据显著负相关。这说明，虽然我国城乡居民由于城乡二元体制的存在，在收入水平、消费习惯以及宏观环境等方面存在差异，但医疗消费自身的不确定特征，使得其无论是对城镇居民还是对农村居民都具有相同的效果，即医疗消费在居民消费中的占比增加会使居民消费需求下降。但与城市不同，农村居民教育消费占比与农村居民消费需求正相关。此外，政府医疗卫生投入占比变量与农村居民消费需求在 GDP 中的占比变量显著负相关。这说明政府医疗卫生投入的增加会使农村居民消费需求下降，这与第5章城镇部分的估计结果相反。第5章农村部分的实证结果还表明，我国金融发展程度与我国农村居民的消费需求显著负相关，这说明我国金融的发展与我国农村相对脱节，未能起到平滑农村居民消费的作用。

本书第6章从宏观的角度对我国城镇居民医疗消费的影响因素进行了实证分析。实证结果表明，政府医疗卫生投入与城镇居民医疗消费支出占比变量显著负相关，这表明政府医疗卫生投入能够减小城镇居民医疗消费支出的压力。同时，第6章的估计结果还表明，城镇职工基本医疗保险的参保率与城镇居民医疗消费支出占比负相关，这说明医疗保险的覆盖率对城镇居民的医疗支出压力有缓解作用。此外，年龄结构与城镇居民医疗消费支出有一定的关系，但老年抚养比与城镇居民医疗消费之间的关系并不显著，而少儿抚养比与城镇居民医疗消费支出之间显著负相关。根据第6章的实证结果，医疗消费价格指数与城镇居民医疗消费支出显著负相关，这与现实情况不符。本书认为造成医疗消费价格指数与城镇居民医疗消费负相关的原因，可能是医疗消费价格指数与城镇居民的医疗消费支出之间存在一定的背离，而这种背离是由我国对医疗资源供给价格的不当管制所造成的。从第6章的实证结果可以看出，各地区生产总值增长率变量与城镇居民医疗消费支出变量之间显著负相关，但城镇居民可支配收入变量与城镇居民医疗消费支出变量之间的负相关关系并不显著。此外，根据第6章的实证结果，城镇医疗资源供给变量中，人均医疗机构数与城镇居民医疗消费支出变量显著负相关，而人均医疗机构床位数与人均医疗机构人员数的系数估计值则不显著。

本书第 6 章同时也对我国农村居民医疗消费的影响因素进行了实证分析。实证结果表明，政府医疗卫生投入与农村居民医疗消费支出正相关。这一实证结论与第 6 章中关于城镇居民医疗消费的影响因素的实证分析结果大相径庭。这反映出我国城乡二元体制下城镇居民和农村居民在医疗消费环境上的差异，农村居民由于受卫生资源供给以及收入水平等因素的限制，其医疗消费需求可能长期处于被抑制的状态。根据第 6 章农村部分的实证分析结果，年龄结构对农村居民医疗消费支出有显著影响，其中老年抚养比与少儿抚养比均与农村居民医疗消费支出显著正相关，这与第 6 章中城镇部分的实证分析结果不同。此外，第 6 章农村部分的实证分析结论还表明，各地区生产总值增长率变量和农村居民人均纯收入变量与农村居民医疗消费支出显著负相关。这说明医疗消费支出对于农村居民来说是必需的，这也是符合客观现实的，因为恢复和保持健康是人民群众基本的权利和需要。本书第 6 章还对医疗资源供给情况对农村居民医疗消费支出的影响进行了实证分析，分析结果表明，各地区乡镇人均医疗机构数与农村居民医疗消费支出变量显著正相关，而人均卫生人员数与农村居民医疗消费支出变量显著负相关。这表明，现阶段不同的医疗资源供给种类，对农村居民医疗消费支出的影响也不尽相同。

本书第 7 章在前文实证分析的基础上对我国居民医疗消费支出对居民消费影响的城乡异同以及我国居民医疗消费支出影响因素的城乡异同进行了对比分析。通过对比发现，医疗消费支出的增加对城乡居民消费都有一定的抑制作用，这是由医疗消费的特征所决定的。同时，政府对医疗领域的投入对城乡居民的医疗消费都具有显著的影响，这表明无论在城镇还是在农村，居民医疗消费都受到国家政策和政府行为的显著影响。同时，医疗消费在城乡之间也存在具体差异，主要表现为农村居民的医疗消费由于受医疗资源供给、收入水平以及政府投入等因素的制约，长期处于被抑制的状态，因此我国在制定相关医疗卫生政策时应当充分考虑城乡的具体情况。本书第 7 章还在城乡统筹和公共卫生服务均等化的大背景下对我国城乡居民医疗消费支出未来的走势进行了分析并指出，在城市示范效应的作用下，农村居民的医疗消费需求将呈现上涨的趋势；同时随着我国公共卫生服务均等化的推进，我国农村在医疗资源供给、医疗保障水平等方面均会有较大的改善，这进一步为我国农村居民医疗消费支出的增加提供了物质保障。因此可以预测，我国农村居民的医疗消费支出会呈现出较为明显的上涨趋势。反观我国城镇居民的医疗消费支出，由于城镇居民医疗保障水平相对较高，城镇居民的医疗消费需求基本能够得到满足，因此随着我国政府对医疗卫生领域的不断投入和可预见的制度改革等因素，我国城镇居民的医疗消费支出的上涨趋势可能会放缓。

8.1.2　本书的研究结论

本书的实证研究结果不仅探讨了医疗消费支出对城乡居民消费的影响，并且还对城乡居民医疗消费支出的影响因素进行了分析。本书研究主要得出以下结论：

第一，医疗消费支出的快速上涨对城镇居民和农村居民的整体消费需求都具有抑制作用。医疗消费由于存在不确定性、紧迫性以及大额一次支付等特点，往往会提高城乡居民对未来支出的不确定性预期。如果全社会的医疗消费支出出现快速上涨的趋势，就会导致我国城乡居民谨慎性动机的增强，进而采取减少当期消费、增加储蓄的方式来应对未来可能出现的支付困难。

第二，我国城乡居民都受到流动性约束的制约，金融发展程度的提高对我国城镇居民的消费需求有积极作用。但我国农村居民在消费中并未享受到我国金融发展程度提高所带来的便利，农村金融发展较为滞后。

第三，我国城乡居民医疗消费支出受政府的医疗卫生政策的显著影响。本书的实证分析结果表明，政府医疗卫生投入、医疗卫生资源供给情况以及医疗保障制度等因素对城乡居民医疗消费支出均具有显著的影响。可见，我国城乡居民医疗消费均是在政府相关医疗卫生制度安排下进行决策的，因此政府医疗卫生政策的变动是我国城乡居民医疗消费支出变化的关键影响因素。

第四，人口年龄结构对城乡居民医疗消费支出均有影响，但影响效果存在城乡差异。根据本书的估计结果，少儿抚养比与城镇居民的医疗消费显著负相关，而老年抚养比对城镇居民的医疗消费影响并不显著。在本书农村部分的估计中，老年抚养比和少儿抚养比均与农村居民医疗消费支出显著正相关。

第五，我国医疗保障水平和医疗资源供给情况在城乡存在较大差异，而在城乡一体化和公共卫生服务均等化等政策背景下，上述差异有逐步缩小的趋势。这将使农村居民的医疗消费支出被释放，呈现快速上升的趋势。

8.2 对策建议

结合本书对医疗消费支出对我国城乡居民的影响分析以及我国城乡居民医疗消费支出的影响因素分析，本书对如何提高我国城镇居民和农村居民的消费需求提出以下政策建议：

8.2.1 减轻城乡居民医疗消费支出负担，降低居民支出不确定性预期

正如前文分析时指出的那样，由于存在未来支出预期的不确定性，理性的消费者往往会采取减少当期消费而增加储蓄的方式来应对未来可能出现的支付困难。如果社会的谨慎动机较强，这必然会使得整个社会的消费需求低迷。医疗消费所具有的不确定性、紧迫性以及大额一次性支付等特点，使得医疗消费支出的可能性成为居民在评估未来支出不确定性时所考虑的重要因素。现阶段，医疗费用的快速上涨是我国卫生领域的突出问题，而医疗费用的快速上涨必然引起居民医疗消费支出的增加，使得居民对未来支出的不确定性提高，进而增强我国居民的储蓄动机，这必然会抑制我国居民消费需求的释放。因此，欲提高我国居民消费需求就必然要解决居民消费的后顾之忧，这一结论在本书之前的实证分析中得到了验证。虽然医疗消费支出对我国居民消费需求的整体影响存在一定的城乡差异，但无论是城镇居民还是农村居民，医疗消费支出都与居民整体消费需求显著负相关。这表明，减轻我国城乡居民医疗消费支出负担是优化城乡居民消费环境和提升居民消费需求的有效途径。

8.2.2 提高城乡居民融资可及性和便利性

降低我国城乡居民流动性约束、提高居民消费时，通过金融手段平滑消费的可及性和便利性也是提升我国居民消费需求的重要手段。由于我国金融发展程度不高，我国居民通过金融市场平滑消费的可及性和便利性较差，城乡居民均受到流动性约束的较大制约，这使得我国居民只能通过增加储蓄的方式来平滑消费，这进一步增强了居民的储蓄动机。流动性约束和预防性储蓄动机往往具有相互强化的作用。我国居民在面临医疗消费支出快速上涨现实的同时还面临无法有效通过融资来平滑消费的不利局面，这就使得我国城乡居民预防性储蓄动机与流动性约束形成了相互强化的局面，这也是我国城乡居民储蓄率居高不下、居民消费难以启动的原因之一。因此，优化居民的融资环境、提高居民

通过金融市场平滑消费的可及性和便利性，是提高我国城乡居民消费需求的有效途径。此外，完善我国城乡金融市场，尤其是要降低城乡居民的融资门槛和融资成本，使得居民在面对意外支出时可以通过金融市场有效地平滑消费，也能够有效减少目前医疗费用太高而导致的居民"因病致贫""因病返贫"的社会现象。

8.2.3　重视老年医疗服务产业的规划和布局

可以预见，随着我国老龄人口的不断增加，我国城乡居民医疗消费支出在居民消费需求中的占比会越来越高，这必然会导致居民的储蓄动机增强，进而不利于我国城乡居民消费需求的提升。虽然人口老龄化程度的提高导致医疗费用的增长存在一定的客观规律性，但如果能够积极引导老年医疗服务产业健康、规范发展，就不仅能够满足老龄化带来的城乡居民医疗消费需求的增加，还能提供大量的就业机会，缓解就业压力。同时规范的老年医疗服务产业还能够降低我国城乡家庭对老年成员医疗支出的不确定性的担忧，从而起到优化我国整体消费环境的作用。

8.2.4　在城乡一体化发展战略中稳步推进公共卫生服务均等化

城乡二元体制下，我国城乡居民在收入水平和消费水平下存在一定的差异。但随着城乡一体化发展战略的推进以及我国城乡人口、资本以及其他要素的加速流动，可以预见我国城乡居民在收入水平和消费水平上的差距将逐步缩小。在城镇居民消费示范效应的作用下，农村居民对医疗消费的需求将逐渐向城镇靠拢，这必然会创造巨大的消费需求缺口，同时农村居民基于医疗消费所产生的未来支出不确定性预期也将随之提高。由于我国农村在经济和社会发展程度上与城镇存在一定的差距，农村居民的医疗消费需求必然与城镇居民有所区别，这就要求政府在增加农村医疗卫生领域投入的同时，充分考虑农村经济社会发展的现状，走符合中国农村特色的医疗卫生发展道路。因此政府应加大对农村医疗卫生领域的调研力度，以实现城乡公共卫生服务均等化为目标，科学配置农村医疗卫生资源。这样才能满足广大农村居民不断提高的医疗消费需求，同时有效降低农村居民基于医疗消费支出所产生的未来支出预期的不确定性，为扩大我国农村居民的消费需求扫清障碍。

8.2.5　政府应在缓解城乡居民医疗消费支出压力方面更好地发挥作用

技术进步、人们健康认识的提高以及人口年龄等因素使得医疗费用的增长成为全世界共同面临的问题，而医疗费用的增长必然会导致居民医疗消费支出压力的提高。但根据本书之前的论述，中国城乡居民医疗消费支出快速上涨的原因还包含政府在医疗卫生领域的投入不足和政府职能的不当履行等因素。本书的实证分析结论也表明，政府的干预对城乡居民医疗消费支出具有显著影响。因此，降低我国城乡居民医疗消费支出压力、优化居民消费环境、落实"健康中国"战略，政府责无旁贷。结合本书的研究目的和实证分析结果，笔者对政府如何更好地履行医疗卫生领域的职能提出以下对策建议：

8.2.5.1　加大政府医疗卫生领域的财政投入力度

本书的实证分析结果表明政府医疗卫生投入对城乡居民的医疗消费支出都具有显著的影响，同时政府医疗卫生支出的增加对促进我国城乡居民消费需求的增加也具有显著作用。相关统计数据显示，我国政府对医疗卫生领域的投入长期不足，即便是经历了2002—2014年政府医疗卫生投入十余年的快速增长后，我国卫生总费用中政府卫生支出的占比也仅为30%左右，大大低于发达国家普遍70%以上的占比。显然，如果卫生总费用中政府支出部分偏低的话，那么私人部门支出部分必然较高。因此，政府加大对医疗卫生领域的投入力度是缓解居民医疗消费支出的有效手段。此外，政府增加医疗卫生领域的投入除了会降低我国城乡居民医疗消费支出压力外，还能够提高我国城乡居民的消费信心，进而产生扩大全社会居民的消费需求的杠杆作用。

8.2.5.2　提高我国城镇医疗保险和农村合作医疗的覆盖率和保障水平

医疗保障制度能够有效缓解城乡居民医疗消费时的支出压力，同时其还能降低城乡居民对医疗消费支出的不确定性预期，因此医疗保障制度的建立和健全有利于缓解我国城乡居民"看病难、看病贵、因病致贫、因病返贫"的突出问题。随着我国医疗保障制度的推广，目前我国城镇居民的医疗保险覆盖率和农村居民的"新农合"参合率均有大幅提高，尤其是我国农村基本实现了"新农合"的全覆盖，而城镇居民的医疗保险也基本覆盖了80%的人口。但同时也应当看到，我国医疗保障体系中城镇职工基本医疗保险、城镇居民基本医疗保险以及新型农村合作医疗制度在筹资水平上还存在较大差距，尤其是城镇居民基本医疗保险以及新型农村合作医疗制度的筹资水平还较低。筹资水平的不足必然导致保障水平的欠缺，因此我国城乡居民医疗保障制度除了应继续提高覆盖率外，还应着重提升城镇居民基本医疗保险和新型农村合作医疗的筹资水平及其对应的保障水平。

8.2.5.3 完善我国城乡医疗卫生资源的供给，优化医疗卫生资源供给的城乡结构

根据本书的分析，当前我国城乡医疗卫生资源的供给存在总量不足和结构失衡的缺陷。其中总量不足主要表现在我国广大农村的医疗卫生资源供给量与城镇相比还存在较大差异，而结构失衡则主要表现为医疗资源的供给并未充分考虑我国城乡二元体制所导致的城乡居民在医疗资源需求上的差异。根据本书所使用的统计数据，我国城乡居民在医疗资源供给上的差异具体表现为，城镇居民人均卫生机构数、人均卫生机构床位数以及人均卫生人员数的均值分别是农村居民的 1.6 倍、3.97 倍以及 1.77 倍。当前，我国城镇医疗卫生资源的供求中，存在明显的优势资源向大医院集中而中小医疗机构医疗资源相对匮乏的现象，这使得患者往往选择去大医院就医，而中小医疗机构少有人问津，患者对大医院的盲目推崇又进一步加剧了医疗资源向大医院集中的趋势。由于城镇居民居住相对集中，因此增加医疗机构的数量和扩大医疗机构的分布范围能够较好地解决城镇居民医疗消费的需要。但我国城镇医疗资源供给最充足的是卫生机构床位数，而医疗机构数量并不突出。我国城镇医疗机构往往有大型化发展的冲动，卫生机构床位数的增加往往是由大型医疗机构盲目扩张所造成的，并不能反映公共卫生服务均等化的需要。根据本书的实证分析结果：城镇医疗机构数变量与城镇居民医疗消费支出之间显著负相关，而城镇医疗机构床位数变量和城镇卫生人员数变量的系数估计值不显著。因此就满足城镇居民的医疗消费需求而言，资源供给应向医疗机构数量倾斜，大力发展城镇基层社区医院，重点提升基层社区医院的医疗软硬件水平。这样才能有效地满足广大城镇居民的医疗消费需求，同时这也是我国践行分级诊疗制度的必要条件。

从我国农村医疗卫生资源的供给情况来看，卫生人员数量的严重不足，导致我国农村医疗卫生服务的可及性较差。医疗服务可及性是指，考虑到费用负担能力的大小以及地理位置的远近等因素，居民利用政府提供的医疗卫生服务的难易程度。由于我国广大农村地区人口居住较为分散，因此医疗机构数的增加并不能有效改善农村居民医疗卫生服务的可及性问题。目前，能够有效缓解农村居民医疗消费供需矛盾的仍然是"走村串乡"的乡村医生。本书实证分析的结论也表明，农村卫生人员数与农村居民医疗消费支出显著负相关。当然，农村卫生机构数量的增加对提高农村医疗卫生服务水平的作用仍是毋庸置疑的，毕竟医疗卫生机构所提供的医疗服务的水平是乡村医生所不能及的。因此，现阶段农村医疗卫生资源应首先向医疗卫生人员倾斜，而根据本书的实证分析结论，医疗卫生人员数量的增加能够降低我国农村居民的医疗消费支出占

比，这也说明了现阶段乡村医生这种低成本的医疗资源供给是适合广大农村基本医疗卫生服务的。与此同时，也应当适度增加医疗卫生机构的数量。虽然本书的估计结果显示医疗卫生机构的数量与农村居民医疗消费支出正相关，但根据本书的分析，这是广大农村长期受医疗资源供给不足的限制，农村居民医疗消费需求被抑制所造成的，一旦医疗卫生资源的可及性得到提高，农村居民原本被抑制的医疗消费需求就能得到释放。医疗卫生机构由于能提供相较于乡村医生更为全面和更高水平的医疗服务，同时其收费水平又低于城镇医院，因此农村医疗卫生机构数量的增加能够提高农村居民卫生资源的可及性。当然，在增加农村医疗卫生机构数量时也应注重规划，根据农村居民居住较为分散的特点考虑医疗卫生机构利用率等因素科学选址，避免盲目地进行数量和规模扩张。农村医疗卫生机构床位数由于利用率受到卫生机构周边人口密度的影响而不会太高，因此应根据卫生机构的规模和利用情况适度配置。

8.2.5.4 完善我国医疗价格体系的管理机制

我国政府部门为了向居民提供相对低廉的医疗服务付出了很多努力，其中对医疗消费价格的干预就是其中之一。虽然政府行为的初衷是积极的，但对医疗服务价格体系的管理过于僵化，使得医疗服务价格指标并未真实地反映出市场供求的关系，这就导致我国目前的医疗消费价格指数不能真实地反映出我国居民医疗消费的负担情况。根据本书的实证分析结果，医疗消费价格指数与城镇居民医疗消费支出负相关。现实中，医疗服务提供方可以利用自身优势地位通过过度医疗和使用高价药等方式来规避政府对医疗服务价格的管制，而这种情况下城镇居民的医疗消费支出负担无法从医疗消费价格指数中得到很好的反映。同时，本书的实证分析结果还表明，医疗消费价格指数与农村居民医疗消费支出正相关，表面上看，控制了医疗消费价格指数能够减轻农村居民的医疗消费支出负担；但政府将医疗服务的价格控制得过低，使得医疗服务提供方由于利润太低而放弃了低价医疗服务的提供，尤其是对低价药品的提供，这使得低价的医疗卫生服务出现供求失衡：以药品为例，一方面是广大农村居民对低价药的巨大需求，另一方面是药品供应方不愿生产低价药。供求的失衡必然使得农村居民花费更多的成本才能获得相应的医疗服务。造成上述现象的原因就是政府用行政手段代替了医疗消费市场的定价体系，使得医疗服务价格过低，这必然使医疗服务提供方通过其他途径来增加其收入，反而增加了居民医疗消费的隐性成本。因此，放开医疗服务的定价权，让市场在资源配置中发挥基础性作用无疑是解决当前医疗服务定价扭曲的必要手段。当然，医疗卫生服务的公共品性质也必然要求政府适度干预，但这种干预绝不能再走干预市场定价这种方式粗放的老路，而应在放松医疗服务价格管制的同时增加基本医疗服务的提供以及低价药品的充足供应。这样才能使居民能够便利地获得基本的医疗卫生服务和低价药品，从而为杜绝医疗服务提供方利用优势地位增加居民医疗消费支出负担的行为创造条件，同时也能避免低价药供应不足导致居民只能选择高价药的尴尬。

总之，居民医疗消费支出的增加对我国城乡居民的消费需求都有较强的抑制作用，这是医疗消费支出的上涨会增强城乡居民的谨慎性动机所导致的。政府决策和政策选择又是影响城乡居民医疗消费支出的关键因素。因此，要切实降低我国城乡居民医疗消费支出不确定性的预期、释放居民消费需求，政府就要提高医疗卫生领域决策的科学性，积极履行政府公共服务的职能。

8.3 研究的不足之处

尽管本书从宏观角度就医疗消费支出与我国城乡居民消费需求之间的关系问题进行了较为全面的分析，也对我国城乡居民医疗消费支出的影响因素进行了研究，但由于笔者水平以及研究目的等方面的局限，仍然有一些问题没有在本书中进行详细讨论，这些问题为笔者今后的研究指明了方向。

本书在分析居民医疗消费支出对居民消费需求的影响时为提高模型估计精度和进行直观比较，加入了居民教育消费支出作为控制变量。实证分析结果表明，无论是我国城镇还农村，居民医疗消费支出对居民消费需求的抑制作用都大于居民教育消费支出，也就是说根据本书的分析结果，我国居民基于医疗消费支出的储蓄动机要强于基于教育消费支出的储蓄动机。笔者认为，虽然居民医疗消费已经具有了成为我国居民储蓄第一动因的可能性，但这一结论仍然具有某种巧合的可能，仅凭本书的研究结果尚不能得出居民储蓄动机中基于医疗消费支出的动机要强于基于教育支出的动机的确切结论，这还需要进一步的深入研究。

笔者在进行文献梳理时发现居民医疗消费行为往往与某一国或地区的政府决策和政策选择相关，因此本书在分析影响居民医疗消费支出的影响因素时重点聚焦于政府决策和相关政策等因素，并从政府医疗卫生支出、医疗保障制度以及医疗卫生资源供给等方面进行了分析。虽然本书也将经济发展程度、年龄结构、居民收入等因素纳入了控制变量中，但由于影响居民医疗消费支出的因素较多，且受本书研究目的和笔者水平的限制，本书未对居民医疗消费支出的种类进行细分，因此本书的研究成果仍然是一个较为粗略的结论。利用更高质量的大样本数据进一步对影响居民医疗消费支出因素进行检验，是未来可行的研究方向。

从政府医疗卫生支出来看，其在支出结构、支出方式等方面的差异会造成整个社会医疗成本在个人、社会和国家之间分担比例的结构性变动，由此所引起的居民对未来支出预期的影响是巨大的，这无疑会对我国居民整体消费需求产生较大影响。本书由于受数据可得性因素的限制，暂未对上述问题进行详细的分析。关于这方面的研究，笔者期待在可以获得更为详细的数据后进行。

参考文献

艾小静，2021. 乡村振兴背景下中国农村不同收入等级家庭消费结构影响因素研究 [J]. 中共乐山市委党校学报（新论），23 (4)：66-75.

白重恩，李宏彬，吴斌珍，2012. 医疗保险与消费：来自新型农村合作医疗的证据 [J]. 经济研究 (2)：41-53.

毕神浩，钟晓红，来宇敏，等，2021. 基于 PVAR 模型的能源消费结构与能源效率的关系研究 [J]. 工业技术经济，40 (7)：65-71.

边恕，李东阳，2021. 参加商业医疗保险对中老年家庭消费的影响 [J]. 江西财经大学学报 (1)：68-79.

蔡乐，万崇华，王军，等，1999. 住院费用构成及其影响因素分析 [J]. 中国医院统计 (4)：206-209.

蔡力，2021. 基于 ELES 模型的湖北省农村居民消费结构实证研究 [J]. 科技创业月刊，34 (7)：12-15.

蔡跃洲，2009. 经济刺激计划与农村消费启动：基于我国农村居民收入分解的实证分析 [J]. 财经研究 (7)：4-12.

蔡跃洲，王玉霞，2010. 投资消费结构影响因素及合意投资消费区间：基于跨国数据的国际比较和实证分析 [J]. 经济理论与经济管理 (1)：24-30.

蔡紫旻，吴彦珺，2021-08-22. 多元化个性化消费格局形成 [N]. 泉州晚报 (1).

常修泽，2007. 中国现阶段基本公共服务均等化研究 [J]. 中共天津市委党校学报 (2)：66-71.

晁钢令，王丽娟，2009. 我国消费率合理性的评判标准：钱纳里模型能解释吗？ [J]. 财贸经济 (4)：99-103.

陈琳，杨林泉，1996. 城乡居民消费结构差异的聚类分析和物价指数的影响分析 [J]. 数量经济技术经济研究 (5)：73-80.

陈敏辉，2020. 社会网络、富裕程度与农村家庭医疗支出研究 [J]. 山西农经（24）：19-21.

陈钊，刘晓峰，汪汇，2008. 服务价格市场化：中国卫生医疗体制改革的未尽之路 [J]. 管理世界（8）：52-58.

陈醉，刘子兰，2017. 新型农村合作医疗保险对居民消费影响的实证分析 [J]. 湘潭大学学报（哲学社会科学版）（3）：68-73.

程晓明，罗五金，2003. 卫生经济学 [M]. 北京：人民卫生出版社.

丛树海，李永友，2008. 中国公共卫生支出综合评价及政策研究 [J]. 上海财经大学学报（4）：53-60.

崔志平，施其芳，沈渭忠，2007. 中外医疗体制及药品价格政策现状比较 [J]. 中国医药技术经济与管理（4）：6-17.

邓峰，吕菊红，高建民，等，2014. 我国与发达国家医疗资源和卫生费用比较分析 [J]. 中国卫生经济（2）：92.

邓豪，2021. 互联网对我国城镇居民消费结构的影响研究 [D]. 济南：山东财经大学.

迪顿，2003. 理解消费 [M]. 胡景北，鲁昌，译. 上海：上海财经大学出版社.

丁继红，应美玲，杜在超，2013. 我国农村家庭消费行为研究：基于健康风险与医疗保障视角的分析 [J]. 金融研究（10）：154-166.

董海宾，2020. 内蒙古草原牧户草场载畜率对生计风险的响应 [D]. 北京：中国农业科学院.

董星池，2019. 金融素养对居民预防性储蓄影响研究 [D]. 呼和浩特：内蒙古大学.

多恩布什，费希尔，斯塔兹，2010. 宏观经济学：第十版 [M]. 王志伟，译. 北京：中国人民大学出版社.

范叙春，2020. 我国城镇居民预防性储蓄动机研究 [J]. 合作经济与科技（14）：41-43.

方福前，俞剑，2014. 居民消费理论的演进与经验事实 [J]. 经济学动态（3）：11-34.

费尔德斯坦，1998. 卫生保健经济学 [M]. 费朝晖，等译. 北京：经济科学出版社.

封进，秦蓓，2006. 中国农村医疗消费行为变化及其政策含义 [J]. 世界经济文汇（1）：75-88.

弗里德曼，2001. 弗里德曼文萃 [M]. 胡雪峰，武玉宁，译. 北京：首都经济贸易大学出版社.

傅利平，梁璐，2021. 居家养老背景下邻里效应对家庭医疗支出的影响分析 [J]. 天津大学学报（社会科学版），23（5）：436-442.

高春亮，毛丰付，余晖，2009. 激励机制、财政负担与中国医疗保障制度演变：基于建国后医疗制度相关文件的解读 [J]. 管理世界（4）：66-74.

高军波，韩勇，喻超，等，2018. 个体行为视角下中小城市居民就医空间及社会分异研究：兼议与特大城市比较 [J]. 人文地理（6）：28-34.

高丽敏，2008. 医疗费用迅速增长：各国医疗保险的共性问题及改革 [J]. 中国初级卫生保健（1）：24.

高梦滔，姚洋，2004. 性别、生命周期与家庭内部健康投资：中国农户就诊的经验证据 [J]. 经济研究（7）：115-125.

高梦滔，2010. 新型农村合作医疗与农户储蓄：基于8省微观面板数据的经验研究 [J]. 世界经济（4）：121-133.

葛虹，逢守艳，2003. 我国城镇居民消费实证分析 [J]. 中国统计（3）：18-19.

葛晓鳞，郭海昕，2010. 影响农村消费的收入结构效应分析 [J]. 湖南大学学报（自然科学版）（6）：88-92.

巩师恩，2013. 收入结构、消费结构与恩格尔定律：基于中国农村居民的实证研究 [J]. 社会科学研究（6）：28.

顾六宝，肖红叶，2005. 基于消费者跨期选择的中国最优消费路径分析 [J]. 统计研究（11）：39-43.

顾卫兵，张东刚，2008. 城乡居民收入与医疗保健支出关系的实证分析 [J]. 消费经济（2）：43-46.

郭兴方，2007. 我国消费率高、低的判定：基于宏、微观层面的数据分析 [J]. 上海经济研究（2）：11-17.

郭宜武，2019. 习惯形成、预防性储蓄对中国城乡居民消费行为影响分析 [D]. 广州：暨南大学.

国家发展改革委综合司，2004. 关于消费率的国际比较 [J]. 中国经贸导刊（16）：19-20.

国务院深化医疗卫生体制改革领导小组办公室，2009. 升华医疗卫生体制改革问答［M］. 北京：人民出版社.

韩海燕，何炼成，2010. 中国城镇居民收入结构与消费问题实证研究［J］. 消费经济（3）：8-12.

杭斌，申春兰，2005. 潜在流动性约束与预防性储蓄行为：理论框架及实证研究［J］. 管理世界（9）：35-58.

郝慧敏，2005. 从经济学视角论我国医疗卫生体制改革［J］. 中央民族大学学报（1）：39-43.

郝姗姗，2021. 老年人医疗支出影响因素及优化策略研究［D］. 济南：山东财经大学.

何平平，2006. 经济增长、人口老龄化与医疗费用增长：中国数据的计量分析［J］. 财经理论与实践（2）：90-94.

贺铿，2006. 中国投资、消费比例与经济发展政策［J］. 数量经济技术经济研究，（5）：3-10.

洪银兴，2020. 实现要素市场化配置的改革［J］. 经济学家（2）：5-14.

洪铮，2005. 医院和医疗保险的经济分析［J］. 中国卫生事业管理（7）：403-415.

胡芳，2007-08-15. 全民医保政策利好医药行业［N］. 中国医药报（1）.

胡宏伟，刘雅岚，张亚蓉，2012a. 医疗保险、贫困与家庭医疗消费：基于面板固定效应 Tobit 模型的估计［J］. 山西财经大学学报（4）：1-9.

胡宏伟，张小燕，赵英丽，2012b. 社会医疗保险对老年人卫生服务利用的影响：基于倾向得分匹配的反事实估计［J］. 中国人口科学（2）：57-66.

胡宏伟，曲艳华，高敏，2013. 医疗保险对家庭医疗消费水平影响的效应分析：兼论医疗保险与贫困的联合影响［J］. 西北大学学报（哲学社会科学版）（4）：20-27.

胡玲丽，刘竞，2008. 我国居民医疗消费中存在的主要问题与对策［J］. 消费经济（4）：10-12.

胡雯，张锦华，陈昭玖，2020. 农地产权、要素配置与农户投资激励："短期化"抑或"长期化"？［J］. 财经研究，46（2）：111-128.

黄飞鸣，徐娥，2004. 消费需求的制约因素分析［J］. 天津商学院学报

(5)：30-34.

黄枫，甘犁，2010. 过度需求还是有效需求：城镇老人健康与医疗保险的实证分析 [J]. 经济研究（6）：105-118.

黄国瑞，2021. "互联网+流通" 对城乡二元消费结构的影响及区域差异研究 [J]. 哈尔滨学院学报，42（6）：53-57.

黄礼莹，魏章进，2021. 家庭医疗支出的邻里效应分析 [J]. 当代经济（3）：124-128.

黄丽湘，余智萍，2009. 我国居民当前医疗消费结构的分析与思考 [J]. 消费经济（4）：13-15.

黄小平，刘海，2011. 中国农村居民医疗消费的影响因素分析 [J]. 消费经济（4）：77-80.

焦娜，2016. 社会养老模式下的老年人医疗消费行为：基于模糊断点回归的分析 [J]. 人口与经济（4）：91-102.

凯恩斯，1999. 就业、利息和货币通论 [M]. 高鸿业，译. 北京：商务印书馆.

科尔奈，翁笙和，2003. 转轨中的福利、选择和一致性 [M]. 北京：中信出版社.

柯健，2004. 中国各地区城镇居民消费结构比较研究 [J]. 经济问题探索（10）：36-39.

柯彦若，郭红喜，杨泽冰，等，2021. 我国农村消费结构与潜力分析：一个文献综述 [J]. 安徽农业科学，49（13）：1-4.

孔令卯，王建和，2021. 社会网络与家庭消费结构：基于CFPS2018的实证分析 [J]. 对外经贸（7）：155-160.

邝佳蕊，2021. 关于汽车消费税政策调整对我国小汽车消费结构影响的研究 [D]. 北京：中国财政科学研究院.

雷震，张安全，2013. 预防性储蓄的重要性研究：基于中国的经验分析 [J]. 世界经济（6）：126.

李傲，杨志勇，赵元凤，2020. 精准扶贫视角下医疗保险对农牧户家庭消费的影响研究：基于内蒙古自治区730份农牧户的问卷调查数据 [J]. 中国农村经济（2）：118-133.

李聪，刘喜华，姜东晖，2020. 居民家庭负债如何影响医疗支出：基于门限效应模型的经验分析［J］. 东岳论丛, 41 (10)：77-85.

李春琦, 张杰平, 2011. 农村居民消费需求与收入构成的关系研究：基于面板数据的分析［J］. 上海经济研究 (12)：36-44.

李丹, 2008. 我国医疗保障制度对医疗消费的影响研究［J］. 消费经济 (3)：78-80.

李国志, 2005. 医疗服务价格扭曲现状、成因及对策［J］. 粤港澳市场与价格 (9)：8-10.

李洪兵, 张吉军, 2021. 中国能源消费结构及天然气需求预测［J］. 生态经济, 37 (8)：71-78.

李建伟, 2003. 投资率和消费率的演变规律及其与经济增长的关系［J］. 经济学动态 (3)：9-13.

李婧, 许晨辰, 2020. 家庭规划对储蓄的影响："生命周期"效应还是"预防性储蓄"效应？［J］. 经济学动态 (8)：20-36.

李琳, 2021. 消费结构升级影响经济增长的整体与分区检验［J］. 商业经济研究 (16)：45-48.

李明桥, 2014. 新农合如何影响参合农户医疗消费：路径分析与实证研究［J］. 贵州财经大学学报 (6)：75-82.

李庆霞, 赵易, 2020. 城乡居民大病保险减少了家庭灾难性医疗支出吗［J］. 农业技术经济 (10)：115-130.

李姗姗, 2014. 城乡居民消费结构升级的差异性研究［J］. 消费经济 (2)：27-31.

李涛, 成前, 2021. 相对贫困家庭的灾难性医疗支出测度与空间传导机制研究［J］. 江西财经大学学报 (4)：86-99.

李唯, 2021. 消费结构升级背景下短视频平台产品推广策略研究：以抖音APP 为例［J］. 湖北经济学院学报 (人文社会科学版), 18 (9)：54-56.

李骁天, 车利, 纪元, 等, 2019. 体育锻炼活动、医疗消费与健康满意度：基于京津冀城市居民体育参与的调查研究［J］. 武汉体育学院学报 (7)：34-42.

李晓嘉, 2014. 城镇医疗保险改革对家庭消费的政策效应：基于 CFPS 微观调查数据的实证研究［J］. 北京师范大学学报 (6)：123-134.

李晓鹏, 2002. 公共支出模型与医疗保健政策［J］. 国家行政学院学报

（5）：31-34.

李心源，2010. 有利于启动内需的税收制度 [J]. 税务研究（6）：19-20.

李永生，2006. 医疗腐败与医院管理伦理 [J]. 医学与哲学（人文社会医学版）（10）：12-14.

李永友，2012. 我国需求结构失衡及其程度评估 [J]. 经济学家（1）：64-73.

李勇辉，温娇秀，2005. 我国城镇居民预防性储蓄行为与支出的不确定性关系 [J]. 管理世界（5）：14-17.

李玉龙，2021. 电子商务发展对中国农村居民消费结构的影响研究 [D]. 上海：上海外国语大学.

李玉振，2021. 蓬莱农民家庭消费结构变动分析 [D]. 烟台：烟台大学.

李支立，麻宝斌，2021. 中部地区城镇居民消费结构的实证分析 [J]. 统计与决策，37（17）：103-106.

梁鸿，赵德余，2007. 中国基本医疗保险制度改革解析 [J]. 复旦学报（社科版）（1）：123-131.

梁向东，贺正楚，2013. 城乡居民消费结构与现代服务业发展的关系研究 [J]. 财经理论与实践（11）：97-101.

廖国民，2009. 对当前中国启动内需的思考 [J]. 江西社会科学（4）：80.

林晨，2018. 价格管制、要素流动限制与城乡二元经济：基于历史投入产出表的理论和实证研究 [J]. 农业经济问题（5）：70-79.

林文芳，2011. 县域城乡居民消费结构与收入关系分析 [J]. 统计研究（4）：49-56.

刘广明，2011. 农村消费市场开拓的金融支持探析 [J]. 中央财经大学学报（6）：35-40.

刘国恩，蔡春光，李林，2011. 中国老人医疗保障与医疗服务需求的实证分析 [J]. 经济研究（3）：95-118.

刘军，2018. 我国人口年龄结构对城镇居民预防性储蓄影响研究 [D]. 泉州：华侨大学.

刘立峰，2004. 消费与投资关系的国际经验比较 [J]. 经济研究参考（72）：28-48.

刘生龙，周邵杰，2011. 中国为什么难以启动内需：基于省级动态面板数

据模型的实证检验 [J]. 数量经济技术经济研究: 96-100.

刘松涛, 梁颖欣, 罗炜琳, 2021. 基于 QUAIDS 模型的农村居民家庭消费结构研究 [J]. 湖南农业大学学报 (社会科学版), 22 (3): 84-90.

刘统, 李强, 2021. 探析城乡居民家庭消费结构对经济增长的影响 [J]. 中国商论 (13): 11-14.

刘文斌, 2000. 收入差距对消费需求的制约 [J]. 经济学动态 (9): 13-16.

刘昕, 2021. 电子商务发展对我国居民消费结构的影响: 基于 VAR 模型的实证 [J]. 商业经济研究 (18): 99-102.

刘旭宁, 2010. 转型时期我国城乡居民医疗保健消费需求的实证分析 [J]. 产业经济评论 (1): 104-119.

刘雅静, 2004. 我国农村合作医疗保障制度的历史思考及政策建议 [J]. 社区医学杂志 (6): 38-41.

刘易斯, 1989. 二元经济论 [M]. 施炜, 等译. 北京: 北京经济学院出版社.

刘玉飞, 常晓坤, 2021. "一带一路" 倡议与中国居民家庭消费结构升级: 基于准自然实验的双重差分模型分析 [J]. 新疆财经 (4): 61-69.

刘忠广, 2021a. ELES 模型下河南省城镇居民饮食消费结构分析 [J]. 北方经贸 (7): 55-57.

刘忠广, 2021b. 城镇居民可支配收入与消费结构灰色关联分析: 以河南省为例 [J]. 北方经贸 (8): 55-57.

龙志和, 周浩明, 2000. 中国城镇居民预防性储蓄实证研究 [J]. 经济研究 (11): 37-38.

卢洁玉, 2021. 人口老龄化视角下城乡家庭消费结构分析: 基于 CFPS2018 数据 [J]. 市场周刊, 34 (8): 117-119.

罗楚亮, 2007. 健康风险、医疗保障与农村家庭内部资源配置 [J]. 中国人口科学 (2): 34-42.

罗楚亮, 2008. 城镇居民健康差异与医疗支出行为 [J]. 财经研究 (10): 63-75.

罗丹, 赵冬缓, 2001. 农民基本需求性消费与非基本需求性消费结构分析: 以京郊农民消费为例 [J]. 中国农村经济 (6): 39-44.

罗仁夏，吴彬，2006. 医疗保险住院费用调查及多因素分析 [J]. 中国医院统计（1）：81-83.

吕本友，张克荣，2006. 医疗服务市场的道德风险的经济学分析 [J]. 法制与经济（10）：73-74.

马双，臧文斌，甘犁，2011. 新型农村合作医疗保险对农村居民食物消费的影响分析 [J]. 经济学（季刊），10（1）：249-270.

曼昆，2011. 宏观经济学：第七版 [M]. 卢远瞩，译. 北京：中国人民大学出版社.

闵令雪，2020. 商业保险对家庭预防性储蓄的影响研究 [D]. 青岛：青岛大学.

宁自军，2004. 因子分析在居民消费结构的变动分析中的应用 [J]. 数理统计与管理（11）：11-14.

潘杰，雷晓燕，刘国恩，2013. 医疗保险促进健康吗？[J]. 经济研究（4）：130-142.

潘莉，2021. 绿色投资对能源消费结构的影响研究 [J]. 河北能源职业技术学院学报，21（3）：39-43.

彭现美，2006. 健康投资绩效研究 [M]. 合肥：合肥工业大学出版社.

彭晓博，2020-09-09. 医疗支出集中性与持续性的国际比较 [N]. 中国社会科学报（3）.

祁毓，2010. 不同来源收入对城乡居民消费的影响：以我国省级面板数据为例 [J]. 农业技术经济（9）：45-56.

钱纳里，鲁宾逊，塞尔奎因，1995. 工业化和经济增长的比较研究 [M]. 上海：上海三联书店.

乔康平，2021. 信贷约束对农户消费结构影响的研究 [D]. 咸阳：西北农林科技大学.

秦昌胜，2021. 正规信贷对青藏高原牧民消费结构和生产效率的影响 [D]. 兰州：兰州大学.

屈韬，2009. 中国农村消费行为及其制约因素分析 [J]. 经济学家（9）：54-60.

冉慧慧，2021. 新时代"美好生活需要"实现中消费结构转型升级研究 [D]. 兰州：西北师范大学.

任保平, 2004. 论中国的二元经济结构 [J]. 经济与管理研究 (5)：3-9.

上创利, 李兆鑫, 2021. 新型城镇化对居民消费结构的影响实证分析 [J]. 商业经济研究 (17)：48-51.

邵立杰, 2020. 收入结构、预防性储蓄与居民消费动态关系研究 [J]. 商业经济研究 (14)：66-69.

沈素素, 2011. 基于层次分析法的城镇居民消费结构优化研究 [J]. 求索 (4)：39-41.

施建淮, 朱海婷, 2004. 中国城市居民预防性储蓄及预防性动机强度：1999—2003 [J]. 经济研究 (10)：73-74.

史晋川, 黄良浩, 2011. 总需求结构调整与经济发展方式转变 [J]. 经济理论与经济管理 (1)：33-49.

史永东, 杜两省, 2001. 资产定价泡沫对经济的影响 [J]. 经济研究 (10)：52-59.

世界银行, 1993. 1993 年世界发展报告 [M]. 北京：中国财政经济出版社.

司浩婷, 2021. 西部欠发达地区新型职业农民消费结构影响因素分析 [J]. 兰州工业学院学报, 28 (4)：87-91.

宋月萍, 宋正亮, 2018. 医疗保险对流动人口消费的促进作用及其机制 [J]. 人口与经济 (3)：115-126.

宋铮, 1999. 中国居民储蓄行为研究 [J]. 金融研究 (6)：48-49.

苏春红, 李齐云, 王大海, 2013. 基本医疗保险对医疗消费的影响：基于 CHNS 微观调查数据 [J]. 经济与管理研究 (10)：23-30.

苏娅, 2021. 云南农村老年居民消费结构特征调查报告 [J]. 科学咨询（科技·管理）(7)：5-7.

苏梽芳, 胡日东, 2005. 福建省城镇居民消费结构变动的实证分析 [J]. 商场现代化 (9)：181-182.

隋梦琳, 2021. 移动支付对我国农村家庭消费水平及消费结构的影响研究 [D]. 济南：山东大学.

随淑敏, 彭小兵, 肖云, 2021. 城乡居民基本养老保险对居民储蓄率的影响：基于预防性储蓄的视角 [J]. 消费经济, 37 (4)：63-74.

孙冰, 王其元, 2002. 我国居民家庭消费支出结构的对比分析 [J]. 哈尔滨工业大学学报（8）：545-550.

孙烽，寿伟光，2001. 最优消费、经济增长与经常账户动态：从跨期角度对中国开放经济的思考［J］. 财经研究（5）：3-17.

孙凤，王玉华，2001. 中国居民消费行为研究［J］. 统计研究（4）：27-28.

孙虹乔，朱琛，2012. 中国城镇化与农村消费增长的实证分析［J］. 统计与决策（5）：90-93.

孙计领，李惠文，陈佳鹏，等，2021. 基于健康扶贫经验证据的医疗支出集中性研究［J］. 中国卫生经济，40（8）：5-8.

孙健夫，要敬辉，2005. 公共财政视角下中国医疗卫生支出分析［J］. 河北大学学报（哲学社会科学版）（3）：67-71.

孙连铮，韩淑梅，2011. 论农村消费成本对农村居民消费结构升级的影响［J］. 经济纵横（7）：38-41.

孙艳玲，2003. 我国农村居民生活消费实证研究［J］. 农村经济（12）：39-41.

谈稼怡，2005. 医改模式选择须适应国情，政府"补丁试"管理不可取［J］. 医院领导决策参考（14）：29-31.

谭涛，张燕媛，何军，2014. 中国农村居民家庭医疗消费支出的影响因素及弹性分析［J］. 上海财经大学学报（3）：63-69.

谭彦红，2009. 公共财政与拉动农村消费需求［J］. 中央财经大学学报（8）：5-9.

唐琦，秦雪征，2016. 中国家庭医疗消费挤出效应的实证研究［J］. 经济科学（3）：61-75.

唐河，2005. 医疗黑幕：从"公益"到"公敌"［J］. 决策与信息（9）：13-16.

田萍，廖靖宇，2003. 河南省城市居民消费结构比较研究［J］. 数理统计与管理（5）：18-21.

佟明亮，2021. 消费结构升级对经济韧性的影响：基于动态 GMM 面板的实证分析［J］. 商业经济研究（15）：40-43.

万广华，张茵，牛建高，2001. 流动性约束、不确定性与中国居民消费［J］. 经济研究（11）：35-44，94.

万广华，2020. 降低预防性动机，释放居民消费潜力：评《中国居民预防性储蓄与消费行为研究》[J]. 产业经济评论（山东大学），19（4）：167-168.

王必达，苏婧，2020. 要素自由流动能实现区域协调发展吗：基于"协调性集聚"的理论假说与实证检验 [J]. 财贸经济，41（4）：129-143.

王炳，2012. 我国农村消费需求难以启动的深层原因及改善路径 [J]. 消费经济（1）：29-32.

王弟海，龚六堂，李宏毅，2008. 健康人力资本、健康投资和经济增长：以中国跨省数据为例 [J]. 管理世界（3）：27-39.

王健宇，徐会奇，2010. 收入性质对农民消费的影响分析 [J]. 中国农村经济（4）：38-47.

王俊，2007. 中国政府卫生支出规模研究：三个误区及经验证据 [J]. 管理世界（2）：27-36.

王俊，姜立刚，2020. 帕金森病患者医疗支出与疗效的研究进展 [J]. 中国实用神经疾病杂志，23（22）：2020-2024.

王俊，2021. 消费结构优化与零售产业转型发展互动性研究 [J]. 哈尔滨学院学报，42（9）：51-54.

王力，余晨，张雅姝，2021. 优化能源消费结构，提升能源利用效率：我国能源效率现状及影响因素分析 [J]. 环境经济（12）：50-56.

王丽颖，2021. 马克思主义消费理论视域下中国居民消费结构升级研究 [D]. 成都：四川师范大学.

王灵恩，郭嘉欣，冯凌，等，2021. 青藏高原"一江两河"农区居民食物消费结构与特征 [J]. 地理学报，76（9）：2104-2117.

王庆，李洋，2021. 西北三省农村居民消费结构差异化比较：基于 ELES 模型的实证分析 [J]. 陇东学院学报，32（5）：28-32.

王绍光，2005. 巨人的瘸腿：从城镇医疗不平等谈起 [J]. 读书（11）：3-12.

王四平，2006. 医院发展面临的问题与对策 [J]. 社会科学论坛（学术研究卷）（8）：81-83.

汪韬，1998. 医疗保险大额住院费用管理 [J]. 国际医药卫生导报（6）：31-32.

王田田, 2021. 数字普惠金融对农村居民消费结构的影响 [J]. 合作经济与科技 (15): 52-55.

王伟, 赵宁宁, 杨欣玥, 2021. 利益相关者视角下农村能源消费结构升级分析 [J]. 会计之友 (13): 63-69.

王向阳, 谭静, 申学锋, 2020. 城乡资源要素双向流动的理论框架与政策思考 [J]. 农业经济问题 (10): 61-67.

王晓萍, 2021. 基于供需视角的中国绿色消费结构特征及演变机制 [J]. 商业经济研究 (18): 46-50.

王学军, 王赛, 2021. 节能减排: 优化双重结构与提高能源效率: 兼析"十四五"期间产业结构、能源消费结构与能源效率关系 [J]. 价格理论与实践 (2): 140-144, 175.

王学义, 张冲, 2013. 中国人口年龄结构与居民医疗保健消费 [J]. 统计研究 (3): 59-63.

王翌秋, 雷晓燕, 2011. 中国农村老年人的医疗消费与健康状况: 新农合带来的变化 [J]. 南京农业大学学报 (社会科学版) (2): 33-40.

王子先, 2006. 世界各国消费率演变的趋势、比较及启示 [J]. 求是 (4): 56-58.

魏颖, 杜乐勋, 1998. 卫生经济学与卫生经济管理 [M]. 北京: 人民卫生出版社.

魏众, 古斯塔夫森, 2005. 中国居民医疗支出不公平性分析 [J]. 经济研究 (12): 26-34.

温涛, 田纪华, 王小华, 2013. 农民收入结构对消费结构的总体影响与区域差异研究 [J]. 中国软科学 (3): 42-52.

吴栋, 李乐夫, 李阳子, 2007. 近年居民消费结构统计分析的研究综述: 基于因子分析和聚类分析的应用 [J]. 数理统计与管理 (5): 776-781.

吴静激, 2021. 消费分层视角下旅游消费结构及场景化发展研究 [J]. 商业经济研究 (18): 64-68.

吴忠群, 张群群, 2011. 中国的最优消费率及其政策含义 [J]. 财经问题研究 (3): 9-13.

夏常源, 于莉莉, 胡秋明, 等. 商业健康保险与中国家庭高储蓄率之谜: 来自预防性储蓄的理论构建与经验证据 [C] // 清华大学经济管理学院中国保险与风险管理研究中心，伦敦城市大学卡斯商学院，西南财经大学保险学院．2019 中国保险与风险管理国际年会论文集．北京：清华大学经济管理学院中国保险与风险管理研究中心，2019：653-668.

向运华，胡天天，2020．"健康中国"战略下的农村老年人医疗消费行为：基于收入不平等与基本医保的视角［J］．华中师范大学学报（人文社会科学版）（5）：25-34.

谢为安．改革开放后我国居民消费需求分析［C］//微观经济理论与计量方法．上海：同济大学出版社，1996.

谢亚轩，张一平，2020．从预防性储蓄到报复性消费［J］．债券（7）：48-51.

邢艳春，高腾飞，2021．ARIMAX 多元时间序列和 BP 神经网络组合模型在居民消费结构预测中的应用［J］．吉林师范大学学报（自然科学版），42（3）：56-67.

许陵，2005．我国医疗卫生体制问题及改革思路［J］．经济研究参考（87）：41-45.

许敏兰，2006．个人医疗消费支出上涨的经济学分析［J］．消费经济（4）：62-66.

许永兵，南振兴，2005．当前消费率讨论中的两个认识误区［J］．经济学家（3）：124-125.

许月丽，战明华，史晋川，2010．消费决定与投资结构调整：中国的经验及其含义［J］．世界经济（5）：118-139.

杨德华，2002．中外医疗保险制度差异辨析［J］．医学与社会（4）：11-12.

杨辉，李翠霞，2014．通过提高农村社会保障水平促进农民消费结构升级［J］．经济纵横（2）：73-77.

杨继瑞，2009．扩大消费与内需的理论选择：兼论发放购物券刺激消费的局限性［J］．经济学动态（5）：46-47.

杨丽，陈超，2013．教育医疗公共品供给对我国农村居民消费的影响分析：基于人力资本提升的视角［J］．农业技术经济（9）：4-12.

杨清红，刘俊霞，2013．医疗保障与老年人医疗服务需求的实证分析［J］．上海经济研究（10）：64-73.

杨汝岱，陈斌开，2009. 高等教育改革、预防性储蓄与居民消费行为 [J].
经济研究（8）：113-124.

杨晓龙，葛飞秀，2012. 中国需求结构失衡：现状、度量及调整 [J]. 新
疆财经（4）：18-24.

姚东旻，许艺煊，张鹏远，2019. 再论中国的"高储蓄率之谜"：预防性
储蓄的决策机制和经验事实 [J]. 世界经济文汇（2）：13-36.

叶春辉，封进，王晓润，2008. 收入、受教育水平和医疗消费：基于农户
微观数据的分析 [J]. 中国农村经济（8）：16-24.

叶明华，2011. 医疗服务于农民：奢侈品还是必需品：基于1990—2009 年
城乡医疗需求收入弹性的比较研究 [J]. 农业经济问题（6）：30-35, 110.

叶小青，徐娟，2014. 人口结构、环境质量与居民健康支出 [J]. 中国卫
生经济（1）：48-50.

易行健，吴庆源，杨碧云，2012. 收入差距与消费行为的城乡示范效应：
基于我国省级面板数据的实证研究 [J]. 上海财经大学学报（5）：53-59.

殷玲，2004. 我国居民消费行为的实证分析 [J]. 中国统计（20）：10-
12.

尹清非，2006. 西方主要发达国家居民消费结构探析 [J]. 消费经济（4）：
89-93.

于大川，吴玉锋，赵小仕，2019. 社会医疗保险对老年人医疗消费与健康
的影响：制度效应评估与作用机制分析 [J]. 金融经济学研究（1）：149-
160.

于芳，2021. 新型农村社会养老保险对农村居民消费结构的影响研究
[D]. 烟台：烟台大学.

于洪帅，谭英华，史健勇，2012. 我国人均卫生总费用增长的实证分析
[J]. 社会保障研究（5）：43-48.

于新亮，上官熠文，申宇鹏，等，2020. 因病致贫：健康冲击如何影响收
入水平：兼论医疗保险的脱贫效应 [J]. 经济社会体制比较（4）：30-40.

禹泓，2019. 消费理论之预防性储蓄假说理论综述 [J]. 营销界（42）：
137, 174.

袁冬梅，李春风，刘建江，2014. 城镇居民预防性储蓄动机的异质性及强
度研究 [J]. 管理科学学报（7）：50.

袁志刚，何樟勇，2003. 20 世纪 90 年代以来中国经济的动态效率［J］. 经济研究（7）：18-26.

臧旭恒，2020. 新时代中国城镇居民消费行为异质性探索：评《预防性储蓄、家庭财富与不同收入阶层的城镇居民消费行为》［J］. 山东社会科学（7）：2.

曾广录，2006. 住房、教育和医疗消费价格虚高的负效应透析［J］. 消费经济（5）：78-81.

曾晓玲. 当代中国消费结构变迁的动力机制［J］. 科学经济社会，2013（2）：71-75.

曾铮. 四类典型国家和地区的经济发展模式比较研究［J］. 中国市场，2011（11）：90-95.

张邦科，邓胜梁，陶建平，2011. 持久收入假说与我国城镇居民消费：基于省级面板数据的实证分析［J］. 财经科学（5）：56-62.

张翠玲，强文丽，牛叔文，等，2021. 基于多目标的中国食物消费结构优化［J］. 资源科学，43（6）：1140-1152.

张高军，易小力，2019. 有限政府与无限政府：乡村振兴中的基层政府行为研究［J］. 中国农村观察（5）：32-52.

张焕明，马瑞祺，2021. 中国城镇居民消费结构变动趋势及其影响因素分析［J］. 统计与决策，37（13）：117-121.

张军，2002. 增长、资本形成与技术选择：解释中国经济增长下降的长期因素［J］. 经济学（季刊）（1）：301-338.

张磊，2009. 优化我国政府卫生支出体系策略研究：对新医改方案的分析与展望［J］. 上海财经大学学报（3）：51-59.

张秋惠，刘金星，2010. 中国农村居民收入结构对其消费支出行为的影响：基于 1997—2007 年的面板数据分析［J］. 中国农村经济（4）：48-54.

张世贵，2020. 城乡要素市场化配置的协同机理与改革路径［J］. 中州学刊（11）：70-76.

张隼，2004. 国有"非营利医院"垄断弊端重重［J］. 开放潮（10）：45-46.

张维迎，1996. 博弈论与信息经济学［M］. 上海：上海三联书店.

张雅童，2021. 国际贸易对农村消费结构影响分析：以江浙沪为例［J］.

现代商业（21）：95-97.

张颖熙，2015. 医疗服务是必需品还是奢侈品：基于中国城镇居民家庭医疗卫生支出弹性的实证研究［J］. 经济学动态（10）：94-103.

张勇，包婷婷，2020. 农地流转中的农户土地权益保障：现实困境与路径选择：基于"三权分置"视角［J］. 经济学家（8）：120-128.

张泽一，2001. 城乡居民家庭消费水平消费结构对经济增长的影响［J］. 北京工商大学学报（9）：64-67.

赵广川，顾海，2016. 医疗保险与医疗服务利用不平等分解［J］. 浙江社会科学（5）：14-23.

赵绍阳，2010. 疾病冲击与城镇家庭消费保险能力研究：基于对城镇家庭追踪调查数据的实证分析［J］. 中国人口科学（5）：66-74.

赵振然，2014. 我国农村居民医疗保健消费影响因素的区域差异研究［J］. 消费经济（3）：24-29.

郑翠，张玉峰，龙陆军，2021. 新时期我国主体能源消费结构调整优化研究［J］. 中国煤炭地质，33（S1）：49-51.

郑丽琳，2011. 关于居民消费价格指数编制的研究［J］. 价格理论与实践（11）：48-49.

钟美玲，蒲成毅，2020. 社会网络对家庭灾难性医疗支出风险的影响［J］. 金融发展研究（9）：67-74.

周弘，2012. 住房按揭贷款如何影响家庭消费结构［J］. 统计研究（7）：44-48.

周坚，申曙光，2010. 社会医疗保险政策对医疗服务需求影响效应的实证研究［J］. 保险研究（3）：63-71.

周建，杨秀祯，2009. 我国农村消费行为变迁及城乡联动机制研究［J］. 经济研究（1）：83-95.

周建军，王韬，2003. 近十年我国城镇居民消费结构研究［J］. 管理科学（2）：73-77.

周立，王子明，2002. 中国各地区金融发展与经济增长实证分析：1978—2000［J］. 金融研究（10）：1-13.

周宛瑾，2021. 收入结构、家庭及地区特征对消费结构的影响研究［D］. 西安：西北大学.

周先波，田凤平，2009. 中国城镇和农村居民医疗保健消费的差异性分析：基于面板数据恩格尔曲线模型的非参数估计 ［J］. 统计研究（3）：51-58.

周泳宏，唐志军，2009. 投资率门限特征、消费促进与经济增长：1995—2007 ［J］. 统计研究（12）：48-55.

周云，2003. 从国外医疗保障制度看市场与政府的作用 ［J］. 国外医学（卫生经济分册）（4）：151-154.

朱波，杭斌，2015. 流动性约束、医疗支出与预防性储蓄：基于我国：省际面板数据的实证研究 ［J］. 宏观经济研究（3）：112-116.

朱春燕，臧旭恒，2001. 预防性储蓄理论：储蓄（消费）函数的新进展 ［J］. 经济研究（1）：84-92.

朱国林，范建勇，严燕，2002. 中国的消费不振与收入分配：理论和数据 ［J］. 经济研究（5）：72-95.

朱铭来，丁继红，2006. 我国医疗保障制度再构建的经济学分析 ［J］. 南开经济研究（4）：58-70.

朱熙宁，2021. 消费结构升级对区域科技创新的异质性影响 ［J］. 商业经济研究（14）：190-192.

朱信凯，骆晨，2011. 消费函数的理论逻辑与中国化：一个文献综述 ［J］. 经济研究（1）：140-153.

祝俊初，2006-07-02. 一个中国，三个消费世界 ［N］. 经济观察报（5）.

庄燕君，2004. 区域产业结构与消费结构关联分析 ［J］. 统计与决策（1）：77-79.

卓昱含，2021. 大学生恋爱消费结构变迁的影响因素探析 ［J］. 现代商贸工业，42（22）：102-103.

左学金，胡苏云，2001. 城镇医疗保险制度改革：政府与市场的作用 ［J］. 中国社会科学（5）：102-111.

ACERNOGLU D, VERONICA G, 2008. Capital deepening and nonbalanced economic growth ［J］. Journal of political economy（116）.

ADAM W, MAGNUS L, 2008. Can insurance increase financial risk? The curious cade of health insurance in China ［J］. Journal of health economics（4）.

ALBA L, ROBERTO B, DOLORES R, 2018. Precautionary saving in Spain during the great recession: evidence from a panel of uncertainty indicators ［J］. Review of economics of the household, 16 (4).

ALBA L, ROBERTO B, DOLORES R, 2019. Precautionary saving: a review of the empirical literature [J]. Journal of economic surveys, 33 (2).

ALMOHAMMED O, ALSALEM A, ALMANGOUR A, et al., 2021. PMH48 antidepressants and health-related quality of life (hrqol) for patients with depression: analysis of medical expenditure panel survey [J]. Value in health, 24 (S1).

AMARTYA S. Development: which way now? [J]. The economic journal, 1983 (93).

ANDREW B A, MANKIW N G, RICHARD J Z, 1989. Assessing dynamic efficiency: theory and evidence [J]. Review of economic studies, 56: 1-20.

ANDREW J G, JUDITH S, KLAUS B, 2020. Impact of health insurance, poverty, and comorbidities on colorectal cancer screening: insights from the medical expenditure panel survey [J]. Digestive diseases and sciences (prepublish).

ANGAYEN M, LOPEZ S, SHIN D Y, et al., 2021. PCN146 association of health related quality of life with breast cancer survival among hispanic population using medical expenditure panel survey DATA (2006-2015) [J]. Value in health, 24 (S1).

ANTOINE B, FRANÇOIS L G, 2019. Risk aversion and precautionary savings in dynamic settings [J]. Management science, 65 (3).

ARROW K J, 1963. Uncertainly and the welfare economics of medical care [J]. American economic review, 53 (5).

AXON D R, LE D, 2021. Predictors of pain severity among community-dwelling older adults with pain in the United States: findings from a cross-sectional, retrospective study using 2017 Medical Expenditure Panel Survey [J]. Medicine, 100 (20).

BAR L, 2018. Precautionary saving in a Markovian earnings environment [J]. Review of economic dynamics, 29.

BARBARA B, JOHN P H, 2019. Keep calm and consume? Subjective uncertainty and precautionary savings [J]. Journal of economics and finance, 43 (3).

BARKER D W, 2001. Lack of health insurance and decline in overall health in late middle age [J]. New England journal of medicine (345).

BAUM C F, 2006. An introduction to modern econometrics using stata [M]. Austin: Stata Press.

BHATNAGAR R, ZIAEIAN B, FONAROW G, 2021. Estimating health care expenditure on heart failure in the united states: the medical expenditure panel survey 2008-2017 [J]. Journal of the American college of cardiology, 77 (18S1).

BI S H, LI Z F, WANG T, et al., 2020. Trend in medical expenditures for patients with kidney diseases: an analysis from a tertiary hospital in Beijing [J]. Health sciences, 53 (1).

BLUNDELL, RICHARD M, LASZLO, 1992. Panel data analysis: an introductory overview [J]. Structural change and economic dynamics, 3 (2).

BROWN R, COWLING M, ALVEDALEN J, et al., 2021. The geographical impact of the Covid-19 crisis on precautionary savings, firm survival and jobs: evidence from the United Kingdom's 100 largest towns and cities [J]. International small business journal: researching entrepreneurship, 39 (4).

CAMPELL J Y, DEATON A, 1989. Why is consumption so smooth? [J]. Review of economic study, 56 (3).

CARROLL C D, HOLM M B, KIMBALL M S, 2000. Liquidity constraints and precautionary saving [J]. Journal of economic theory, 2021, 195.

CATHERINE H, JULIA P, 2008. Health insurance and access to health care in the United States, reducing the impact of poverty on health and human development [J]. Scientific approaches (1).

CHENXIA X, ZILONG W, 2020. Drivers analysis and empirical mode decomposition based forecasting of energy consumption structure [J]. Journal of cleaner production, 254.

CHOU S, LIU J, HAMMITT J K, 2003. National health insurance and precautionary saving: evidence from Taiwan [J]. Journal of public economics, 87 (9/10): 1873-1894.

CHRISTIAN B, ALAN D R, KLAUS W, 2019. The invariant distribution of wealth and employment status in a small open economy with precautionary savings [J]. Journal of mathematical economics, 85.

CHRISTIAN B, RALPH L, LIEN P, et al., 2019. Precautionary savings, illiquid assets, and the aggregate consequences of shocks to household income risk [J]. Econometrica, 87 (1).

CHRISTOPHER D C, 2006. Consumption and saving [R] //Theory and evidence. New York: NBER.

DAWSON A Z, BISHU K G, WALKER R J, et al., 2021. Trends in medical expenditures by race/ethnicity in adults with type2 diabetes 2002-2011 [J]. Journal of the national medical association, 113 (1).

DE HOYOS R E, SARAFIDIS V, 2006. Testing for cross-sectional dependence in panel-data models [J]. Stata journal, 6 (4): 482.

DESAI G, AMBEGAONKAR A J, 2021. PMS12 Healthcare costs and insurance coverage of rheumatoid arthritis patients in the United States: a 2018 medical expenditure panel survey data analysis [J]. Value in health, 24 (S1).

DING Q, SHILTZ D, HOSSAMI D, 2021. PBI9 the total medical expenditure and out-of-pocket expenditure of biologic disease-modifying antirheumatic drugs in rheumatoid arthritis patients in the United States [J]. Value in health, 24 (S1).

DO D, GELDSETZER P, 2021. Trends in mail-order pharmacy use in the U.S. from 1996 to 2018: an analysis of the medical expenditure panel survey [J]. American journal of preventive medicine, 61 (2).

DONATELLA B, MARCO M, MARIO M, 2020. The theory of precautionary saving: an overview of recent developments [J]. Review of economics of the household, 18.

DORMONT B, GRIGNON M, HUBER H, 2006. Health expenditure growth: reassessing the threat of ageing [J]. Health economics, 15 (9): 947-963.

DORNBUSCH R, FISCHER S, 1993. macroeconomics [M]. New York: McGraw-Hill.

DUESENBERRY S, 1949. Income, saving and the theory of consumer behavior [M]. Cambridge: Cambridge University Press.

ENGEN E M, GRUBER J, 2001. Unemployement insurance and precautionary saving [J]. Journal of monetary economics, 47: 545-570.

EVANS R G, 1974. Supplier, induced demand: some empirical evidence and implications in the economics of health and medical care [M]. London: Macmillian.

FELDSTEIN M, 1973. The welfare loss of excess health insurance [J]. Journal of political economy, 81 (2).

FLAVIN M A, 1981. The adjustment of consumption to changing expectation about future income [J]. Journal of political economiy, 89 (5).

FRIEDMAN M, 1957. A theory of the consumption function [J]. Princeton: Princeton University Press.

FUKUDA H, 2020. Additional medical expenditures attributable to pneumococcal disease in Japan [J]. Open forum infectious diseases, 7 (Supplement1).

GAWRON A J, STAUB J, BIELEFELDT K, 2020. Impact of health insurance, poverty, andcomorbidities on colorectal cancer screening: insights from the medical expenditure panel survey [J]. Digestive diseases and sciences, 66 (1).

GETEN T E, 1992. Population aging and the growth of health expenditures [J]. Journal of gerontolgy: social science (9): 95-110.

GETZEN T E, 2000. Health care is an individual necessity and a national luxury: applying multilevel decision models to the analysisi of health care expenditures [J]. Journal of health economics (19): 259-270.

GLIEDT J A, WALKER R J, LU K, et al., 2021. The relationship between patient satisfaction and healthcare expenditures in adults with spine related disorders: an analysis of the 2008-2015 Medical Expenditures Panel Survey (MEPS) [J]. Spine (1).

GLENN H R, JONATHAN S, ZELEDS S P, 1995. Precautionary saving and social insurance [J]. Journal of political economy, 103 (2): 360-399.

GOLDSMITH R W, 1969. Financial structure and development [M]. New Haven: Yale University Press.

GONG G W, CHEN Y C, FANG P Q, et al., 2020. Correction to: medical expenditure for patients with hemophilia in urban China: data from medical insurance information system from 2013 to 2015 [J]. Orphanet journal of rare diseases, 15 (1).

GROSSMAN M, 1972. On the concept of health capital and the demand for health [J]. The journal of political economics (2): 223-255.

GRUBER J, YELOWITZ A, 1999. Public health insurance and private savings

[J]. Journal of political economy, 107: 1249-1274.

GUANG Y X, PETER S, HUA L Y, 2020. Adjusting energy consumption structure to achieve China's CO_2 emissions peak [J]. Renewable and sustainable energy reviews, 122.

HAI F X, 2020. Grey correlation analysis and forecast of residents' income and consumption structure [J]. Academic journal of business & management, 2 (3).

HALL R E, 1978. Stochastic implications of the life cycle-permanent income hypothesis [J]. Theory and evidence journal of political economy, 86 (6).

HOANG P L, DANG T B V, 2020. The energy consumption structure and African EMDEs' sustainable development [J]. Heliyon, 6 (4).

HOECHLE D, 2007. Robust standard errors for panel regressions with cross - sectional dependence [J]. Stata journal (3): 282-285.

HORIOKA C Y, WAN J M. The determinants of household saving in China: a dyna mic panel analysis of provincial data [J]. Journal of money, credit and banking, 2007, 39 (8): 2077-2096.

HOYOS R D, SARAFIDIS V, 2006. Testing for cross-sectional dependence in panel-data models [J]. Stata journal, 6 (4): 488-496.

HUANG J, LUO Y, PENG Y, 2019. Corporate financial asset holdings under economic policy uncertainty: precautionary saving or speculating? [J]. International review of economics & finance (prepublish).

HUANG Y C, LI S J, CHEN M, et al., 2021. The prediction model of medical expenditure appling machine learning algorithm in CABG patients [J]. Healthcare (basel, switzerland), 9 (6).

HUBBARD, SKINNER, ZELEDS, 1995. Precautionary saving and social insurance [J]. Journal of political economy, 103 (2): 360-399.

INIMFON J, PAUL R, NIKHIL P, et al., 2021. Trends in health-related quality of life of female breast cancer survivors using the Medical Expenditure Panel Survey (MEPS), 2008-2016 [J]. Quality of life research (prepublish).

JACKSON I, ROWAN P, PADHYE N, et al., 2021. Racial/ethnic differences in health-related quality of life among female breast cancer survivors: cross-sectional findings from the Medical Expenditure Panel Survey [J]. Public health, 196.

JETTY A, PETTERSON S, WESTFALL J M, et al., 2021. Assessing primary care contributions to behavioral health: a cross-sectional study using Medical Expenditure Panel Survey [J]. Journal of primary care & community health, 12.

JIACHENG L, FEI Y, LI X S, 2020. A systematic investigation on the research publications that have used the Medical Expenditure Panel Survey (MEPS) data through a bibliometrics approach [J]. Library hi tech, 38 (4).

JIA L H, YU L, YU C P, 2019. Corporate financial asset holdings under economic policy uncertainty: precautionary saving or speculating? [J]. International review of economics and finance (1).

JIANG P, YANG H, LI H, et al., 2021. A developed hybrid forecasting system for energy consumption structure forecasting based on fuzzy time series and information granularity [J]. Energy, 219.

JIN F, ZHEN W, YANG Y, 2020. Does long-term care insurance reduce hospital utilization and medical expenditures? Evidence from China [J]. Social science & medicine, 258.

JIU L Y, QING D, XING H F, 2021. Direct and indirect contributions of energy consumption structure to carbon emission intensity [J]. International journal of energy sector management, 15 (3).

JOHN M K, 1936. General theory of employment, interest and money [M]. The Americaneconomics review, 26 (3).

JONES K, GONG E, 2021. Precautionary savings and shock-coping behaviors: effects of promoting mobile bank savings on transactional sex in Kenya [J]. Journal of health economics (prepublish).

JUNG J, 2012. Does health insurance decreasehealth expenditure risk in developing countries? The case of China [Z]. Towson University, Working Papers.

KAO Y W, SHIA B C, CHIANG H C, et al., 2021. Association of tooth scaling with acute myocardial infarction and analysis of the corresponding medical expenditure: a nationwide population-based study [J]. International journal of environmental research and public health, 18 (14).

KEVIN M M, AMDREI S, ROBERT V, 1989. Income distribution, market size and industrialization [J]. The quarterly journal of economics (1).

KHAN T, YANG J, WOZNIAK G, 2021. Trends in medical expenditures prior to diabetes diagnosis: the early burden of diabetes [J]. Population health management, 24 (1).

KHARAT A, MUZUMDAR J, HWANG M, et al., 2020. PUK6 Assessing trend in medical expenditure and measuring the impact of health−related quality of life (hrqol) on medical expenditure for U. S. adults with diabetes associated Chronic Kidney Disease (CKD) using 2002−2016 Medical Expenditure Panel Survey (MEPS) data [J]. Value in health regional issues, 22 (S).

KIT P W, 2019. An interpretation of the condition for precautionary saving: the case of greater higher−order interest rate risk [J]. Springer Vienna, 126 (3).

KITOLIOFF, 2008. Health expenditures and precautionary savings [Z]. New York: NBER.

KLEIN S, JIANG S, MOREY J R, et al., 2021. Estimated health care utilization and expenditures in individuals with heart failure from the medical expenditure panel survey [J]. Circulation: heart failure, 14 (5).

KUCZUK A, WIDERA K, 2021. Proposed changes in polish agricultural products consumption structure for 2030 based on data from 2008−2018 [J]. Sustainability, 13 (14).

LAURENS C, BRAM D R, FREDERIC V, 2007. The collective model of household consumption: a nonparametric characterization [J]. Econometrica, 75 (2).

LEI X, LIN W, 2009. The new cooperative medical scheme in rural China: does more coverage mean more service and better health? [J]. Health economics, 18 (S2).

LEKOUBOU A, PELTON M, BISHU K G, et al., 2020. Contemporary relationship between medical expenditures and quality of life among adults with epilepsy in the United States [J]. Epilepsy & behavior, 112.

LI L L, DU T T, HU Y P, 2020. The effect of different classification of hospitals on medical expenditure from perspective of classification of hospitals framework:

evidence from China [J]. Cost effectiveness and resource allocation : C/E, 18 (1).

LI R, KUKLINA E V, AILES E C, et al., 2021. Medical expenditures for hypertensive disorders during pregnancy that resulted in a live birth among privately insured women [J]. Pregnancy hypertension, 23.

LI T T, SHI C L, ZHANG A L, 2011. Research on consumption of rural residents in Gansu Province based on ELES model [J]. Asian agricultural research, 3 (9).

LI X, ZHANG Y, FAN X, et al., 2020. Impact of substitution rate on energy consumption structure: a dynamical system approach [J]. Arabian journal for science and engineering, 46 (2).

LIAN J W, YAO T, FARNAZ R, et al., 2021. The health status transition and medical expenditure evaluation of elderly population in China [J]. International journal of environmental research and public health, 18 (13).

LIN Y, WU Y T, FU C Y, et al., 2020. Evaluating the advantages of treating acute cholecystitis by following the Tokyo Guidelines 2018 (TG18): a study emphasizing clinical outcomes and medical expenditures [J]. Surgical endoscopy (1).

LI P W, WANG L, DENG H, 2020. Access to the internet and the Chinese household consumption structure: based on IV regression and PSM analysis [J]. Journal of physics. conference series, 1629 (1).

LIU H, ZHAO Z, 2012. An impact evaluation of China's urban resident basic medical insurance on health care utilization and expenditure [Z]. IZA discussion papers, No. 678.

LIU Y L, et al., 2002. People's Republic of China: towards establishing a rural health protection system [R]. Asian development bank.

LUIGI V, CHARLES Y H, 2020. The wealth decumulation behavior of the retired elderly in Italy: the importance of bequest motives and precautionary saving [J]. Review of economics of the household, 18 (3).

LUIGI V, CHARLES Y H, 2021. Correction to: the wealth decumulation behavior of the retired elderly in Italy: the importance of bequest motives and precautionary saving [J]. Review of economics of the household (prepublish).

LU L Y, ZHAO L, 2021. Comparative study of energy consumption structure between the U. S. and China [J]. E3S Web of conferences, 251.

LUO H, WU Q, BELL R A, et al., 2021. Rural-urban differences in dental service utilization and dental service procedures received among US adults: results from the 2016 medical expenditure panel survey [J]. The journal of rural health: official journal of the American Rural Health Association and the National Rural Health Care Association, 37 (3).

MANGER M S, MATTHEWS J S, 2021. Knowing when to splurge: precautionary saving and Chinese-Canadians [J]. Journal of Asian economics, 76.

MANNING W G, et al., 1987. Health insurance and the demand for medical care: evidence from a randomized experiment [J]. American economic review, 77 (3).

MARCEL A, ROEL J, CORNELIS K G, et al., 2019. Agricultural risk management in the European Union: a proposal to facilitate precautionary savings [J]. Euro choices, 18 (2).

MARCO M, 2020. Precautionary retirement and precautionary saving [J]. Journal of economics, 129 (4).

MARIACRISTINA R, DARIO S, 2018. Precautionary savings and the self-employed [J]. Small business economics, 51 (1).

MASON P R, BAYOUMI T, SAMIEI H, 1998. International evidence on the determinants of private savings [J]. The World Bank economic review, 12 (3): 483-501.

MAYER T, 1996. Propensity to consume permanent income [J]. American economic review, 56 (5): 1158-1177.

MCKINNON R I, 1973. Money and capitial in economic development [M]. Washington: Brokings Institution Press.

MEHEDI A K M, LIU Y, SWATI A S, et al., 2018. Adoption of contract farming and precautionary savings to manage the catastrophic risk of maize farming: evidence from bangladesh [J]. Sustainability, 11 (1).

MEHEDI A K M, LIU Y, ZERAIBI A, et al., 2020. Risk management strategies to cope catastrophic risks in agriculture: the case of contract farming, diversification and precautionary savings [J]. Agriculture, 10 (8).

MEICUN L, CHUNMEI M, 2020. Spatial effect of industrial energy consumption structure and transportation on haze pollution in Beijing-Tianjin-Hebei Region [J]. International journalof environmental research and public health, 17 (15).

MENG X, 2003. Unemployment, consumption smoothing, and precautionary saving in urban China [J]. Journal of comparative economics, 31 (3): 465-485.

MENON J, 2021. PNS88 Classifying high medical expenditurepatients using logistic regression and random forest methods [J]. Value in health, 24 (S1).

MICHAEL W F, KRISTINE W H, MITCHELL A P, 2019. Understanding the rise in corporate cash: precautionary savings or foreign taxes [J]. The review of financial studies, 32 (9).

MODIGLIANI F, BRUMBERG R, 1954. Utility analysis and the consumption function: an interpretation of the cross-section data [M] //KENNETH K K. Post-Keynesian economics, new brunswick. NJ: Rutgers University Press.

MODIGLIANI F, CAO S L, 2004. The Chinese saving puzzle and the life-cycle hypothesis [J]. Journal of economic literature, XLII: 145-170.

MOON S, PARK H J, SOHN M, 2021. The impact of long-term care service on total lifetime medical expenditure among older adults with dementia [J]. Social science & medicine, 280.

MOREY J R, JIANG S Q, KLEIN S, et al., 2021. Estimating long-term health utility scores and expenditures for cardiovascular disease from the medical expenditure panel survey [J]. Circulation. cardiovascular quality and outcomes, 14 (4).

NEWHOUSE J P, 1977. Medical-care expenditure: a cross-national survey [J]. The journal of human resource, 12 (1): 115-125.

NG B P, LAXY M, SHRESTHA S S, et al., 2021. Prevalence and medical expenditures of diabetes-related complications among adult medicaid enrollees with diabetes in eight U. S. states [J]. Journal of diabetes and its complications, 35 (3).

OKUNRINTEMI V, BENSON E A, DERBAL O, et al., 2020. Age-specific differences in patient reported outcomes among adults with atherosclerotic cardiovascular disease: medical expenditure panel survey 2006-2015. [J]. American journal of preventive cardiology, 3.

OKUNRINTEMI V, TIBUAKUU M, VIRANI S S, et al., 2020. Abstract 14212: sex differences in the age of diagnosis for cardiovascular disease and its risk factors among US adults: trends from 2008-2017, the medical expenditure panel survey [J]. Journal of the American Heart Association, 9 (24).

ONES K, GONG E, 2021. Precautionary savings and shock-coping behaviors: effects of promoting mobile bank savings on transactional sex in Kenya [J]. Journal of health economics, 78.

PAN J, LIU G G, 2012. The determinants of Chinese provincial government health expenditures: evidence from 2002 – 2006 data [J]. Health economics, 21 (7): 757-777.

PAN X F, WU W, 2021. Housing returns, precautionary savings and consumption: micro evidence from China [J]. Journal of empirical finance, 60.

PATEL P M, VAIDYA V, 2020. Health expenditure and health services utilization comparison of patients with type 2 diabetes on sodium-glucose cotransporter-2 inhibitors versus dipeptidyl peptidase-4 inhibitors: evidence from 2015 to 2016 medical expenditure panel survey [J]. Journal of pharmaceutical health services research, 11 (4).

PATHAN U, WU W, 2021. PMH41 Health-related quality of life of type-2 diabetic patients with diagnosed depression, undiagnosed depression and no depression in the United States: medical expenditure panel survey, 2016-2018 [J]. Value in health, 24 (S1).

PAUL G, ROLAND S, 1997. Private health insurance and public expenditure in Jamaica [J]. Journal of econometrics (1).

PETER S K C, PING L H, 1999. Medical utilization and health expenditure of the elderly in Taiwan [J]. Journal of family and economic issues (3).

PHELPS E, 1961. The golden rule of accumulation: a fable for growth [J]. The American economic review (4).

PIERRE A C, 1988. Rational household labor supply [J]. Econometrica, 56 (1).

QI L, PRIME P B, 2009. Market reforms and consumption puzzles in China [J]. China economic review, 20 (3): 391.

KESSEL R A, 1958. Price discrimination in medicine [J]. Jour, law and econ (1): 20-53.

RICHARD P, 2018. Revisiting precautionary saving under ambiguity [J]. Economics letters, 174.

ROSTOW W, 1960. The stages of economic growth [M]. Cambridge University Press.

SHEA J. Union contracts and the life-cycle/permanent-income hypothesis [J]. American economic review, 85 (1) : 186-200.

SHEN J B, SHI J X, COOPER J, et al., 2021. A population-based study of the incidence, medical care, and medical expenditures for pediatric traumatic brain injury [J]. The journal of surgical research, 268.

SHURONG S, JING J D, 2020. Impacts of financial development on energy consumption structure: new evidence from panel threshold regression model [J]. IIE-TA, 15 (3).

SIMON S K, 1971. Economic growth of nations: total output and production structure [M]. Cambridge: Belknap Press of Harvard University Press.

SONG H J, BLAKE K V, WILSON D L, et al., 2021. Health-related quality of life and health utilities of mild, moderate, and severe asthma: evidence from the medical expenditure panel survey [J]. Journal of asthma and allergy, 14.

SONG H Y, LIU X M, ROMILLY P, 1996. A time varying parameter approach to the Chinese aggregate consumption function [J]. Economics of planning, 29: 185 -203.

SONI A, SMITH B S, SCORNAVACCA T, et al., 2020. Association of use of an integrated specialty pharmacy with total medical expenditures among members of an accountable care organization [J]. JAMA network open, 3 (10).

STAWINSKI L, ZACZYNSKI J, MORAWIEC A, et al., 2021. Energy consumption structure and its improvement of low-lifting scissor capacity scissor lift [J]. Energies, 14 (5).

STEVEN B, RAY B, 2010. China: does government health and education spending boost consumption [R]. IMF Working Paper, 15 (2).

SUN W, REN C, 2021. The impact of energy consumption structure on China' s carbon emissions: taking the Shannon-Wiener index as a new indicator [J]. Energy reports, 7.

TÁPIAS F S, OTANI V H O, VASQUES D A C, et al., 2021. Costs associated with depression and obesity among cardiovascular patients: medical expenditure panel survey analysis [J]. BMC health services research, 21 (1).

THOMAS C B, KEVING, RICHARD K, et al.,, 2005. Book review: the effect of health insurance on medical care utilization and implications for insurance expansion: a review of the literature [J]. Medical care research and review (1).

THOMAS P, FRANCISCO R, 2018. On the optimal speed of sovereign deleveraging with precautionary savings [J]. IMF economic review, 66 (2).

TIAN M, YU J, NEWHOUSE J P, et al., 2021. Estimating model-based nonnegative population marginal means in application to medical expenditures covered by different health care policies : a study on Medical expenditure panel survey [J]. Statistical methods in medical research, 30 (1).

TSAI S T, TSENG C H, LIN M C, et al., 2020. Acupuncture reduced the medical expenditure in migraine patients: real-world data of a 10-year national cohort study [J]. Medicine, 99 (32).

VALERIO E, NICOLA P, 2018. The precautionary saving effect of government consumption [J]. The B. E. journal of macroeconomics, 19 (1).

VENTURA L, HORIOKA C Y, 2020. The wealth decumulation behavior of the retired elderly in Italy: the importance of bequest motives and precautionary saving [J]. Review of economics of the household, 18 (3).

VERGARA M, BONILLA C A, 2020. Precautionary saving in mean-variance models and different sources of risk [J]. Economic modelling (prepublish).

WAGSTAFF A, 2009. Extending health insurance to the rural population: an impact evaluation of China's new cooperative medical scheme [J]. Journal of health economics, 28 (1).

WANG L J, TANG Y, ROSHANMEHR F, et al., 2021. The health status transition and medical expenditure evaluation of elderly population in China [J]. International journal of environmental research and public health, 18 (13).

WANG L P, DENG H, 2021a. A ELES Model-based quantitative analysis of the consumption structure of the Chinese urban residents [J]. Journal of physics: conference series, 1774 (1).

WANG L P, HUANG L, 2021b. Effect of Chinese industrial structure upgrading on household consumption structure: evidence from CHIP data [J]. Journal of physics: conference series, 1941 (1).

WANG N, LI Z, ZHANG B, 2021. Analysis of the impact of China's energy consumption structure on energy security [J]. E3S Web of Conferences, 245.

WANG Z, XIA C, XIA Y, 2020. Dynamic relationship between environmental regulation and energy consumption structure in China under spatiotemporal heterogeneity [J]. The science of the total environment, 738.

WEI Y, WANG Z, WANG H, et al., 2021. Compositional data techniques for forecasting dynamic change in China's energy consumption structure by 2020 and 2030 [J]. Journal of cleaner production, 284.

WEIZHENG K, YAOHUA W, HONGCAI D, et al., 2021. Analysis of energy consumption structure based on K-means clustering algorithm [J]. E3S Web of Conferences, 267.

WHITE H, 1980. A heteroskedasticity-consistent covariance matrix estimator and a direct test for heteroskedasticity [J]. Econometrica, 48 (4): 821-827.

WILLIAM H B, ISABEL G, BERNHARD G G, 1998. Patterns of development: 1970-1994 [R]. World Bank.

WONG E S, DONE N, ZHAO M, et al., 2021. Comparing total medical expenditure between patients receiving direct oral anticoagulants vs warfarin for the treatment of atrial fibrillation: evidence from VA-Medicare dual enrollees [J]. Journal of managed care & specialty pharmacy, 27 (8).

WONG G K M, YU L, 2002. Income and social inequality in China: impact on consumption and shopping patterns [J]. International journal of social economics, 29 (5): 370-384.

WOOLDRIDGE J M, 2002. Econometric analysis of cross section and panel data [M]. Cambridge: MIT press.

XIA C, WANG Z, XIA Y, 2021. The drivers of China's national and regional energy consumption structure under environmental regulation [J]. Journal of cleaner production, 285.

XIONG W W, YAN L, WANG T, et al., 2020. Substitution effect of natural gas and the energy consumption structure transition in China [J]. Sustainability, 12 (19).

XUE T, ZHU T, PENG W, et al., 2021. Clean air actions in China, PM2. 5 exposure, and household medical expenditures: a quasi - experimental study [J]. PLoS medicine, 18 (1).

XUXIA L, YING Z, XINGHUA F, et al., 2020. Impact of substitution rate on energy consumption structure: a dynamical system approach [J]. Arabian journal for science and engineering (prepublish).

YAMANASHI H, NOBUSUE K, NONAKA F, et al., 2020. The role of mental disease on the association between multimorbidity and medical expenditure [J]. Family practice, 37 (4).

YAN L, ZHI W L, NAN N L, et al., 2020. Urban and rural income, residents' consumption structure and energy consumption [J]. E3S web of conferences, 218.

YANG T, DENG W, ZHAO W, et al., 2021. Do indicators for the proportion of pharmaceutical spending alleviate the burden of medical expenditure? Evidence from provincial panel-data in China, 2010-2019 [J]. Expert review of pharmacoeconomics & outcomes research (1).

YIN P, 2021. Optimal attention and heterogeneous precautionary saving behavior [J]. Journal of economic dynamics and control, 131.

YI W K, BEN C S, HUEI C C, et al., 2021. Association of tooth scaling with acute myocardial infarction and analysis of the corresponding medical expenditure: a nationwide population - based study [J]. International journal of environmental research and public health, 18 (14).

YOKO N, CHARLES Y H, 2019. The wealth decumulation behavior of the retired elderly in Japan: the relative importance of precautionary saving and bequest motives [J]. Journal of the Japanese and international economies, 51.

YOO K W, GILES J. Precautionary behavior and household consumption and savings decisions: an empitical analysis using household panel data from rural China

［Z］. East Lansing：Michigan State University，2002.

YUFANG Y，2020. Factor analysis of consumption structure of urban residents in different regions of China ［J］. World scientific research journal，6 （12）.

YU N L，YU T W，CHIH Y F，et al.，2020. Evaluating the advantages of treating acute cholecystitis by following the Tokyo Guidelines 2018 （TG18）：a study emphasizing clinical outcomes and medical expenditures ［J］. Surgical endoscopy （prepublish）.

ZELDES S P，1989. Optimal consumption with stochastic income：deviations from certainly equivalence ［J］. Quarterly journal economics，104 （2）.

ZHANG X，KE K，2021. Internet development，spatial spillover and upgrading of China's consumption structure：a spatial econometrics analysis based on data of 242 cities during 2005-2016 ［J］. E3S web of conferences，251.

ZHANG X，SHI J F，LIU G X，et al.，2021. Medical expenditure for lung cancer in China：a multicenter，hospital-based retrospective survey ［J］. Cost effectiveness and resource allocation，19 （1）.

ZHANG Y，LUO J，2021. Research on the impact of internet consumer credit on hunan residents' consumption structure ［J］. Journal of physics：conference series，1735 （1）.

ZHANG Y，WAN G H. Liquidity constraint，uncertainty and household consumption in China ［J］. Applied economics，2004，36：2221-2229.

ZHENG J，2021. Analysis of the impactof high-speed railway on the upgrade of consumption structure ［J］. E3S web of conferences，253.

ZHONG Z，JIANG J，CHEN S，et al.，2021. Effect of critical illness insurance on the medical expenditures of rural patients in China：an interrupted time series study for universal health insurance coverage ［J］. BMJ open，11 （2）.

ZHOU M，LIAO J，HU N，et al.，2020. Association between primary healthcare and medical expenditures in a context of hospital-oriented healthcare system in China：a national panel dataset，2012-2016 ［J］. International journal of environmental research and public health，17 （18）.

ZILONG W，CHENXIA X，YIHAN X，2020. Dynamic relationship between environmental regulation and energy consumption structure in China under spatiotemporal heterogeneity [J]. Science of the total environment, 738.

ZOU Y, ZHOU J, 2021. Quantitative analysis of resident consumption structure in Sichuan Province [J]. Journal of physics: conference series, 1941 (1).